治理视域下
高校"三全育人"研究

朱小芳◎著

RESEARCH ON "SANQUAN YUREN" IN COLLEGES AND UNIVERSITIES
FROM THE PERSPECTIVE OF GOVERNANCE

ZHEJIANG UNIVERSITY PRESS
浙江大学出版社
·杭州·

图书在版编目（CIP）数据

治理视域下高校"三全育人"研究 / 朱小芳著.
杭州：浙江大学出版社，2025.5. — ISBN 978-7-308
-26176-0

Ⅰ. G649.2
中国国家版本馆 CIP 数据核字第 2025JJ0875 号

治理视域下高校"三全育人"研究

朱小芳　著

策划编辑	吴伟伟
责任编辑	马一萍
责任校对	陈逸行
封面设计	雷建军
出版发行	浙江大学出版社
	（杭州市天目山路 148 号　邮政编码 310007）
	（网址：http://www.zjupress.com）
排　　版	大千时代(杭州)文化传媒有限公司
印　　刷	浙江新华数码印务有限公司
开　　本	710mm×1000mm　1/16
印　　张	14.25
字　　数	248 千
版 印 次	2025 年 5 月第 1 版　2025 年 5 月第 1 次印刷
书　　号	ISBN 978-7-308-26176-0
定　　价	78.00 元

序

      党的二十届三中全会提出要完善立德树人机制，深化教育评价改革。2024 年召开的全国教育大会强调要紧紧围绕立德树人根本任务，实施新时代立德树人工程。从中可以看出，对高校思想政治工作中的一些制度机制进行治理是当前我们需要着重思考的问题，从治理视域来研究"三全育人"是对中央精神的回应，也是从一个较新的角度研究解决思想政治工作中的一些理论和现实问题的有益探索。研究"三全育人"背后的决策运行机制、制度设计、资源分配方式，以及它们影响育人主体的价值观念和行为方式的规律，并提出有针对性的方案，具有很强的现实意义。

      "三全育人"理念萌芽于新中国成立之初，改革开放后初现雏形，21 世纪初由中央层面提出，党的十八大后得到进一步深化。"三全育人"理念经历了从关注育人行为到更关注育人行为背后的体制机制的发展过程，"三全育人"体现为高校内外部所有相关主体都参与育人，并在时间、空间、场景、行为等方面协调配合，这就需要管理者运用计划、决策、制度、组织、协调等手段给予推动和保障。

      《治理视域下高校"三全育人"研究》一书从治理视角系统探讨了"三全育人"的本质特征、建设现状和完善机制，旨在探寻提升高校立德树人实效的解决路径，既拓宽了思想政治工作的视野，也加强了对思想政治教育治理的研究。总的来看，该书有自己的一些特点。

      一是突出了问题意识。"三全育人"理念提出至今，在理论研究和实践探索两方面取得了丰富的成果，但同时我们也必须承认，"三全育人"在实践中还没有完全实现，存在着全员育人不够到位、全过程育人不够衔接、全方位育人存在缺位等现象。这些现象较为普遍，也为我们所熟知，但还缺乏行之有效的解决方案。许多地方和高校做了诸多尝试和努力，形成了一些好的做法，但整体性、系统性举措还不够多，其中一个重要的原因就是构筑"三全育人"格局不能仅关注育人行为本身,而是要重点关注推动"三全育人"形成的体制机制建设。如果不能建立一种打破校地、教学科研学工以及管理后勤等不同体系间壁垒的管理模式,很难真正形成"全"的合力,"三全育人"也只能停留在口头上而难以落实。该书作者聚焦"三全育人"背后的体制机制问题展开研究,展现出良好的问题意识。这既是理论界应当不断关注、深入研究的重要课题,也是高校思想政治工作者应当持续探索的实践问题。

二是注重新的研究视角。"三全育人"是个老话题,但治理视域下的"三全育人"研究是一个新视角。21世纪特别是党的十八大以来,中央下发了多个关于推动形成"三全育人"的文件,无一例外将重点放在完善体制机制、健全评价制度、统筹协调资源等方面,如2006年中共中央政治局提出要建立健全符合素质教育要求的学生综合素质和学校教育质量考核评价体系;2018年教育部提出通过政策引导、评估监督、经费支持,从思想政治教育管理角度探索"三全育人"建设路径;党的十九届四中全会将推动形成全员、全过程、全方位育人体制机制作为国家治理体系和治理能力现代化的重要内容,这意味着"三全育人"综合改革从资源要素的系统整合升级为体制机制的建立健全,从治理视角展开研究显得很有必要。当前理论研究方面虽然已经形成了一批研究成果,但立足育人主体内在动力和行为逻辑,着力解决体制机制问题的还不多,从系统性治理角度来研究具体对策还需要深化。

三是提出了较为独到的学术观点。学界对"三全育人"的内涵、特征的研究已经十分丰富,但该书提出"三全育人"本质上是一个"真正的育人共同体",不能机械地将其拆分为"全员""全过程""全方位"三个部分,而是要基于影响人的内生动力的理念、价值、利益、环境等维度,从统筹协调思想政治教育管理要素资源角度,提出以学生成长获得感为多元育人主体共同价值导向和利益基础,运用治理手段树立共同价值观念、身份认同,完善主体参与机制和评价制度体系等观点,颇有新意。

该书提出的措施建议也兼具创新性和操作性,有比较好的实践价值。治理理论算是外来理论,如何让治理理论为我所用十分关键。作者系统梳理了马克思主义经典作家的治理思想、中西方治理理论、大学治理理论,认为思想政治教育治理应当遵循价值逻辑、政治逻辑与技术逻辑的统一,并提出了六条基本原则,具有较强的创新性。该书紧紧围绕"三全育人"共同体的本质,提出完善党的一元领导和多元主体共同参与的全方位育人体系,培育各育人主体共同的价值追求,建立以学生成长获得感为导向、打破体系壁垒的育人评价制度，构建共同的利益基础，着眼全方位育人目标提升育人环境的育人效果，实现价值观念—利益基础—行为结果的一致性等三条举措，确保思想政治工作主体、过程、环境可控，推动形成"三全育人"，具有较好的实践参考价值。

思想政治教育学科虽然走过了较长一段时间，取得了丰硕的成果，但总体还比较年轻，思想政治教育学同时也是一个实践性很强的交叉性学科，这就需要我们理论研究者和实践工作者敢于发现问题，勇于尝试运用不同学科理论来观照思想政治教育的对象、过程、规律，丰富发展思想政治教育学，提高思想政治教育的科学性和指导性，推动思想政治工作的不断创新，提升思想政治教育的实效。这本书的出版恰逢其时，既有重要的学术价值，也具有鲜明的实践价值。

冯　刚

2025 年 1 月于北京科技大学

目　录

绪　论 ……………………………………………………………………… 1

    第一节　治理视角研究"三全育人"的出发点 ………………………… 1

    第二节　"三全育人"研究现状 ……………………………………… 5

    第三节　 大学治理研究现状 ………………………………………… 11

    第四节　高校思想政治教育治理研究现状 ………………………… 17

第一章　"三全育人"的理论阐释和现状分析 ………………………… 22

    第一节　"三全育人"的内涵特征 …………………………………… 22

    第二节　"三全育人"理念的价值意蕴 ……………………………… 30

    第三节　"三全育人"的发展历程和现状 …………………………… 35

    第四节　高校"三全育人"建设不足的原因 ………………………… 46

第二章　"三全育人"引入治理的理论借鉴 …………………………… 56

    第一节　治理理论及其特点 ………………………………………… 56

    第二节　大学治理理论及其特点 …………………………………… 72

    第三节　对不同治理理论的思考 …………………………………… 81

第三章　治理视域下高校"三全育人"的基本理路 …………………… 86

    第一节　思想政治教育治理的理论意蕴 …………………………… 86

    第二节　思想政治教育治理与"三全育人"的共通之处 ………… 97

    第三节　科学确立"三全育人"治理的基本原则 ………………… 101

    第四节　高校"三全育人"治理的主要内容 ……………………… 108

第四章 以主体责任为起点的全员育人治理 ……………………… 116

    第一节 构建校内外育人主体的育人职责体系 ………………… 116

    第二节 坚持和完善党委领导下的校长负责制的领导制度 ……… 125

    第三节 建立多元主体参与育人的工作机制 …………………… 140

第五章 以学生成长获得感为起点的全过程育人治理 ………… 148

    第一节 学生成长获得感的内涵与生成机制 …………………… 148

    第二节 建立体系融通的师生综合评价体系 …………………… 154

    第三节 建立全过程管理服务育人评价体系 …………………… 165

    第四节 完善对各级党委政府和高校的评价 …………………… 169

第六章 以环境文化为起点的全方位育人治理 ………………… 173

    第一节 加强校园物理环境文化育人的治理 …………………… 173

    第二节 加强高校文化环境育人的治理 ………………………… 180

    第三节 加强互联网环境育人的治理 …………………………… 188

结　语 ………………………………………………………………… 194

参考文献 ……………………………………………………………… 196

后　记 ………………………………………………………………… 218

绪　论

第一节　治理视角研究"三全育人"的出发点

立德树人是高校的根本任务,高等教育肩负着人才培养、科学研究、社会服务、文化传承创新、国际交流合作等重要使命。新中国成立以来,高校思想政治工作始终坚持为党育人、为国育才,牢牢把握人才培养的根本方向,我们党始终将推动形成全员育人、全过程育人、全方位育人的理想育人模式作为提升思想政治工作效果的重中之重,从"教书育人"到"教书育人、管理育人、服务育人",再到"三全育人"和"三全育人共同体",目的都在于提升高校思想政治教育活动的可控性,增强思想政治教育效果。

进入新时代,我国面临前所未有的复杂局势,境外敌对势力加大对高校意识形态领域渗透力度,同我国争夺阵地、争夺青年、争夺人心的斗争日趋激烈。高等教育面临着从扩大规模到提升质量的新要求,提升思想政治教育效果,培养德智体美劳全面发展、堪当民族复兴大任的时代新人的任务更为迫切。党的二十届三中全会提出要进行教育综合改革,完善立德树人机制,深化教育评价改革;2024 年召开的全国教育大会强调,教育强国是一项复杂的系统工程,需要紧紧围绕立德树人这个根本任务,实施新时代立德树人工程。"三全育人"正是对此的回应,是高校实现立德树人根本任务的题中应有之义。但从现实情况看,高校思想政治工作效果还不理想,"三全育人"的格局尚未形成,还存在全员育人不够到位、全过程育人不够衔接、全方位育人存在缺位等现象。这既是需要理论界花大量精力进行研究的重要课题,也是高校思想政治工作者必须重点关注的问题。

中共中央、国务院和教育部等相关文件明确传达了从治理的视角来推进高校"三全育人"建设的意见。"三全育人"理念从萌芽到初步成形经历了较长时间,从 20 世纪 50 年代提出"教书育人、管理育人、服务育人"[①],到 21世纪初党中央提出"三全育人",我们党始终将健全思想政治工作机制,提升思想政治教育实效作为重要任务。21 世纪特别是党的十八大以来,中央多次下发关于推动形成"三全育人"的各类文件,无一例外将重点放在完善体制机制、健全评价制度、统筹协调资源等方面。2006 年,中共中央政治局提出要"充分发挥学校教育的主渠道作用,坚持全员育人、全方位育人、全过程育人,建议不断加强和改进德育工作,建立健全符合素质教育要求的学生综合素质和学校教育质量考核评价体系"[②]。2017 年,教育部党组印发《高校思想政治工作质量提升工程实施纲要》,提出"三全育人"综合改革实施要点,旨在"带动支持本地区打造'三全育人共同体',形成学校、家庭和社会教育有机结合的协同育人机制"[③]。2018 年,教育部牵头推进"三全育人"综合改革试点工作,提出通过政策引导、评估监督、经费支持,构建一体化育人工作体系,从思想政治教育管理角度探索"三全育人"建设路径。2019 年,党的十九届四中全会提出建设国家治理体系和治理能力现代化的目标,其中专门提到要"加强和改进学校思想政治教育,建立全员、全程、全方位育人体制机制"[④]。这意味着"三全育人"综合改革从资源要素的系统整合升级为体制机制的建立健全,也标志着从治理视角展开研究并提出方案成为中央层面的共识。

"三全育人"的实现过程需要关注高校内外部所有相关主体都参与育人,并在时间、空间、场景、行为等方面协调配合,这就需要管理者运用计划、政策、制度等系统化的管理手段合理配置资源给予推动和保障。因此,研究"三全育人"背后的运行规律,研究决策运行机制、制度设计和资源分配方式,以及它们影响育人主体的行为方式和价值观念的规律并提出建设方案就显得十分必要。"三全育人"理念提出至今,不论是实践探索还是理论研究均取得了较为丰硕的成果,但在实践中还存在着全员育人不够到位、全过

---

① 冯刚,沈壮海. 中华人民共和国学校德育编年史[M]. 北京:中国人民大学出版社,2010:6.
② 冯刚,沈壮海. 中华人民共和国学校德育编年史[M]. 北京:中国人民大学出版社,2010:1035.
③ 中共教育部党组关于印发《高校思想政治工作质量提升工程实施纲要》的通知[EB/OL]. (2017-12-05)[2024-12-06]. http://www.moe.gov.cn.
④ 中共中央关于坚持和完善中国特色社会主义制度 推进国家治理体系和治理能力现代化若干重大问题的决定[N]. 人民日报,2019-11-06(1).

程育人不够衔接、全方位育人存在缺位等现象，究其原因就是当前的思想政治教育管理模式尚未打破不同体系间的壁垒，给育人做加法多、做整合提升少，聚焦育人主体内在动力和行为逻辑、围绕"三全育人"背后的体制机制展开研究的成果不多。简言之，当前思想政治教育管理理念和模式均滞后于"三全育人"建设需要，从治理视角来研究"三全育人"在理论和实践层面均有一定意义。

从理论层面看，首先有助于国家治理体系和治理能力现代化在高校领域的探索深化。党的十八届三中全会通过《中共中央关于全面深化改革若干重大问题的决定》，提出"全面深化改革的总目标是完善和发展中国特色社会主义制度，推进国家治理体系和治理能力现代化，实现公共事务由传统管理向现代治理的根本性转变"[①]。党的十九届四中全会通过《中共中央关于坚持和完善中国特色社会主义制度　推进国家治理体系和治理能力现代化若干重大问题的决定》，提出"到 2035 年各方面制度更加完善，基本实现国家治理体系和治理能力现代化；到新中国成立一百年时，全面实现国家治理体系和治理能力现代化，使中国特色社会主义制度更加巩固、优越性充分展现"[②]。2019 年，党的十九届四中全会提出建设国家治理体系和治理能力现代化的目标，其中专门提到要"加强和改进学校思想政治教育，建立全员、全程、全方位育人体制机制"[③]，从国家层面将"三全育人"体制机制建设作为国家治理体系和治理能力现代化建设中的重要内容。高校作为国家和社会运行的重要子系统，与党和国家的建设发展紧密相连。高校历来是"开社会风气之先"，应当率先探索治理体系和治理能力现代化在高校的运用和实践。高校"三全育人"要深入研究高校思想政治教育的目标设置、资源分配、组织管理、过程控制等内容，要研究如何通过治理手段将有限的资源服务于立德树人，健全"三全育人"的体制机制。目前学界较少将高校思想政治工作体系作为治理的一个子系统来研究，对高校思想政治教育治理的价值审视还显不足，系统化研究成果不多，在实践层面缺乏有效举措。本研究是对治理体系与治理能力现代化在高校领域深化的有益探索。

---

①　中共中央关于全面深化改革若干重大问题的决定[N]. 人民日报，2013-11-16(1).

②　中共中央关于坚持和完善中国特色社会主义制度　推进国家治理体系和治理能力现代化若干重大问题的决定[N]. 人民日报，2019-11-06(1).

③　中共中央关于坚持和完善中国特色社会主义制度　推进国家治理体系和治理能力现代化若干重大问题的决定[N]. 人民日报，2019-11-06(1).

其次，有助于加强思想政治教育管理学的研究。当前学术界对思想政治教育治理也开展了一些相关研究，但思想政治教育管理学总体非常年轻，专门研究思想政治教育管理的学术成果并不多，从治理视角研究"三全育人"是一种全新尝试。当前，学术界对如何推动不同育人主体树立共同的育人目标并承担育人职责，相互协同的一体化育人长效机制如何实现等问题尚没有给出很好的回答。本研究深入分析思想政治教育管理与治理的联系与区别，从"三全育人"的本质和影响因素入手，研究"三全育人"背后的体制机制与实践路径，有利于思想政治教育管理学研究的深入。

从实践层面看，有助于以一个全新视角对完善立德树人机制提出解决方案。中央早已看到实现"三全育人"是一个体制机制、管理格局的实践问题，对"三全育人"展开了诸多研究，并出台了诸多办法，但效果并不理想。2012年起，中共中央、国务院、教育部先后下发《关于加强教师队伍建设的意见》《关于加快建设高水平本科教育　全面提高人才培养能力的意见》（新时代高教40条）等文件，针对学校思想政治教育职能不清、履职不到位的问题，提出要构建"三全育人"大格局，让所有教师都要承担育人责任。2017年，中共中央、国务院印发了《关于加强和改进新形势下高校思想政治工作的意见》，提出"坚持全员全过程全方位育人，把思想价值引领贯穿教育教学全过程和各环节，形成教书育人、科研育人、实践育人、管理育人、服务育人、文化育人、组织育人长效机制"①。2020年，教育部等八部门联合发文《关于加快构建高校思想政治工作体系的意见》，指出要"健全立德树人体制机制……贯通学科体系、教学体系、教材体系、管理体系，加快构建目标明确、内容完善、标准健全、运行科学、保障有力、成效显著的高校思想政治工作体系"②。《意见》还提出了建立理论武装体系、学科教学体系、日常教育体系、管理服务体系、安全稳定体系、队伍建设体系、评估督导体系，希望通过党委、政府、高校、家庭、社会的共同努力来提升思想政治工作效果。本研究从高校思想政治工作体系内外部决策运行机制、参与主体、评价机制等多方面入手，尝试为高校"三全育人"建设提供实践方案，对高校思想政治工作实践

---

①　中共中央、国务院印发《关于加强和改进新形势下高校思想政治工作的意见》[EB/OL].（2017-02-27）[2024-12-06]. https://www.gov.cn.

②　教育部等八部门关于加快构建高校思想政治工作体系的意见[EB/OL].（2020-04-22）[2024-12-06]. https://www.gov.cn.

具有一定的借鉴意义。

　　本书所指的"治理"是指思想政治教育治理，属于思想政治教育管理学范畴。思想政治教育治理与思想政治教育管理一样，主要研究思想政治工作中人的活动规律、管理规律以及各种主体之间的关系运行规律，在此基础上研究适应新阶段高校思想政治工作需要的决策、管理、运行机制，它与思想政治教育管理既有联系又有区别，它具有治理形式的互动开放性、主体参与的自觉性、过程管理的系统性、治理能力的现代性、结果评价的反思性和管理制度的法治化六个主要特征。

第二节　"三全育人"研究现状

　　"三全育人"的理念萌发于20世纪50年代，明确于21世纪初，发展于党的十八大后。1950年8月2日，中国教育工会第一次全国代表大会提出了"教书育人、管理育人、服务育人"①的理念。到21世纪初，中央提出要坚持全员育人、全方位育人、全过程育人，建立健全符合素质教育要求的学生综合素质和学校教育质量考核评价体系。2016年，习近平在全国高校思想政治工作会议上指出"高校思想政治工作关系高校培养什么样的人、如何培养人以及为谁培养人这个根本问题。要坚持把立德树人作为中心环节，把思想政治工作贯穿教育教学全过程，实现全程育人、全方位育人，努力开创我国高等教育事业发展新局面"②。2017年，教育部党组印发《高校思想政治工作质量提升工程实施纲要》，提出要整合各类资源，"带动支持在本地区打造三全育人共同体，形成学校、家庭和社会教育有机结合的协同育人机制"③。学界围绕"三全育人"的意义、内涵、内在逻辑、演进脉络、实践路径等展开了研究，研究热潮逐渐兴起。

　　"三全育人"的重要意义方面，学者们普遍认为"三全育人"科学回答了"谁来培养人""怎样培养人"的问题，体现了高校立德树人的内在要求。宇

---

① 冯刚,沈壮海.中华人民共和国学校德育编年史[M].北京:中国人民大学出版社,2010:6.
② 习近平.习近平谈治国理政:第二卷[M].北京:外文出版社,2017:376.
③ 中共教育部党组关于印发《高校思想政治工作质量提升工程实施纲要》的通知[EB/OL].(2017-12-05)[2024-12-06].http://www.moe.gov.cn.

文利、杨席宇认为"三全育人"是对马克思人与环境关系论的最新思考和丰富发展,马克思、恩格斯提出了历史理论与生产现实相结合、自然与社会相统一的人与环境互化的实践观,"三全育人"是对该理论的实践运用创新。①杨晓慧认为"三全育人"顺应时代对人才的需求,聚焦构建跨场景、全领域、全要素的人才培养模式,突破了长期以来高校人才培养以学科为依托的知识逻辑和以院系为载体的权力逻辑,开辟出一条跨学科院系的人才培养之路,契合高校思想政治工作发展规律。②何少群、程东海认为"三全育人"有利于树立以学生为中心、尊重人民主体地位的理念,要加强思想政治工作针对性、吸引力,树立服务学生成长成才的意识。③冯刚认为"三全育人"是中国共产党立足中国特色社会主义新时代的历史方位,回应落实立德树人根本任务的战略要求,秉持了知识传授与价值引领并重的新思政观。④李永睿、谈传生认为"三全育人"是马克思主义人的全面发展理论的时代拓展、中国共产党百年思想政治教育的时代转化以及高校思想政治工作的时代创新。⑤

内涵研究方面,学者们对"全员""全过程""全方位"各自内涵及其关系进行了深入分析。学者们认为"全"是学校所有人员、时间、空间对育人的全覆盖、全环绕,学校、家庭、社会、政府等都承担起育人职责,实现育人资源有效整合。杨晓慧认为"全员育人"指的是高校全体教职工要有育人意识,每项工作都能发挥育人功能,"全过程"是指将思想政治工作融入教学全过程和学生成长全过程,"全方位"指涉及线上与线下、课内与课外以及家庭、社会、学校等在立德树人中处于不同层次、面临不同问题、依循不同逻辑的多个领域,根据各自的目标、功能、资源、策略各有侧重,相互之间实现互补互动、综合融通。⑥王占仁认为"育人"全过程也要关注到全方位,做到时间上

---

① 宇文利,杨席宇.马克思恩格斯"人与环境"关系论及其思想政治教育应用[J].思想教育研究,2016(5):26-30.

② 杨晓慧.高等教育"三全育人":理论意蕴、现实难题与实践路径[J].中国高等教育,2018(18):4-8.

③ 何少群,程东海.高校思想政治工作"三全育人"模式研究[J].教育理论与实践,2019,39(21):56-58.

④ 冯刚.新时代高校"三全育人"的理论蕴含与深化路径[J].厦门大学学报(哲学社会科学版),2023,73(1):1-8.

⑤ 李永睿,谈传生.高校"三全育人"的生成逻辑、现实审视与完善路径[J].当代教育论坛,2023(1):93-99.

⑥ 杨晓慧.高等教育"三全育人":理论意蕴、现实难题与实践路径[J].中国高等教育,2018(18):4-8.

无空档、空间上无死角、内容上无遗漏。[①]王艳平认为"全员育人"强调育人支持系统,包括学生本人、家庭成员、学校教职员工、社会力量;"全过程育人"强调育人的时空轨迹,时间上包括从入学到毕业,空间上包括对学生开展教育、管理、资助帮扶等各个环节;"全方位育人"强调育人成效的全面性,包括第一课堂、第二课堂、网络空间等立体育人场域。[②]

"三全育人"的本质方面,学者们认为"三育人""三全育人""三全育人共同体"三个阶段的变化,是对"三全育人"本质认识的加深。李昕认为"三全育人"反映高校人员关系、组织架构和运行机制三个方面均需做出调整,思想政治教育由以往的条块治理向目标与使命共担转变,是今后思想政治工作向"三全育人共同体"迈进的趋势。[③] 余嘉云认为党的十九届四中全会提出了构建社会治理共同体目标,意味着社会治理的理念与方式发生了重大转变,"三全育人共同体"对高校育人角色进行了重塑,形成了治理结构上的互嵌模式。[④] 赵耀、王建新提出"三全育人共同体"发端于马克思"真正共同体"思想,是利益、价值和行动三重意蕴交互与运行的范式,外显为共建共享、互联互通的教育平台,内表为全员参与、全程联动、全方位覆盖的行动组织,要形成这样的共同体,必须实现两个条件:共同体成员之间拥有共同的利益诉求、德育思想和价值认同;成员间具备良性的交互、积极的关系和深度的理解。[⑤]

"三全育人"的运行机制和相互关系方面,王习胜认为"三全育人"的提出是对思想观念"耗散结构方式生成和存在"与对先进的思想观念遭遇偶然因素干扰威胁,防止和抵御"熵增的结构危险"的回应[⑥]刘承功认为高校"三全育人"是系统性的综合改革,意味着育人工作理念、内容、方法、载体上的创新,人才培养政策、机制、体制的调整和优化,其目标形态是德智体美劳全

---

① 王占仁.高校思想政治教育如何实现全程、全方位育人[J].教育研究,2017,38(8):25-31.

② 王艳平.高校"三全育人"的特征及其实施路径[J].思想理论教育,2019(9):103-106.

③ 李昕.营造"三全育人"生态圈:高校思想政治工作"新三同"理念与实践[J].中国高等教育,2020(17):24-26.

④ 余嘉云."三全育人"的生态主义理论阐释与实践路径探索[J].南京师大学报(社会科学版),2021(1):130-138.

⑤ 赵耀,王建新.论新时代高校"三全育人共同体"的内涵与建构——基于利益趋同、价值共同和行动协同的思考[J].中国矿业大学学报(社会科学版),2021,23(3):11-24.

⑥ 王习胜."三全育人"合理性的逻辑诠释[J].思想教育研究,2019(3):52-56.

面培养的教育体系、全员全程全方位师德养成体系;[①]冯刚认为"全员育人"是将学校、家庭、社会和学生相连接所形成的育人机制,"全程育人"是全员育人和全方位育人的连接和依托,包含着全员支持、全方位覆盖的内在要求,"全方位育人"的要素是空间,是全员育人和全过程育人的延伸拓展和保障。[②]

"三全育人"建设现状方面,学者们认为当前还存在诸多问题,不能达到理想的思想政治教育效果。王辉、陈文东认为全员育人更多强调育人主客体本身的状态、价值取向、所处的环境等因素,但育人对象的需求差异、育人主体的职业追求、育人环境的全新变化都对"三全育人"的推进产生了关键的影响。"三全育人"面临着三重困境:育人对象个体需求差异和育人主体教育模式同一的困境;学生辅导员被动路径依赖与主动深耕专业的困境;生活"因网而便"和育人"因网而变"的困境。[③] 李向成认为高校深化"三全育人"改革在认识、制度、评价体系三方面存在不足,不同高校对"三全育人"认识不足,工作中存在"两张皮""挂空挡""空转"的现象;"三全育人"的领导体制和运行机制还不够健全,激励措施不足,不同力量之间未能形成在点、线、面上的多维度整合;育人评价的标准内容单一,评价手段方式单一,评价结果与教师激励挂钩不足等。[④] 李永睿、谈传生认为"三全育人"存在的现实短板主要有三方面:系统谋划的育人格局需要深化;联动融通的育人机制需要拓展;内引外驱的育人动力需要提振。[⑤]

实践路径方面,学者们普遍认为难点在于如何构建"三全育人"体系,着力探索推进"三全育人"的思路举措。张亚南认为要更加关注家庭环境、学校环境、社会环境、社区环境、朋辈群体环境等社会微观环境对大学生的浸润作用,这些环境中能够对大学生的思想观念、社会行为、价值导向产生影

① 刘承功.高校"三全育人"的核心要求、目标任务和实现路径[J].思想理论教育,2019(11):92-95,111.

② 冯刚.新时代高校"三全育人"的理论蕴含与深化路径[J].厦门大学学报(哲学社会科学版),2023,73(1):1-8.

③ 王辉,陈文东.基于"育人共同体"的全员育人探究[J].思想教育研究,2021(4):155-159.

④ 李向成.高校深化"三全育人"综合改革的现实困境与实现路径[J].中国高等教育,2021(23):44-46.

⑤ 李永睿,谈传生.高校"三全育人"的生成逻辑、现实审视与完善路径[J].当代教育论坛,2023(1):93-99.

响的全体人员都应被纳入"全员"范围。^① 蒋广学、张勇从环境育人角度着眼网络社会崛起的特定背景,提出了自我教育法、双向互动法、环境优化法、立体育人法。^② 胡守敏认为全方位育人要不断助推大学生思想政治教育内涵的深化与外延的拓展,利用大数据、MOOCs 开展工作。^③ 杨晓慧提出从教书育人、科研育人、实践育人、管理育人、服务育人、文化育人、组织育人七个方面来开展育人工作,并围绕育人理念、育人体系、育人形态和制度建设四方面建设协同育人机制。^④ 高歌、赵丽娜认为全方位育人要从校内与校外、课内与课外、线上与线下等多个维度为青年学生提供多平台、多角度的资源,激发最大育人动能。^⑤ 朱平认为"三全育人"的重点和难点在于用"内引外压"的方法克服人性中的弱点,"内引"就是满足广大教师的主导需要或核心利益,"外压"就是通过建立制度或规章构成对教师教育教学行为的强制性规范和约束,用"前引后推"的激励与鞭策并举的措施,促进那些忽略或回避"育人"职责的教师逐步增强"育人"意识。^⑥舒立春认为"三全育人"的实现路径是综合改革,意味着育人工作理念、内容、方法、载体上的创新,政策、机制、体制的调整和优化。机制建设是"三全育人"从理念到实践落地的有力保障,应从构建坚实的领导工作机制、评价考核机制、人才培养机制、协同育人机制四个方面推动"三全育人"。^⑦ 冯刚提出要解决"三全育人"的动力机制问题,从制度机制上提升教育效果,要注重质量评价,对"评什么"和"怎么评"有清晰的认识,并将其结果纳入"双一流"建设、学科专业建设、教学科研成果评比等环节。^⑧

总体而言,学者们从各自学术背景和关注领域出发,对"三全育人"进行了较为立体的解读和研究,特别是对"三全育人"的重要意义、内涵、特征、存在问题和运行规律进行了较为系统的研究,并对如何推进"三全育人"的实

---

① 张亚南.大学生思想政治教育微观环境研究[D].长沙:湖南农业大学,2010.

② 蒋广学,张勇.强化"全环境育人"理念 推动网络思政教育创新[J].中国高等教育,2014(22):33-36.

③ 胡守敏.新时代背景下高校"三全育人"研究[J].学校党建与思想教育,2019(14):68-70.

④ 杨晓慧.高等教育"三全育人":理论意蕴、现实难题与实践路径[J].中国高等教育,2018(18):4-8.

⑤ 高歌,赵丽娜.构建"三全育人"新平台的实践探索[J].学校党建与思想教育,2019(20):32-34.

⑥ 朱平.高校"三全育人"体系协同与长效机制的建构[J].思想理论教育,2019(2):96-101.

⑦ 舒立春.落实立德树人根本任务 推进"三全育人"综合改革[J].思想政治工作研究,2021(8):40-42.

⑧ 冯刚.新时代高校"三全育人"的理论蕴含与深化路径[J].厦门大学学报(哲学社会科学版),2023,73(1):1-8.

践提出了意见建议,形成了诸多研究成果。但是也要看到学界对"三全育人"的理论和实践研究还不多,现有成果仍存在一些不足之处:一是当前研究多集中在政策文件解读、意义阐释、内涵挖掘和存在问题探讨等方面,多认为"三全育人"的提出很有必要,但实施效果不尽如人意,但是对问题背后的原因分析还不够深刻,对"三全育人"的体制机制问题剖析不足,解决路径不够有针对性,多泛泛而谈;二是较少研究"三全育人"的形成规律和本质特点,对育人主体的需求与特征缺乏认识,对育人主体动力机制研究不足,特别是对如何保证不同育人主体能够将育人作为自身职责,以及他们如何根据教育规律来履行育人责任,相互协同的一体化育人长效机制如何实现等问题研究还不够,较少从系统性治理角度来研究对策,缺乏跳出思想政治工作体系研究"三全育人"的研究视角和成果。

　　国外没有"三全育人"的提法,但对如何开展德育有相关理论和丰富的实践。古希腊哲学家德谟克利特、柏拉图、亚里士多德和苏格拉底等都探讨了德育相关概念、原则和方法等问题。苏格拉底主张"美德即知识",提出的以对话教育方法为主的"产婆术"流传甚广。柏拉图提出哲学家应该担任统治者,在实际生活中践行自己的理想。西方中世纪时期,宗教神学成为统治社会的主要方式,宗教神权教育成为思想政治教育的主要表现。14—16世纪欧洲文艺复兴后,用人道主义世界观反对封建神权和等级制度,用人文主义教育反对宗教教育,强调全人教育,培养完整的人,旨在提升人性境界,强化理想人格塑造以及促进个人和社会价值的实现,[①]产生了夸美纽斯、洛克、卢梭、赫尔巴特、狄德罗等一大批教育家。19世纪末至20世纪七八十年代,教育流派日益增多。实用主义的代表杜威在批判传统德育过程中,提出了"教育即生活""教育即生长""教育即经验的改造"等观点,他认为生活就是人与环境相互作用的过程,生活的经历和成长发展就是德育的过程。皮亚杰提出学校要创造条件促进学生道德判断能力水平的发展。柯尔伯格提出"道德发展的六阶段论"与"道德两难论法",认为学校要引导学生在道德冲突中做出正确的判断和选择。

　　美国政府、社会和学校都很重视大学生思想政治教育,包括政治社会化、道德教育、公民教育、宗教信仰教育等内容。其中政治社会化就是美国

---

　　①　教育部思想政治教育司组.大学生思想政治教育与管理比较研究[M].北京:高等教育出版社,2010:23.

大学生的政治教育，"指社会个体在社会政治互动中接受社会政治文化教化、学习政治知识、掌握政治技能、内化政治规范、形成政治态度、完善政治人格的过程，是社会与个体之间不断互动的过程"①，包括政治观教育、价值观教育和爱国主义教育。如公民教育方面，美国强调把《宪法》《独立宣言》《解放黑奴宣言》作为最高准则，学校和社会都要把这三个文件作为最高经典进行传播和灌输。德国非常重视思想政治教育，也采用了美国的政治社会化概念，20 世纪 60 年代之后，政治社会化理论成为德国政治教育的基本指导理论，目标集中在广泛政治认同基础上的普遍政治参与，学校、政治教育专门机构、大众传媒、政治党派和政府部门本身都是重要的政治教育资源，他们相互积极配合、协调作用，营造统一的政治文化环境，引导大学生及民众合法有序地参与社会政治生活，②并在此实践过程中提升思想政治教育效果。

第三节　大学治理研究现状

大学治理的研究起源于美国。约翰·J. 科尔森（John J. Corson）在《学院和大学的治理》（*The Governance of Colleges and Universities：Modernizing Structure and Processes*）一书中提出学院和大学治理（the governance of colleges and universities）的概念。1976 年，詹姆斯·马奇（James Gardner March）等在《组织中的二重性与选择》一书中提出了"大学治理"（university governance）一词。③ 约翰·D. 米利特（John D. Millett）对"大学治理"进行了定义，他认为大学治理是学院或者大学内部关于意图政策、项目和程序决策的结构与流程，而这些意图、政策、项目、程序以法令的形式通过大学日常决策发布。④ 丹尼斯·约翰·盖尔（Dennis John Gayle）

①　教育部思想政治教育司组. 大学生思想政治教育与管理比较研究[M]. 北京：高等教育出版社，2010：26.

②　傅安洲，彭涛，阮一帆. 当代德国政治教育理论体系探析[J]. 比较教育研究，2007(5)：59-63，68.

③　James G. March and Johan P. dsen. Ambiguity and Choice in Organizatons[M]. New York，Columbia University Press，182：277.

④　John D. Millett. New Structures of Campus Power：Success and Failure of Emerging Forms of Institutional Governance[M]. San Francisco，CA：Jossey-Bass，1978.

等认为,大学治理是指大学如何处理其内外部关系,并对关系大学发展的一系列重大问题应由什么人参与决策、如何决策的过程,大学治理关系到大学的生存和发展。① 罗伯特·伯恩鲍姆(Robert Birnbaum)认为大学包括两个体系,即基于法律权威的理事会和行政体系,以及基于专业权威的教师体系,大学治理就是为实现两个体系间的微妙平衡而设计的结构和过程。② 西方学者对大学治理内涵的理解不尽相同,大学治理的研究模式也分为内部治理和内外兼治两种模式。

随着大学治理研究的逐渐发展,研究的问题逐渐深化,一些学者开始研究大学治理对大学职能的影响。吉利博特·凯伯纳(Giliberto Capano)研究发现国家、政府在大学治理中的作用从来没有丧失,只是在作用方式上进行了一些调整。③他认为大学为适应国家治理的要求在治理改革中面对着四个基本组织难题,即不同学院间的差异化和集成化程度、中层管理人员的角色和行动模式、不同部门间的协同作用发挥以及过程中的集权和分权程度等。④ 妮可·布朗(Nicole Brown)研究了治理、政策和行政相关问题对教学活动的影响,重点分析了如何形成更加良好的师生合作关系。⑤ 陈(Chen)和范·克莱(Van Clay)讨论了跨国大学如何对其所在社区产生影响以及社区对校园可持续发展的反作用,鼓励大学更广泛地思考其应承担的社会责任。⑥ 德米特里·L.摩根(Demetri L. Morgan)等人研究了理事会采用治理伙伴的方式可增强其与大学合作和支持大学变革的能力,更好地推进大学

① Dennis J. Gayle, et al. Governance in the Twenty-First-Century University: Approaches to Effective Leadership and Strategic Management[M]. San Francisco: Jossey-Bass, 2003:43.

② Robert Birnbaum. The End of Shared Governance: Looking Ahead or Looking Back Matter[J]. New Direction For Higher Education, 2004(127):5-22.

③ Giliberto Capano, Marino Regini. Governance Reforms and Organizational Dilemmas in European Universities[J]. Comparative Education Review, 2014(1):73-103.

④ Giliberto Capano. Government Continues to Do Its Job. A Comparative Study of Governance Shifts in the Higher Education Sector[J]. Public Administration, 2011(4):1622-1642.

⑤ Nicole Brown. Partnership in Learning How Staff-Student Collaboration Can Innovate Teaching[J]. European Journal of Teacher Education, 2019(5):608-620.

⑥ Chen C, Frank Van Clay. Transnational Universities, Host Communities and Local Residents: Social Impacts, University Social Responsibility and Campus Sustainability[J]. International Journal of Sustainability in Higher Education, 2021(8):88-107.

保持多元化、公平和包容性。^① 另有学者研究了政府行为或国家政策改变对大学治理的影响，认为国家政策改变会影响到大学治理机制的变革。莫家豪(Ka-Ho Mok)等以中国深圳为例，研究了中国政府、企业和大学在促进以创新为中心的企业家精神方面的协同作用，认为其创造了高等教育与政府之间新的治理模式。^②

从这些学者的研究来看，由于外部环境变化带来的挑战和冲击在不断增加，大学需要不断调整完善自身的治理体系和治理结构，以实现可持续发展，从而更好地发挥自身在社会发展中的作用。尽管作用的方式在不断调整，但政府对于大学治理的作用始终存在且日益重要。由于国家治理的目标不断提高，大学相应地要对内部治理体系进行重构，以解决由此产生的新问题，从而适应国家和社会的发展目标。

在西方学者以治理的视角对大学管理进行的专门研究中，美国学者约翰·J.科尔森的"大学权力结构论"和罗伯特·伯恩鲍姆的"大学组织与领导学说"最为学术界所广泛接受，并成为大学治理研究的重要理论基础。大学治理理论首先建立在科尔森提出的大学权力结构二重性理论上，即大学存在科层管理结构与专业权力结构。国内学者从学术权力和行政权力二元结构研究大学的管理和制度问题正是以他的"权力结构二重性"作为理论依据的。而伯恩鲍姆在其著名的《大学运行模式：大学组织与领导的控制系统》(*How Colleges Work*：*The Cybernetics of Academic Organization and Leadership*)一书中，系统分析和阐释了现代大学的组织特点、运行模式特征，指出"因组织的子系统之间较少出现的、受到限制的、相互作用微弱的、不重要或反应迟缓的结合"，大学的组织特点是一个"牢固与松散的联合体"。大学这种"松散与牢固"的组织特性集中反映在：大学目标的模糊性、内部控制的二重性、权力的非制度性以及层级的混乱性等方面。

近年来国外研究主要关注大学内部治理结构的有效性和大学文化在大学治理中的作用等问题，产生了大学理念理论、法人理论、利益相关者理论、

---

① Demetri L. Morgan, Lucy A. Le Peau, Felecia Commodore. Observable Evidence and Partnership Possibilities for Governing Board Involvement in Diversity, Equity, and Inclusion: A Content Analysis [J]. Research in Higher Education, 2022(2):189-221.

② Ka-Ho Mok, Anthony Welch, Yuyang Kang. Government Innovation Policy and Higher Education: The Case of Shenzhen, China[J]. Journal of Higher Education Policy and Management, 2020 (2):194-212.

大学治理结构理论、教育消费理论等。大学理念理论主要研究不同历史时期大学的本质与使命(如人才培养、学术研究、社会服务、文化传承等)、价值体系(如学术自由、教育公平)、社会功能(如服务国家、应对技术挑战)及现实冲突(如功利化与纯粹性),尝试通过理念革新引导大学结构优化与功能重构。法人理论认为大学属于非营利性法人,拥有独立法人资格,要求对大学内外部结构、内部运行机制进行全面界定,认为大学要处理好与政府、社会的关系,特别是要争取更多办学自主权。利益相关者理论认为大学是一个典型的利益相关者组织,不同学者根据各自标准区分了利益相关者的层级,指出教师、学生、管理人员、校友、家长、政府、企业、城市、社区等都是处于不同层级的利益相关者,其中家长作为重要的利益相关者作用发挥不够,应该鼓励学生家长参与学校决策的研究等。大学治理结构理论主要研究大学内部权力配置、管理机制及其与外部环境的互动关系,主要包括:权力结构——探讨学术权力与行政权力的平衡,决策机制——研究民主参与、科学决策的制度设计,外部关系——分析政府、社会(如企业、基金会)与大学的权责边界,效能优化——聚焦治理结构如何影响大学的人才培养、科研创新与社会服务效率,解决行政化、科层制等现实问题。教育消费理论认为在市场经济条件下,教育是一种特殊的消费,是一种"把学生看作市场中的消费者,把学校与学生的关系作为以卖方和买方为前提,以满足学生的需要为基础,注重和保障学生权益的市场管理哲学"[1]。

　　国外学者特别是发达国家大学治理研究具有明显的问题指向,研究重点是大学内部的权力关系、制度设计和文化因素等。虽然也有个别学者从大学外部治理关系角度对大学治理问题进行了一定的研究和分析,但从整体趋势来看,西方关于大学与政府和社会关系的研究并不是主流。

　　国内真正意义上的高校治理研究始于改革开放以后。1979 年 12 月 26日,复旦大学校长苏步青在《人民日报》公开发表题为《相信校长能管好大学》一文,呼吁给高等学校一点自主权。1984 年 11 月,教育部下放直属高校人事管理权,新一轮的高等教育体制改革自此开始。受到国外理论研究的影响,大学治理日渐成为学术界关于高校体制改革的重点研究方向。学者们主要运用公共治理、高等教育治理、多中心治理概念,借鉴新公共管理学相关理论构建大学内外部权力关系。国内学界主要从学理和实践两个角度

---

　　① 　陈学飞.美国高等教育发展史[M].成都:四川大学出版社,1989:108.

研究大学外部治理。

　　学理研究最初主要将治理理论作为研究的理论基础，介绍和分析大学治理理论的背景、内涵、主要内容，此后研究重点转向对大学组织的内外部制度安排及其运行机制。学者们普遍认为大学改革的关键在于对大学的外部制度安排进行变革，也即要正确处理政府与大学的关系。杨柱、龙献忠认为随着社会主义市场经济体制的建立，政府行政控制大学办学行为的社会基础、法理基础、经济基础都已经发生变革，三者从直线关系转变成三角关系，在这种关系模式下，各自的权利和义务将重新界定，关系也将发生根本性变革，对以后我国高等教育的改革与发展必然会产生深远的影响。① 龚怡祖认为改革开放以来我国经济体制改革和高等教育体制改革已经把高校推上了依法自主办学的轨道，大学治理的社会需要与历史条件已基本具备，大学治理结构为重塑政府与大学的关系，再造政府对大学的管理流程提供了建立新范式的可能。② 张应强、唐宇聪认为实现我国大学治理体系现代化首先要解决大学组织的准确定性问题，必须明确大学是具有主体地位的学术组织和教育机构，在此基础上重构政府与大学的关系，并根据学术组织和教育机构的组织性质来构建大学治理体系。③ 张庆玲认为面对全球化、普及化背景下世界一流大学建设的时代命题，我国亟须从顶层设计方面重构"模式优势"，调控大学治理"府学关系"的权力结构，即厘清权力清单，建构动态制衡的法权治理结构；规约权力天平，建立教育"中间机构"；引入多元权力主体，避免大学治理的政治化或公司化，实现大学"理想的可治理性"。④

　　实践研究则深入到具体的大学外部治理关系和治理结构的构建环节，学者们大多借鉴治理理论来重构大学与政府、市场、社会的关系。学者们认为目前大学与政府的关系还需进一步理顺。杨纳名认为，解决政府失灵和市场失灵问题而兴起的治理理论的特点是多元权力主体替代单一权力主体，现代大学在发展的进程中也不可避免地需要引入治理变革，但是要注意

---

　　① 杨柱，龙献忠.论体制转型与政府、大学和社会关系的新向度[J].贵州大学学报（社科），2007(2):102-104.
　　② 龚怡祖.大学治理结构：现代大学制度的基石[J].教育研究，2009,30(6):22-26.
　　③ 张应强，唐宇聪.大学治理的特殊性与我国大学治理体系现代化[J].清华大学教育研究，2020,41(3):6-13.
　　④ 张庆玲.权力的博弈：大学治理中的"府学关系"模式分析[J].现代教育管理，2022(5):25-35.

大学治理不可能一蹴而就,需要政府的强力推动和稳步尝试。[①] 朱家德从形式有效和实质有效两个维度对我国大学治理的有效性进行了考察,认为治理的形式有效性有待提高,提高大学治理有效性的主要路径是争取更多自主权,改革政府与大学之间的外部治理结构等。[②]

学界对大学内部治理研究集中在治理结构及权力运行机制方面。这些研究主要围绕高校内部管理的核心要素,重点讨论大学内部治理结构与权力结构的匹配问题。秦惠民将我国大学内部管理归纳为一个包含政治领导权力、行政权力、学术权力和民主管理权力四种基本权力的结构关系,认为后两者作用发挥不明显,较为弱势。[③] 龚怡祖认为大学治理根本目的是建立大学决策过程与社会权利主体的合理联系,实现社会价值平衡。目前我国大学治理结构变迁的路径选择缺乏大学治理理念支撑,大学治理结构存在治理主体单一、治理结构缺乏效率等问题。[④] 方芳提出建立大学章程和遵循正当程序原则是保证大学内部治理结构中权力合理运行的重要条件,重视和保障教师与学生的民主参与权、监督权是制约权力滥用的重要防线。[⑤] 董泽芳、岳奎认为完善大学内部治理结构必须进一步优化由党委领导、校长负责、教授治学、共同参与、全委决策、民主管理六大要素构成的大学内部组织结构关系,建立健全坚强有力的领导机制、民主科学的决策机制、行政权力与学术权力和谐发展的机制、深度对话与平等协商的共同参与机制和公开透明的权力调控机制。[⑥] 周光礼认为建立大学法人治理结构是完善中国现代大学制度的关键,须解决进一步扩大和落实办学自主权、党委在大学治理中的角色和定位、大学法人治理结构变革的路径选择、大学去行政化以及大学章程制定等问题。[⑦] 张衡、睢依凡认为高校内部治理是以利益关系、权力关系、权利关系为基础的制度体系、行动体系、价值体系,涉及政治权力、行

---

① 杨纳名.大学治理的必要与可能:治理理论的大学实践[J].河南师范大学学报(哲社版),2009,36(6):239-241.

② 朱家德.我国大学治理有效性的历史考察[J].中国高教研究,2014(7):25-31.

③ 秦惠民.我国大学内部治理中的权力制衡与协调:对我国大学权力现象的解析[J].中国高教研究,2009(8):26-29.

④ 龚怡祖.漫说大学治理结构[J].复旦教育论坛,2009,7(3):47-53.

⑤ 方芳.大学治理结构变迁中的权力配置、运行与监督[J].高校教育管理,2011,5(6):16-20.

⑥ 董泽芳,岳奎.完善大学治理结构的思考与建议[J].高等教育研究,2012,33(1):44-50.

⑦ 周光礼.中国公立型大学法人治理结构改革——基于华中科技大学的研究[J].中国人民大学教育学刊,2012(3):5-24.

政权力、学术权力和民主权利等。①

目前关于大学治理的中外研究成果已经非常丰富,国内大学治理问题的研究主要停留在基于治理结构概念上大学内部制度安排的探讨,理论研究仍占主导地位,以实践案例为基础的实证研究还不多。

第四节　高校思想政治教育治理研究现状

党的十八届三中全会提出"国家治理体系和治理能力现代化"的改革总目标后,很多学科围绕"治理"展开热烈讨论,思想政治教育学领域的学者主要围绕五个方面对其展开了研究。

第一,思想政治教育与治理的关系研究。学界普遍认为思想政治教育与治理存在诸多契合之处。孙其昂、张宇从历史唯物主义观点出发承认"治理境遇"的社会事实呈现,指出思想政治教育关注治理是对社会的反映。② 马超从两者的关系出发,认为国家治理与思想政治教育治理的现代化在基本理念、价值目标和道路途径上均存在内在契合。③ 包红梅认为两者的契合体现在思想政治教育与社会治理实施主体的重合性、作用对象的一致性、实施过程的相关性、方式目标的互补性以及功能原则的渗透性上。④ 杨威认为思想政治教育与社会治理之间的契合性源自思想政治教育与社会主义民主建设之间的内在统一性。⑤ 卢岚认为思想政治教育与社会治理之间应建立一种双向建构的新型模式,人的全面发展、政治目标的完成、治理政策的解读与内化,以及在社会改革基础上进行的社会治理范式转换都需要思想政治教育的变革。⑥

第二,思想政治教育治理概念研究。尽管学界对把"治理"引入思想政治教育兴趣盎然,但"思想政治教育治理"这一概念尚未获得广泛的认可,仅

① 张衡,眭依凡.大学内部治理体系:现实诉求与构建思路[J].高校教育管理,2019,13(3):35-43.
② 孙其昂,张宇.论思想政治教育与治理——基于"推进国家治理体系和治理能力现代化"[J].思想政治教育研究,2015,31(2):61-66.
③ 马超.国家治理现代化视域下思想政治教育功能转换研究[D].长春:吉林大学,2017:51.
④ 包红梅.思想政治教育的社会治理功能研究[D].郑州:郑州大学,2016:46.
⑤ 杨威.思想政治教育:文化意识形态治理的重要方式[J].思想理论教育,2014(11):59-64.
⑥ 卢岚.社会治理视野下的思想政治教育若干问题研究[J].理论与改革,2016(1):70-77.

有部分学者做了尝试性探讨。国内学者一般在两种意义上使用"治理"概念:一是西方理论意义上的治理概念;二是中国国家政治意义上的"治理"概念。后一类学者更强调中国国家治理的特殊性,主要通过引用中央文件和领导人讲话或分析中国国情,展开对前一类研究的批判。他们认为治理概念不是西方政治理论的专利,马克思主义国家理论是中国国家治理理论的根本逻辑,中国共产党人建设中国特色社会主义的进程是其历史逻辑,中国改革开放以来解决实际问题的历史过程是其实践逻辑。由于生成逻辑不同,中国的国家治理不能简单套用西方治理理论,而应做到集体领导与多元参与的统一。

这在思想政治教育治理研究中以两种形式体现。一种是对中国治理价值和西方治理价值进行折中与调和,既强调和谐、稳定、政府主导,又强调发展、活力和公众参与。如王莹认为当前实现思想政治教育与社会治理双向赋能的主要挑战是价值共识的培育,而价值共识的培育是思想政治教育融入社会治理的关键着力点,应重点以培育"共存意识—共建意识—共享意识"为核心的机制。① 金鑫认为当前亟待从调整理念、显隐结合、多方协同等方面入手,构建大思政体系,实现学科建设的全方位覆盖,推进国家治理体系和治理能力现代化。② 另一种是抛开理念之争,强调制度在治理中的重要地位。如王学俭、阿剑波认为要实现思想政治教育治理制度现代化,必须以实现思想政治教育治理制度化为关键前提,因为制度化从本质上体现着思想政治教育治理现代化水平。③ 陈宗章认为高校思想政治教育融入国家治理的全过程,根本上要以制度化的方式融入国家的行政体制、经济体制和社会体制建设,深刻体现自身"生命线"的地位和作用。④

第三,思想政治教育自身治理的紧迫性研究。主要在治理视域下考察了思想政治教育存在的问题,分为两类。第一类研究从整体上分析思想政治教育困境。如李彦磊认为思想政治教育管理模式、管理队伍、管理机制存

---

① 王莹.思想政治教育融入社会治理的着力点——一种基于社会治理现实的生成性视角[J].思想理论教育,2017(7):50-55.

② 金鑫.思想政治教育的社会治理功能[J].人民论坛,2017(29):130-131.

③ 王学俭,阿剑波.思想政治教育治理现代化的内涵、特征与发展路径[J].思想理论教育,2020(2):26-31.

④ 陈宗章.国家治理现代化视域下高校思想政治教育制度建设探究[J].思想教育研究,2021(1):32-37.

在全方位的滞后，存在思想政治教育的主体单一、工作方式简单、监督和奖惩制度缺失等问题。[①] 张怀民、陈锐认为面对意识形态多元化、学生层次多样化、网络信息复杂性、管理主体模糊性等现实问题，高校思想政治教育管理模式处于功能性失调的困境中。[②] 第二类研究着重强调思想政治教育某一方面存在的问题。如李响认为思想政治教育管理中存在单一权力主体的问题。[③] 张忠认为高校思想政治教育传统话语存在疏离生活、传播渠道单一、话语缺乏新鲜感、话语权遭受挑战等问题。[④] 学界认为这些问题虽然早就存在，但在治理理论的观照下更能显现问题的全貌。

第四，思想政治教育自身治理的内容与要求。徐艳国认为思想政治教育治理就是统筹谋划思想政治教育，找准重点解决的问题，完善思想政治教育制度安排，提升思想政治教育政策执行水平。[⑤] 秦在东、王昊认为思想政治教育治理就是要借鉴并融入社会治理的理念和价值取向，推动思想政治教育管理模式的修正和发展，实现治理参与主体的多元化和治理模式与路径的多样化。[⑥] 郑永廷、田雪梅认为治理的最终目标是促进思想政治教育的发展，使思想政治教育的各个要素都更加适应社会发展的需要，适应人的自由全面发展需要。[⑦] 蔡如军、金林南认为，思想政治教育治理应将培育实践性治理主体及其公共精神视为自己的价值追求，从而实现思想政治教育与治理的价值契合以证成自身。[⑧]

第五，思想政治教育治理的实施路径研究。孙其昂、张宇认为总体意义上的思想政治教育自身治理探索要完成观念、知识、管理以及实践上的变革和完善，使治理成为思想政治教育现代化的重要标志。[⑨] 张静认为增强思想

---

① 李彦磊.公共治理思想在高校思想政治教育中的运用[J].人民论坛，2015(29):147-149.

② 张怀民，陈锐.治理视阈下高校思想教育管理的困境及其破解[J].学校党建与思想教育，2017(14):82-84.

③ 李响.多中心治理：高校思想政治教育管理主体的解构与培育[J].学校党建与思想教育，2016(1):64-66.

④ 张忠.治理现代化背景下高校思想政治教育的话语调适[J].教育评论，2016(7):66-69.

⑤ 徐艳国.思想政治教育治理体系和治理能力现代化探析[J].清华大学学报(哲学社会科学版)，2014，29(3):122-125,10.

⑥ 秦在东，王昊.社会治理的理论创新及其对思想政治教育管理创新的启示[J].湖北社会科学，2015(7):183-187.

⑦ 郑永廷，田雪梅.社会治理与思想政治教育的发展[J].思想理论教育，2017(6):10-15.

⑧ 蔡如军，金林南.试论现代社会的思想政治教育治理[J].思想理论教育，2018(1):54-59.

⑨ 孙其昂，张宇.论思想政治教育与治理——基于"推进国家治理体系和治理能力现代化"[J].思想政治教育研究，2015，31(2):61-66.

政治教育管理者的法治意识是国家治理现代化的内在诉求,应从政策法规制度配套体系的建立、主体矛盾运动的推动以及严密法治监督奖惩机制的形成三个路径着手。[①] 也有学者从治理理念的内在要求出发展开研究。张怀民、陈锐认为思想政治教育管理向治理转型,需要实现主体多元化和模式多样化,实现多元共治、教师发展、层级共建和分类管理等。[②] 任鹏、孙雷认为党建工作与思想政治理论课是高校思想政治教育治理体系和治理能力的两个主要组成部分,治理现代化需求下二者的"良性互构"需要积极借鉴整体性治理理论,通过科学选择突破路径、整体构建体制机制和提升实现主体能力来实现。[③] 应用研究针对特定的现实问题提供有针对性的实施对策,如通过完善制度设计,发挥学生组织的主体作用,加强技术治理,优化大学生思想政治教育模式;建构多中心治理模型,加强领导决策主体、行政执行主体、学术参谋主体和反馈评估主体的参与和沟通;实现话语主导性与多样性、话语规范性与通俗性、话语继承性与创新性的统一。这类研究致力于实现思想政治教育某一方面的良性治理,提出了诸多具有可操作性的对策。

综上所述,学术界在思想政治教育与治理的融合研究方面已取得初步成果,在两者的价值互通性、融合的可行性上达成基本共识,形成的多重研究进路为我们勾勒出了思想政治教育治理的基本轮廓。但思想政治教育治理的研究尚处于起步阶段,系统化的研究成果不够丰富,缺乏实践层面的研究探索。学界关于思想政治教育治理的价值定位探讨还有待深化,在诸子系统之间的关系中审视其价值定位显得不够,从高校顶层设计上完善思想政治工作相关制度安排、资源统筹、主体参与等实践路径不足,相关研究较为缺乏。

本书的研究思路是,研究"三全育人"的内涵和本质特征,分析高校"三全育人"建设存在的问题和原因,提出"三全育人"格局尚未形成的重要原因是高校思想政治教育管理模式的滞后,需要引入治理理念来解决问题。在此基础上梳理马克思主义经典作家和中国共产党治理理念、大学治理理论、

---

① 张静.增强思想政治教育管理者法治意识的意义与路径[J].湖北民族学院学报(哲社版),2016,34(6):152-155.

② 张怀民,陈锐.治理视阈下高校思想教育管理的困境及其破解[J].学校党建与思想教育,2017(14):82-84.

③ 任鹏,孙雷.整体性治理视域下高校学生党建与思想政治理论课教学的良性互构[J].思想教育研究,2014(4):73-76.

中西方治理理论，研究思想政治教育治理的内涵、原则、基本特征及其与"三全育人"之间的关系，运用治理手段，通过改革决策运行机制、评价考核制度等手段推动高校"三全育人"建设。采用的研究方法有文献研究法、理论分析法、比较研究法、观察法、访谈法等。

第一章 "三全育人"的理论阐释和现状分析

推动形成"三全育人"首先要准确把握其内涵和本质特征,结合"三全育人"产生发展的历程,坚持问题导向,深入分析当前高校"三全育人"建设过程中存在的不足和原因,以找准治理视域下"三全育人"建设的路径。

第一节 "三全育人"的内涵特征

"三全育人"即全员育人、全过程育人、全方位育人,指所有相关育人资源都围绕立德树人这一根本任务,各育人主体遵循育人规律,作出正确的育人行为,从而实现思想政治教育效果最优化的一种理想的思想政治工作模式。

一、"三全育人"的基本内涵

"三全育人"的内涵可从以下三方面来理解。

首先,"全员育人"从人的维度来考察育人主体的完整性,指所有与学生成长成才相关的育人主体都了解并认同自身育人职责,能遵循教育规律、大学生成长规律,彼此间相互配合并作出相应的育人行为。这里的"全员"又分高校内部和外部两个方面。高校内部指所有的领导者、管理者、教师、后勤服务人员,大学生既是受教育对象也具备自我教育、自我管理、自我服务的功能和职责;高校外部指党和政府、家庭、社会组织、新闻传播机构、相关行业企业等具备育人功能和职责的单位和人员。"全员育人"的提出有深刻的现实背景。当前,不同育人主体对"谁来育人"这一问题的认识并未统一,对自身育人主体身份和职责的认同度也不一致。部分高校教师认为思想政治工作是班主任、辅导员、思政理论课教师的事情,专业课教师只要把专业知识传授好即可,教师"传道授业解惑"的职责未能很好履行。当学生出现思想问题、心理问题或行为问题时,一些教师甚至包括学校领导易将其归结为辅导员和分管学生工作的副书记没有管理好学生。从高校外部看,一旦大学生中出现一些问题,社会舆论倾向于指责学校教育失职,进而对整个高等教育体系进行抨击。这种置身事外的"旁观者"思维十分不利于开展思想政治工作。

其次,"全过程育人"从时间维度来考察育人过程的可控性,指从学生入学到毕业的育人过程是科学的,结果符合教育目标,教育效果积极正面。这个过程可从两方面理解:一是指从大学生入学到毕业的完整教育过程,或者从更大范围看可以延展到从中学教育到步入社会初期的过程;二是指思想政治教育行为过程及其效果积极可控。如陈万柏等就认为"全过程育人指党和政府、学校以及其他社会组织、大众传播媒介等有计划地对人们施加的影响,是可控制的正式的影响,因而这些影响过程是有目的的教育过程,总体是积极的"①。对受教育者产生影响的诸多因素可分为教育影响因素和非教育影响因素两大类,是否具有明确的目的性并确保其过程按照要求实施是区别两者的根本标志。"全过程育人"就是要通过符合教育规律的管理手段确保对受教育者施加的影响是积极的、可控的,而非失控的、负面的。

最后,"全方位育人"从要素和空间维度来考察受教育者所处环境的育人功能,一方面强调领导者、管理者、组织者理顺机制、统筹资源,让相关资源要素服务育人;另一方面强调受教育者所处的环境、感受的氛围都能够发挥育人的功能。从要素维度来考察"全方位育人",需要结合"全过程育人"实践,因为要素不可能单独存在,只有与具体的思想政治教育行为和过程相结合才有可能发挥其作用,因此后文在"全过程育人"的治理中,会通过体制机制的建设结合资源要素的整合来进行阐述。

从空间维度来考察"全方位育人"要重点关注物理环境和社会环境。物理环境包括校园设施、建筑环境、饮食和住宿条件等。社会环境有校内和校外之分。校内社会环境主要指学校的学风、办学理念和人才培养模式,提供的发展机会和实践平台,管理制度与运行规律及其向学生传递的隐性价值观念,并由此产生的管理文化,以及各种不成文的管理方式和行为方式折射

---

① 陈万柏,张耀灿.思想政治教育学原理:第三版[M].北京:高等教育出版社,2018:133.

出来的校园文化和价值观念等。这种文化是否公平、公正、公开,是否围绕学生成长发展展开显得尤为重要。校外社会环境主要指通过互联网、新闻媒体等各种平台营造的信息舆论环境,这种环境会对学生的认知、判断和行为选择产生影响。此外,一个城市中人们的行为方式和城市环境、家庭的氛围与关系也是育人环境的重要内容。

　　人深受环境的影响。陶行知提出"生活就是教育"的观点,认为教育要通过生活才能发出力量而成为真正的教育,有什么样的生活就有什么样的教育;学校的方方面面都是教育,社会也是学校、是教育,家庭是生活的核心,更是教育,如果不能营造良好的环境和生活方式,那我们的教育就是坏的教育。[①] 杜威在《民主主义与教育》一书中提出"青少年在连续的和进步的社会生活中所必须具有的态度和倾向的发展,不能通过信念、情感和知识的直接传授发生,它要通过环境的中介发生……个人参与某种活动到什么程度,社会环境就有多少真正的教育效果"[②]。"全方位育人"旨在为学生创造安定有序、和谐向上的学习生活环境,文明向善的社会文化环境,在潜移默化中影响人。因此改善大学生的学习生活条件,创造优美便捷的校园环境,营造公正和谐的社会环境,建设清朗理性的网络空间显得十分重要。

　　全员育人、全过程育人与全方位育人三者之间不是孤立的,而是相互联系、互为依存的关系。全员育人强调育人主体的自我角色认同,需要各育人主体明晰育人职责,掌握育人规律,将行动自觉统一到育人的最终目标上来。全过程育人强调育人主体行为符合规律、达到理想效果,也即需要育人主体根据育人规律开展教育活动,要求管理者运用计划、领导、组织、协调等手段来统筹资源,以保证教育过程的有效性、正向性。全方位育人是在全员育人和全过程育人有机结合的基础上呈现出来的育人行为的综合反映,也即受教育者所处环境具备育人的功能,发挥育人的作用。

　　以全方位育人为例,全方位育人中的方位包含人文环境、物理环境两个方面,其中人文环境由群体的行为方式产生,物理环境虽然不直接产生人与人之间的交流,但表达着人的思想和行为。环境本身会说话,它通过可感知的物的方式来实现与学生的对话,本质上是学校领导者、管理者、服务者与学生之间非语言的沟通,直接体现学校的意图,并以直观、高频的方式传递

---

　　① 胡晓风.陶行知教育文集:第四卷[M].成都:四川教育出版社,2007:301.
　　② 约翰·杜威.民主主义与教育[M].王承绪译.北京:人民教育出版社,2001:28.

给大学生切身的感受,其作用不可谓不重要。理想的校园环境要"让每一面墙说话,每一块石头育人",如果一个学校的校园环境建设者缺乏育人的理念和能力,其教育效果必然会大打折扣。因此,不论是全过程育人还是全方位育人,都需要以全员育人为前提,而全员育人要实现,也必须在全过程育人和全方位育人的具体时间和空间中实现。可见,全员育人、全过程育人、全方位育人三者相互交织,各有侧重,需要运用治理手段对资源进行有效调配,促使思想政治教育行为在时间、空间等要素中准确、科学地展开。

从高校内部看,"三全育人"反映了高校思想政治工作的运行机制,是对高校育人主体是否明晰自身职责、是否高质量完成育人任务的考察,是高校领导者、管理者是否真正落实立德树人根本任务,学校的制度设计、决策运行机制、资源调配机制等是否真正围绕育人的目标展开的集中反映。从高校外部看,"三全育人"还需要考虑如何处理好高校办学主体与政府、社会以及重要利益相关方如家庭、企业、行业之间的关系,让后者能够正确认识、了解自身的责任,并参与到育人工作中来,包括政府如何处理好与高校的关系,如何在资源调配、责权利等方面给予支持,学生作为重要的自我教育主体是否有发言权和参与学校事务的管理决策权,新闻媒体是否清晰信息时代的教育责任,新闻视角的选择和议程设置是否发挥正向功能等。

二、"三全育人"本质上是一个育人共同体

"三全育人"包含全员、全方位、全过程三个方面,但不能简单从形式和结构上去把握其本质,否则就犯了"头痛医头、脚痛医脚"的毛病。"三全育人"核心是"人"这个主体,首先要抓住"人"的行为动机和需要,也要抓住"育人"这一行为的形式、内容、过程和结果,更要关注"全"的系统性把握。2017年,教育部《高校思想政治工作质量提升工程实施纲要》提出要打造"三全育人共同体",说明国家层面对"三全育人"的本质、规律的认识和把握在不断深化,"三全育人共同体"的提出可谓抓住了"三全育人"的本质。

什么是共同体?学术界对此莫衷一是。共同体概念被用于许多领域,教育领域引入共同体概念多用以研究"学习共同体""科学共同体""职业共同体"等。从词源上看,共同体的英文是 community,由拉丁文前缀"com"(共同之意)和伊特鲁亚语单词"munis"(承担之意)组成,也即"共同承担某种东西的团体"。共同体最开始指的是以血缘关系或地域特性为划分标准而聚集在一起的生活共同体或地域共同体,是一种原始的共同体。生活共

同体最早出现在德国社会学家裴迪南·滕尼斯(Ferdinand Tönnies)的著作《共同体与社会》一书中。他提出生活共同体是一种持久的、真正的共同生活,它建立在一种原始的或者天然状态的本能意志,或者由习惯制约的适应或者与思想有关的共同记忆之上,血缘共同体、地缘共同体和宗教共同体等是共同体的基本形式。① D. E. 波普兰(D. E. Poplin)将 community 定义为"社区、社群以及在行动上、思想上遵照普遍接受的道德标准聚合在一起的团体"②。在他看来,氏族、部落、家庭、民族等都是社会生活共同体。美国学者罗伯特·莫里森·麦基弗(Robert M. MacIver)将 community 解释为社会,后来才将其定义为社区,强化了共同体的地域属性,社会(society)更突出人与人之间的关系,社团(association)是某些共同利益或兴趣的组织,共同体是"精神的联合体",是共同生活的社会个体积极地、自发地和自由地依据他们自己所制定的法则彼此产生联系。③

随着社会的发展,传统意义上的共同体已不适应现实需要。安东尼·吉登斯(Anthony Giddens)在《现代性及其后果》《第三条道路》中强调"脱域共同体"的概念,认为在全球化进程中传统意义的共同体逐步式微,而超出传统血缘、地缘等限制的世界上地区间的相互影响日益加剧,并影响我们的生活。后来"共同体"被嵌入各种新的语境中获得重新的定义,如"政治共同体""经济共同体""科学共同体""学习共同体""职业共同体",鲁思·本尼迪克特(Ruth Benedict)的《想象的共同体》就是很好的例子。学界认为,凡是以社会学的方法建构知识的团体都可以成为"学习共同体"(learning community),由不同行业的科学家组成的群体就叫"科学共同体"(scientific community),所有成员共同致力于解决一组问题投入热情并通过这一过程相互作用而发展自己的知识或专长的群体就是"实践共同体"(community of practice)等。

"育人共同体"就是在这样的背景下在高校思想政治工作的语境中提出来的。育人共同体主要指学校中的育人主体为了实现共同的人才培养目标而形成的团体,他们拥有共同的价值观、道德标准、职业目标和利益基础。

---

① 裴迪南·滕尼斯.共同体与社会——纯粹社会学的基本概念[M].林荣远译.北京:商务印书馆,1999:7.
② 张志旻,赵世奎等.共同体的界定、内涵及其生成[J].科技政策与管理,2010,31(10):14-20.
③ Robert M. MacIver. Community. A Sociological Study[M]. London: Macmillan and Co. Limited, 1920:24.

维系共同体的到底是什么？不同学者有不同的说法。早在亚里士多德那里，共同体就具有共同价值目标的特征，这个共同的价值目标即"善"。所有人将追求"共同的善"作为目标，并从中获得相应的共同利益，形成共同的价值观念，打造共同的理想王国。 让-雅克·卢梭（Jean-Jacques Rousseau）认为维系共同体的纽带不可能是纯粹的自我利益，他认为只知道追求私人的庸俗快乐的人之间是无法建立友爱、高贵、卓越的共同体的，共同体应该是一种精神共同体，是脱离了私利而具有公共精神的人组成的共同体，是基于价值观念和道德共识的共同体。

马克思恩格斯的共同体思想立足于人的需要和类本质，认为共同体要延续，必须有共同的价值观和共同的利益，在此基础上才能产生共同的行为，这三者缺少任何一个都不是真正意义上的共同体，而是虚假的共同体。马克思认为"思想一旦离开利益，就会使自己出丑"，"正是自然必然性、人的本质特性（不管它们是以怎样的异化形式表现出来）、利益把市民社会的成员联合起来"。马克思在《神圣家族，或对批判的批判所作的批判》一文中提及1789年法国大革命之所以胜利是因为符合群众的利益。他认为："如果这场能够代表一切伟大的历史活动的革命是不合时宜的，那么并不是因为群众对革命还有热情和表示关注，而是因为人数众多的、与资产阶级不同的那部分群众认为，在革命的原则中并没有体现他们的现实利益，并没有体现他们自己的革命原则，而仅仅包含一种思想，也就是仅仅包含一个激起暂时的热情和掀起表面风潮的对象罢了。"恩格斯也持同样的观点，认为"没有共同的利益，也就不会有统一的目的，更谈不上统一的行动"。

综上所述，一个真正的共同体应当具备四个共同的特征。首先，具有共同的身份认同。共同体是由某一个特殊群体组成的团队，这个特殊群体可能是因为某种共同的爱好、目的、职业、地缘、血缘等因素而联系起来的，并因此具有某种共同的责任和身份。其次，具有相似的情感体验。共同体内部成员之间具有亲密的互动关系，成员对这个团体具有较为强烈的归属感

① 亚里士多德.政治学[M].颜一、秦典华译.北京:中国人民大学出版社,2003:1.
② 让-雅克·卢梭.社会契约论[M].杨国政译.西安:陕西人民出版社,2004:1.
③ 马克思恩格斯文集:第一卷[M].北京:人民出版社,2009:286.
④ 马克思恩格斯文集:第一卷[M].北京:人民出版社,2009:322.
⑤ 马克思恩格斯文集:第一卷[M].北京:人民出版社,2009:287.
⑥ 马克思恩格斯文集:第二卷[M].北京:人民出版社,2009:359.

和认同感。再次,具有共同的价值目标和道德规范。共同体内部拥有共同的价值目标和行为方式,遵循共同的道德准则和法律规范,因此共同体是一个拥有共同精神家园的行为共同体。最后,具有共同的利益。除了情感、价值驱动外,利益驱动也是关键因素,只有成员具备共同价值观念和利益基础,才能做出更加深远、稳定、一致的行为,倘若只有价值认同而没有相应的共同利益,那么理论与现实将发生脱离,思想就易沦为空泛的口号。

三、"三全育人共同体"的主要特征

"三全育人"本质上是一个"育人共同体",其特征表现在五个方面。

第一,具有一致的育人行为。这是"三全育人"共同体的首要特点,也是最直观的表现形式。"三全育人"需要所有育人主体都围绕育人,育人过程科学可控,相关环境都能产生育人效果。一致育人行为的重要前提是育人主体了解自身的具体职责,掌握育人的基本规律和方法,能够在领会思想政治教育规律的同时把握教育对象的特征,巧妙利用各种场景、机会,有计划、有目的地开展思想政治教育活动。

第二,具有一致的身份认同。育人主体要认同自身身份方能自发自觉而非被动地从事思想政治教育活动。全员育人需要结合全方位、全过程来理解,它需要所有相关育人主体深度认同自身的角色和使命。这里包含三层含义:一是各育人主体认识到自己具有育人的职责和功能;二是掌握教育规律,了解教育对象特点;三是在教育活动过程中能得到正向反馈,强化其对身份和职责的认同。

第三,具有共同的利益基础。脱离利益的共同体难以持久,利益一致、价值观不同将产生不同的行为结果,而价值观一致、利益不同则无法保证正确育人行为的持续性,这两种情况下的共同体都不是真正的共同体。"三全育人"共同体必然要求共同的利益与共同的价值观之间的一致性。马克思提出"理论在一个国家实现的程度,总是取决于理论满足这个国家的需要的程度"[①]。有学者认为"马克思主义要说服人,要掌握群众而实现大众化就必须不仅在理论上反映大众的利益而说服大众,而且更为重要的是在实践中坚决谋求大众的利益而征服大众"[②]。"三全育人"理念要深入人心并真正实

---

① 马克思恩格斯文集:第一卷[M].北京:人民出版社,2009:12.
② 汪勇.利益多元化对马克思主义大众化的影响及对策研究[M].北京:人民出版社,2017:52.

践,就需要尽可能建立反映和满足学生利益与不同育人主体的利益诉求的工作机制。

第四,具有共同的价值观念。价值认同是促使育人主体做出更稳定、更深远、更主动的育人行为的内驱力,仅仅依靠利益驱动产生的行为是难以持久的。杜威将共同体概念引入教育学领域,认为"共同体的形成不是因为人们同处一地,而是因为大家具有彼此互通的信仰、目的、意识和感情"①。价值观是人对人、事、物等方面的认识、理解、判断和选择,是人辨别是非的思维方式和行动先导。"三全育人"共同体具有共同的价值认同,指各育人主体都认可思想政治教育的意义和价值,认为自己具备这样的职责和使命。"三全育人"要持续稳固,需要协调好资源有限性与教育理想性之间的关系,既要让育人主体具有共同的利益基础,也要让他们有一致的思想认识和价值观念。

第五,具有良好的情感体验。裴迪南·滕尼斯从社会学角度对共同体与社会作出了区分,提出共同体是由某种积极的关系形成的群体:"共同体是持久的和真正的共同生活,社会只不过是一种暂时的和表面的共同生活。因此,共同体本身应该被理解为一种生机勃勃的有机体,而社会应该被理解为一种机械的聚合和人工制品。"②育人共同体除了有共同的目标和利益外,也象征着一种良性交往关系和亲密情感联系的生存方式和组织样态。在这个共同体中,教师与学生、高校与政府、高校与社会、教师与管理人员、学校与家庭、学校与企业之间形成了一种良性的亲密关系。正如梅贻琦先生希望大学的师生关系是类似"大学犹水,师生犹鱼,大鱼前导,小鱼尾随"的一种和谐关系。教师传道授业,学生在与教师交流中汲取人生智慧和心灵养分,相互之间形成亲密互动的师生关系,双方都能产生良好的情感体验和共同记忆。这种体验与记忆一是来自教师与学生之间的正向反馈,二是源于师生知识和经验的积累带来的自我成长。这种情感体验是一种强烈的自我成就感,可以促使其持续不断地作出育人行为。

---

① 约翰·杜威.民主主义与教育[M].王承绪译.北京:人民教育出版社,1990:17.

② 裴迪南·滕尼斯.共同体与社会——纯粹社会学的基本概念[M].林荣远译.北京:商务印书馆,1999:54.

第二节　"三全育人"理念的价值意蕴

一、"三全育人"符合马克思主义人学思想

马克思主义关于人的本质的学说主要有三个方面——"人的本质是社会关系的总和""人的需要是人的本质""人的本质是自由自觉的活动",这三者之间有机联系,"实践活动是内容,社会关系是形式,人的需要是动因,三者缺一不可,是有机统一的整体"①。在马克思看来,需要、社会关系和自由自觉的实践活动构成了人的本质,人从个人生存和发展的现实需要出发,在与他人结成的各种社会关系中从事生产生活实践活动,与这个世界发生各种各样的联系,在人与环境、人与人的实践互动过程中,人的思想观念逐步产生,行为得到塑造,人的自私性、狭隘性逐渐被摒弃。思想政治教育就是这样一个类似的有计划、有目的的互动过程,这个过程既需要教育者,也需要受教育者,两者可以互相转化、互相促进,他们不是被固定在某一个环节上的单一的原子,而是具有主观能动性的有意识的存在。

"三全育人"强调思想政治教育过程中多元主体之间的互动,这与马克思认为人的本质是社会关系的总和一致。"三全育人"中的育人主体并不是狭隘的思想政治教育施加者——学校思想政治理论课教师和辅导员、班主任、政工队伍,而是包括全体教师、管理人员、后勤服务人员、学生,以及党委、政府、家庭、企业、社会组织等对学生成长产生影响的各类主体,只有多元主体之间展开充分的互动交流,才有可能建立各类有效的社会关系,尤其是对学生成长发展产生影响最大的师生关系。在信息时代、高等教育大众化时代,师生关系、生生关系、家校关系均显得比过去冷漠,这样的社会关系很难产生良好的思想政治教育效果。因此"三全育人"强调主体之间有效的互动交流,在构建良好的社会关系过程中提升教育效果显得十分重要。

"三全育人"的共同体本质强调育人主体自发自觉地从事育人活动,要求发挥学生主体作用,倡导学生主动、自觉地参与学校教育管理服务,而不是被动、机械地从事育人工作,这与马克思强调人的本质是自由自觉的实践

---

① 陈万柏,张耀灿.思想政治教育学原理:第三版[M].北京:高等教育出版社,2018:37.

活动一致。在"三全育人共同体"中,参与者的实践活动是自由自觉的,相互之间的交往可以产生良好的情感体验,育人效果是正向的,成员之间基于共同的理念、价值观,在兼顾个人利益与共同利益的基础上作出相对一致的育人行为。思想政治教育是一种主体之间进行双向互动的实践活动,在这个过程中,学生不是被动接受者,而是具有主观能动性和个体差异性,他们在课堂内外的各种活动中不断感受环境,感受、认识、改造这个客观世界,从中塑造自己的价值观念。思想政治教育不是计算机程序:教师按下启动键,学生按照程序执行,教育者的目的就可以顺利达成的过程。事实上,学生有情绪、有思想,既可以接受、认同,也可以反驳、质疑、拒绝、忽视教育者想要传递的信息。

"三全育人"理念强调不能忽视人的需要。"三全育人共同体"的重要基础是关注人的需要和利益,这是主体行为的动机和前提,这与马克思提出的"人的需要就是人的本质"是一致的。"三全育人"旨在聚焦大学生生存发展的需要,结合党和国家人才培养的目标,将以人为本、提升学生成长发展的获得感与幸福感作为重要任务,将管理者、服务者的育人目标的一致性、自觉性融入学生的日常学习、校园生活、社会交往、校园环境、食宿条件等各个环节。"三全育人"理念要让所有相关育人主体接受、认同并作为指导自身实践的内在动能,就必须正视共同体成员的利益与需要,也即我们要从核心育人主体的需要出发考虑我们的各项制度设计特别是考核评价结果是否贴合这种需要,能否将这种主体行为动机与思想政治教育的目的有机结合起来。

二、"三全育人"符合人的思想观念的形成和发展规律

个体思想观念的形成不是靠简单的单线或多线垂直模式,而是依赖于多维度、全方位、全周期渗透的模式。个体受所处环境中的社会关系、交往方式、生活环境、社会事件、实践活动、信息接收渠道等多方面影响,并受到不同个体的家庭环境、性格特点、经济条件、个人经历、教育方式等多因素的交叉影响而呈现高度不确定性,表现为一种复杂的拓扑效应。这种复杂现象往往在不知不觉中形成一些干扰,影响思想政治教育的效果。不仅如此,不同教育者、管理者、服务者对同样的教育理念、规律和方法的理解与把握也具有较大的不确定性,会对教育效果产生影响。王习胜从思想观念产生的物理学角度来分析"三全育人"的合理性,他认为思想观念是非线性的开

放系统，但教育者施加的思想观念是一种有序结构，因此"三全育人"是对思想观念"耗散结构方式生成和存在"和先进思想观念遭遇偶然因素干扰威胁，防止和抵御"熵增的结构危险"的回应。[①]

"三全育人"是以受教育者成长的全生命周期为核心的育人理念，对思想政治工作进行了大格局的描绘与架构。提出这一架构的根本目的在于解决思想政治教育的计划性、有序性与个体不确定性之间的矛盾，用管理手段最大限度保证思想政治教育的有序性和确定性，减少开放环境中的干扰产生的不确定性，提高受教育者正确过滤、筛选、分析、判断信息的能力，确保思想政治教育过程可控，最终实现党在高校人才培养目标的达成，也即最终的落脚点是用"三全"的结构去实现"育人"的目标。

目前高校思想政治教育最大的不确定因素或干扰来源于育人环境的不确定性，主要指物理环境和社会环境两方面。物理环境主要包括校园环境、教室和图书馆等学习环境以及宿舍、食堂等生活环境。物理环境是产生教育效果最直接的要素，是大学文化最直观的标志，是大学精神力量的象征之一。环境最能达到润物无声的育人效果，它们难以通过系统的话题设置或社会动员的方式展开有组织的教育活动，但能让学生感受到学校是否关心关爱学生，直接影响学生的幸福感与获得感。社会环境指校内外通过理念、制度、行为方式等营造的文化环境，比如学校的学风、办学理念和人才培养模式，管理制度及其传递的隐性价值观念，互联网各种平台和学生所处城市、社区向学生传递的信息环境和地方文化等，社会环境对学生日常实践活动的影响是松散的、长期的，其主体也是多元复杂的。尤其是互联网营造的信息舆论环境对学生的影响日益增强，网络社会关系和交往方式成为学生的重要社会关系和社会活动。

据此，我们是否可以说面对众多纷繁复杂的个体，思想政治教育规律就难以把握呢？并非如此。实际上，虽然个体的情况各有不同，但影响大学生思想观念、道德品质、行为方式的关键因素呈现出一定规律性：他们的主要社会关系、学习实践活动、关键生活事件、重要时间节点等四个方面是可以把握的，也是"三全育人"理念中"全方位育人"重点关注的内容。

---

① 王习胜."三全育人"合理性的逻辑诠释[J].思想教育研究，2019(3)：52-56.

三、"三全育人"反映了思想政治工作的理想模式

"三全育人"是一种理想的思想政治工作模式,需要构建一种能够科学有效组织主体、载体、活动、资源等要素围绕育人的思想政治工作运行机制,它反映的理想模式可以从三方面进行把握。

一是以"全"为机制。"三全育人"的关键在"全",所有相关育人主体都将"育人"作为自身使命,也即高校教师、管理人员、后勤人员、学生以及学校、社会、政府、家庭都承担起育人职责,自觉将资源向育人集聚,在人员、资金、制度、机制等方面观照育人目标,并形成决策、管理、评价的一套完整体系。"全"指的不仅仅是育人主体的完整性,更包含打破体系壁垒,调动各方资源的协同机制:在高校内部是打破教学、科研、学工、管理、后勤等体系壁垒,在高校外部表现为政府、学校、家庭、社会之间的协同育人机制。如"全员育人"特别强调不能忽视学生的自我教育功能,要发挥学生在育人过程中的主体作用,因为学生不可能所有的时间都处在有组织、有计划的教育活动过程中,他们筛选、判断、选择信息及与环境相处的方式就显得十分关键。"全过程育人"强调统筹好大学生学习生活不同阶段的教育安排,做到环环相扣、有机配合。"全方位育人"强调对学生产生重要影响的环境都要显现育人的价值,传递正确的价值观,发挥好育人的作用。

二是以"人"为核心。"三全育人"的根本出发点和落脚点都是"人"。习近平指出,"思想政治工作从根本上说是做人的工作,必须围绕学生、关照学生、服务学生,不断提高学生思想水平、政治觉悟、道德品质、文化素养,让学生成为德才兼备、全面发展的人才"[①]。"三全育人"要将出发点和落脚点聚焦到人本身,更加彰显人的主体性,这就要求我们不断研究青年大学生的思想特点和行为规律,在制定政策、出台制度、进行管理服务和教育教学活动过程中不能脱离他们的需要和特点,少做"自导自演""自说自话"的工作,而是要"贴近生活、贴近实际、贴近青年",要关注教师、管理者、服务人员、学生等群体各自的特点和利益诉求,增强制度的针对性和可行性。

三是以"育"为方式。"三全育人"的手段是"育","育"是一种方法,意味着必须掌握高校思想政治工作规律、青年大学生思想行为形成规律,要善于在国内和国际对比中、在古今历史对比中讲好中国故事,让青年学生牢固树

---

① 习近平.论教育[M].北京:中央文献出版社,2024:146.

立"四个正确认识";意味着要坚持把立德树人作为中心环节,把思想政治工作贯穿教育教学全过程。同时,育也是"成人"的方式,培养人的方式必须真正体现"育"的规律,也即所有育人主体都应该明晰自己的育人职责,具备育人的能力,能够承担起相应的育人责任。"三全育人"的"育"不是一种单向的教育,而是强调教育者尊重受教育者的感受和反馈并进行自我修正,也强调受教育者自觉认识到自身具备的育人功能,有意识地发挥自我教育、自我管理、自我服务的主观能动性,不做"等靠要"的被动接受者。

四、"三全育人"是对受教育者主体性的唤醒

思想政治教育的核心是教育者与受教育者之间的互动交往。雅斯贝尔斯(Karl Jaspers)强调教育的交往与对话,认为受教育者接受教育的内容并非全盘接受,而是以自身现有的知识结构、社会经历和观念为基础,他们会判断、分析,选择接受、拒绝或无视。因此,教育过程并非是居高临下的,而是需要体现民主与平等精神,发扬民主作风,尊重受教育者的个人意识和情感体验。

保罗·弗莱雷(Paulo Freire)认为教师讲、学生听,教师无所不知、学生一无所知,教师思考、学生被思考,教师规定学习内容、学生适应学习内容,教师是主体、学生是客体的教育方式是"灌输式"教育(banking concept of education),在这种教育方式下,教育内容往往与社会现实脱离,仅仅是引导学生机械记忆所讲解的内容,在这种关系中,学生是无知的,以此证明教师存在的合理性,这种模式培养出来的学生缺乏批判意识。他在代表作《解放教育学》中提出一个重要观点:通过对话教育的手段唤醒人民的认识,通过不断反思和实践去不断认识世界、改造世界,从中提升受教育者的思想认识和实践能力,逐步使人性中的不完美走向完美,最终消灭压迫与被压迫的社会结构,消除导致"非人"状态的根源,实现人的真正自由与解放。

解放教育学的核心在于消除被压迫者身上的"二重性"问题。被压迫者二重性指一方面被压迫者痛恨自身的状态,渴望得到尊重、自由和解放,但他们在长期被统治过程中习惯于依附权贵、依附压迫者,存在对"自由的恐惧";另一方面被压迫者意识到了自身问题及其根源,但因为自身条件的限制,即使给予他们翻身当主人的机会也因缺乏民主与自由的实践、自由自主的责任和能力,而将压迫者如何行事作为自己的榜样,认为压迫者那样才是"活成人样",这样的被压迫者即使夺取了政权也不意味着革命的胜利,他们

会模仿过去的压迫者统治他人,从而成为新的压迫者。"文化的决定力量是显而易见的:不管是专业人士还是纽约贫民窟中参加讨论的人,他们都没有把自己看作是历史进程中的积极主体。他们都不是统治的理论家和思想家。相反,他们是统治带来的结果,进而又变成统治产生的原因。这是革命者夺取政权后所要面对的最严重的难题之一。"[1]

"三全育人"倡导的建立新型师生关系、受教育者自我教育正是解放教育学倡导的受教育者主体性觉醒的教育方式。思想观念的形成需要理论与实践的互动、发展、转换,实践是加深认知的重要前提,尊重学生的主体性、能动性和实践性,既符合教育的规律,也是学生不断认识自我、认识世界,提升自我能力和素质的重要前提。在特定的具体情境中进行批判性对话,教师与学生互动,这种互为师生,师生互为主体,教师与学生转变为"教师学生"与"学生教师",通过平等对话交流实现相互教育的方式是"三全育人"倡导的理想教育方式。高校思想政治教育和办学治校过程不能缺少学生参与,"三全育人"正是强调学生参与的不可或缺性,强调充分发挥教育关系双方甚至多方的互动性、实践性和能动性,建立一种新型的平等和谐的师生关系,充分激发受教育者的主体自觉性。

第三节 "三全育人"的发展历程和现状

一、"三全育人"的发展历程

"三全育人"理念经历了萌芽、雏形、正式提出和发展深化四个历史阶段。

"三全育人"理念萌芽于新中国成立伊始。1949 年 12 月 28 日,《人民日报》发表徐特立的文章《普通学校的思想教育》,认为"学校的思想教育是把马克思主义的辩证唯物论和唯物史观贯彻到学校各科课程和实际生活的各方面去,以培养学生能够独立运用马克思主义的宇宙观去处理他们学习及

---

① 保罗·弗莱雷.被压迫者教育学[M].顾建新,赵友华,何曙荣译.上海:华东师范大学出版社.2014:4.

日常生活的一切问题"①。1950 年 8 月 2 日,中国教育工会第一次全国代表大会提出"教书育人、管理育人、服务育人"②。1957 年 2 月,毛泽东在《关于正确处理人民内部矛盾的问题》的讲话中提出"思想政治工作,各个部门都要负责任。共产党应该管,青年团应该管,政府主管部门应该管,学校的校长教师更应该管"。③ 同时期,《人民日报》多次就家庭教育、家长对子女教育的重要性发表社论,指出家庭、学校和社会都要努力。这个时期,党委、政府、家庭、学校、群团都有育人职责的理念基本形成。

改革开放后,"三全育人"理念初现雏形。1980 年 4 月,教育部出台《关于加强高等学校思想政治工作的意见》,要求不仅专兼职的政工干部要做思想政治工作,业务课教师也要做思想政治工作。④ 1986 年 6 月,《中国教育报》发表社论《切实加强和改革高校思想政治工作》,指出加强思想政治工作要实现"三个结合",即同参加社会实践结合,走与工农群众结合在实践中锻炼成才的道路;同加强管理结合,形成健全的规章制度;同关心学生学习和生活结合,让他们认识到社会主义制度的优越性。⑤ 1987 年 10 月,国家教委召开全国部分高校服务育人思想政治工作座谈会,清华大学、西北工业大学等高校后勤部门在会上提出"优质服务、服务育人"的后勤服务育人理念。⑥ 1988 年 11 月,国家教委要求各高校"党委和领导干部要充分认识加强学校管理、创造良好育人环境的重要意义,努力做到教师教书育人,学校管理育人,后勤服务育人,学生自我服务、自我教育"⑦。随后"教书育人、服务育人、管理育人"的内容被写入了《高等学校学生行为手册(试行)》。1993 年 8 月,中共中央颁布《关于进一步加强和改进学校德育工作的若干意见》,指出要"进一步发挥全体教职工的育人作用,重视校园文化建设,学校教育、家庭教育、社会教育紧密配合,要把德育贯穿在教育的全过程,落实在教学、管理、后勤服务的各个环节上"⑧。1999 年,中共中央、国务院颁发《深化教育改革全面推进素质教育的决定》,要求"建立全员育人的网络系统,建立执行的

---

① 冯刚,沈壮海.中华人民共和国学校德育编年史[M].北京:中国人民大学出版社,2010:6.
② 冯刚,沈壮海.中华人民共和国学校德育编年史[M].北京:中国人民大学出版社,2010:6.
③ 中共中央文献研究室编.毛泽东文集:第七卷[M].北京:人民出版社,1996:226.
④ 冯刚,沈壮海.中华人民共和国学校德育编年史[M].北京:中国人民大学出版社,2010:413.
⑤ 冯刚,沈壮海.中华人民共和国学校德育编年史[M].北京:中国人民大学出版社,2010:534.
⑥ 冯刚,沈壮海.中华人民共和国学校德育编年史[M].北京:中国人民大学出版社,2010:575.
⑦ 冯刚,沈壮海.中华人民共和国学校德育编年史[M].北京:中国人民大学出版社,2010:594.
⑧ 冯刚.改革开放 40 年高校思想政治教育编年史[M].北京:北京师范大学出版社,2019:189.

机制和制度,实施两课,发挥党团支部和两校一会的作用,开展社会实践活动等"①。

在这样的背景下,"三全育人"理念呼之欲出。2003 年 12 月,教育部办公厅在《关于进一步加强高校学生管理工作和心理健康教育工作的通知》中提到,要"强化育人意识,把教书育人、管理育人、服务育人落到实处,形成全员、全方位、全过程育人的合力"。2004 年《中共中央 国务院关于进一步加强和改进大学生思想政治教育的意见》颁布,文件对高校教师、管理、服务等各主体、各环节的工作任务进行了较为明确的规定。2005 年,胡锦涛在全国加强和改进大学生思想政治教育工作会议上指出,各高校要努力形成党委统一领导、党政群团齐抓共管、专兼职队伍结合、全校紧密配合、学生自我教育的领导体制和机制,②重点关注"三全育人"背后的体制机制问题。2006年,中共中央政治局提出要"充分发挥学校教育的主渠道作用,坚持全员育人、全方位育人、全过程育人,建议不断加强和改进德育工作,建立健全符合素质教育要求的学生综合素质和学校教育质量考核评价体系"③。"三全育人"理念正式提出。

"三全育人"理念的提出一方面体现了新中国成立后党领导下的高校思想政治工作理念不断完善发展,另一方面也是针对高校思想政治工作中出现的一些问题的回应。21 世纪以来,经济社会的快速发展也为高校带来了一些变化,部分高校教师忙于科研而忽略教学、师生关系淡漠等问题日益突出,逐步引起中央的重视。

党的十八大以后,"三全育人"理念得到深化发展。2012 年起,中共中央、国务院、教育部先后下发了《关于加强教师队伍建设的意见》《关于加快建设高水平本科教育 全面提高人才培养能力的意见》(即新时代高教 40条)、《高等学校课程思政建设指导纲要》等文件,均指出要加强师德师风建设,强化课程思政和专业思政,构建"三全育人"大格局,让所有教师都承担育人责任。全国高校思想政治工作会议指出,"要坚持把立德树人作为中心环节,把思想政治教育工作贯穿教育教学全过程,实现全员育人、全过程育

① 冯刚.改革开放 40 年高校思想政治教育编年史[M].北京:北京师范大学出版社,2019:248.
② 冯刚.改革开放 40 年高校思想政治教育编年史[M].北京:北京师范大学出版社,2019:322.
③ 冯刚,沈壮海.中华人民共和国学校德育编年史[M].北京:中国人民大学出版社,2010:1035.

人、全方位育人"①。2017 年 12 月,教育部党组印发《高校思想政治工作质量提升工程实施纲要》,提出开展"三全育人"综合改革,"带动支持在本地区打造'三全育人共同体',形成学校、家庭和社会教育有机结合的协同育人机制"②。《实施纲要》不仅提出了要建设"三全育人共同体",更关注到了其背后蕴含的管理机制、资源调配、主体关系等思想政治教育治理问题。由此,从中央到地方党委、政府、高校,逐步开始探索相应的实践路径。

2018 年,教育部牵头推进"三全育人"综合改革试点工作,从思想政治教育管理视角探索"三全育人"格局构建的路径。2019 年,党的十九届四中全会专门针对加强和改进学校思想政治教育提出了建立全员、全程、全方位育人体制机制的工作目标。③ 这标志着"三全育人"综合改革从资源要素的系统整合升级为体制机制的建立健全,"三全育人"体制机制建设成为高校思想政治教育治理的重要内容,也是国家治理体系和治理能力现代化建设的重要一环。

2020 年,教育部等八部门印发《关于加快构建高校思想政治工作体系的意见》,再次强调以建立完善全员、全程、全方位育人体制机制为关键,全面提升高校思想政治工作质量,要求加快建立理论武装、学科教学、日常教育、管理服务、安全稳定、队伍建设、评估督导"七位一体"的高校思想政治工作体系。2022 年,教育部等十部门制定出台《全面推进"大思政课"建设的工作方案》,要求"开门办思政",善用社会大课堂,搭建大资源平台,构建大师资体系,指出这是推进"三全育人"综合改革的重点难点。

从萌芽到正式提出再到发展深化,"三全育人"在理念、制度与实践中实现了两个转变:一是从关注要素整合到关注体制机制改革的转变,二是从关注高校内部到关注高校内外协同的转变。这些转变意味着对"三全育人"的研究和实践也从对思想政治教育本身的关注转变为对思想政治教育治理的关切,从治理视角对"三全育人"展开思考成为必然趋势。

---

① 本报评论员.把思想政治工作贯穿教育教学全过程[N].中国教育报,2016-12-09(3).
② 中共教育部党组关于印发《高校思想政治工作质量提升工程实施纲要》的通知[EB/OL].(2017-12-06)[2024-12-06].http://www.moe.gov.cn.
③ 中共中央关于坚持和完善中国特色社会主义制度　推进国家治理体系和治理能力现代化若干重大问题的决定[N].人民日报,2019-11-06(1).

二、高校"三全育人"的建设现状

作者对浙江省内部分高校领导、中层干部、普通教师、辅导员、班主任、后勤服务人员、学生、校友、家长代表以及地方党委、政府领导干部进行了访谈，结合在高校工作经验，对当前高校"三全育人"建设现状有了相对全面的把握。总体来看，受访者基本认同"三全育人"的重要性，各级党委、政府、高校重视推动"三全育人"的建设，在队伍建设、资金支持、政策倾斜等方面给予了诸多保障，并积极推动地方和高校探索创新做法，但当前"三全育人"格局尚未形成，存在全员育人中的"全员"作用发挥不够平衡，全过程育人中的"过程"管理不够科学，全方位育人中的"方位"合力还有待形成等问题。

第一，全员育人中的"全员"作用发挥不够平衡。全员育人强调育人主体都负有育人责任，但产生的育人作用有大小远近之分。从实际情况看，不同育人主体作用发挥不平衡、不充分，存在党委、政府热、企业与社会冷，高校内部热、外部冷，思政工作者热、非思政工作者冷，教师热、学生冷的情况。

首先，高校内部各育人主体作用发挥不平衡、不充分。高校思想政治理论课教师、辅导员和班主任分别承担着思想政治理论课教学和日常思想政治工作的职能，是思想政治工作的骨干力量。哲学社会科学及其他各学科教师在课堂上通过一定的方式向学生传递正确的价值观念，高校领导和管理人员通过对大学规章制度的制定和执行来传递大学精神和大学文化，大学中的服务人员通过营造良好的校园环境文化和服务氛围，为师生提升幸福感。可以说，从党委书记、校长到普通职工，每个人的工作都有价值。

当前，一些教师对自身育人职责的定位不清，存在责任转移的情况。一位教师在访谈中提到"在课堂上开展爱国主义、集体主义教育是思政课教师的事情，而学生迟到、早退、玩手机是辅导员、班主任的事"。一些教师认为自己的工作是教学与科研，既然每个学校都有思想政治理论课教师和辅导员，还有宣传、学工、团委等专门的思政工作部门，就应该让专门的人做专门的事，不要再挤压教师的时间。也有教师提出自己不是不愿意从事育人工作，而是现在各个条线布置下来的刚性任务太多，精力难以顾及。分管学生工作的副书记、辅导员代表们认为目前多数教师是好的，但也有一些教师对育人的认识不准确，认为担任班主任、指导学生参加学科竞赛才是育人，课堂管理、师生交流并不能算育人。一位辅导员提到"个别教师连基本的课堂秩序管理都难以做到，连上课点名都要我们辅导员来点"。

一些机关管理部门领导和办事人员存在简单化理解"育人"的情况,认为凡是与学生有关的事就是学工线的事。一位从事学生工作多年的中层干部描述了这样一件有意思的事:过去几年流行二手衣物回收,校外的公益组织会定期派人回收二手物品,因疫情期间学校封闭管理,校外人员联系学校后勤部门,后勤一名员工要求学生处办理该校外人员所有入校手续并做好对接,理由是"回收的物品是学生的"。这样的认知令人啼笑皆非。有些管理服务人员还存在官僚主义作风、服务学生意识不强的问题。一名学生在访谈中提到曾遇到一名教务人员拒绝学生直接上门办事,要求必须由辅导员代办,甚至拿凳子堵住办公室的门,并在门口贴上"学生不得直接进入"的书面提示。这种"定位不清"与"责任转移"的错误认知一旦不及时纠正,势必导致"学生的问题找学生管理部门"的观念愈演愈烈,全员育人难以实现。

学生作为重要的自我教育者,作用发挥也不平衡。近年来参与学校各类事务和管理工作的学生身影越来越多,很多学生通过担任学生干部,参与学生社团,参与科研和各类文化艺术体育活动等,能力素质得到了很大提升,但也存在着不足:一是参与人数有限,学生组织、学生社团、科研实践和文化艺术活动等平台对参与学生素质要求较高,仅有少数学生能够得到这样的机会;二是参与层次不够高,他们多参与学生的学习、生活管理服务工作,参与学校重大决策、制度制定、培养方案调整等机会较少;三是学生代表大会作用发挥不理想,未能有效反映学生诉求、参与学校管理;四是学生自我管理、自我教育的意识还不够,遇到问题自己主动思考解决方案的意识和能力还不够强。

学生中的党员群体先锋作用发挥还不够理想。学生党员是名副其实的"精英中的精英",他们表现出信念坚定、甘于奉献的特点,具有强烈的家国情怀和社会责任感,但他们的影响力主要来自个体的实力和魅力,群体性的示范效应还不明显,组织推动下的群体榜样效应不足。高校学生党支部是学生党建工作的基层组织,承担着发展、培养党员,发挥党组织战斗堡垒作用的职能,学生党支部在思想建设、组织建设、作风建设方面卓有成效,但与团学组织相比,前者的覆盖面、组织活力和活动频率不足,活动方式不够贴近学生需求,对普通学生的直接影响力不及团学组织。

其次,高校外部育人主体也未能实现"全员"上阵。"三全育人"在高校内部接受度较高,但在大众群体中的接受度还不够。党委、政府在推动全社会弘扬社会主义核心价值观,营造风清气正的网络环境方面做了大量的工作,为高校思想政治工作营造了较好的外部环境,在支持高校办学方向、资源调配等方面,给予了高校较大的办学自主权,但也存在财政支持不平衡、不充分的情况。如当前高校管理体制分为部属、省属、市属,高校的财政支持和归口管理也出现了三个层级的区分,在同一个层级特别是市属高校中,能够得到多少财政投入主要取决于该市的经济实力,由此导致不同层级的高校得到的财政投入、资源统筹调配能力差距过大,影响办学效果。

当前诸多地方党委、政府已经认识到大学对地方发展的重要性,但一些地方将高校人才培养投入当成经济投资来看待,片面追求指标的快速兑现,希望高校能为地方经济发展、人才服务等做一些立竿见影的贡献,但高校的特点决定其很难做到快速实现 KPI,一些经济不发达的城市更加愿意将资金投入到基础设施、拉动消费、吸引投资和扩大出口等方面。有地方官员私下说:"大学第一不能在短时间内实现科研重大突破,第二难以直接带动当地人口增长,第三耗费巨大而难以转化为 GDP,给高校投入是一笔'亏本买卖'。"此外,党委、政府在有计划、有组织地发挥社会主体作用方面,集中在对国有新闻媒体的管理上,但对于资本控制下的平台管理还不足,在建立家庭、高校、企业、社会组织之间的协同机制方面还有较大的空间。而网络自媒体平台深陷流量经济怪圈,为博眼球而缺失道德底线的行为屡见不鲜,严重干扰思想政治教育效果。

在这样的情况下,一些地方高校领导被迫忙于寻找资金,实验室、教学条件、宿舍投入捉襟见肘,专业能力建设必定难以充足,更何谈优质师资条件,思想政治工作的要素保障也难以保证。一名高校领导在访谈中就表达了这样一个观点:"学校领导最大的压力来自资金和资源,多数普通高校领导的主要任务就是争取资金。思想政治工作不是靠嘴上说说、谈谈心就能解决的,还要我们实打实把条件建设好,引进优质师资,提升管理水平。现在学生很少吃过苦,如果宿舍、食堂条件差,实验室条件不好,教师做不了科研,没有经费引不来优秀教师团队,育人效果自然受到影响。这些都是立德树人的前提条件,没有资金、资源、政策的支持,这些都做不了。"

此外,家庭的育人作用在进入大学阶段后明显减弱。有学生和家长在访谈中提到,家长参与育人做得最为薄弱。一名学生认为原因有二,"一来大部分家长受教育水平不高,不知道应该怎么参与育人;二来目前似乎也缺乏参与育人的途径"。还有多名学生认为"很多家长存在'踢皮球'的现象,父母觉得既然上了大学,那教育就是学校的事情了,怎么还要家长来参与?"

"如果学校向家长强调家庭教育,部分家长就会认为学校想'甩锅'而拒绝配合。社会舆论也普遍认为教育就是学校的专门工作。"

不可否认,一些家庭在子女进入大学后依然与子女保持着良好的互动,但因物理距离、空间环境的变化,这种互动变得比以往更为松散零碎。一名辅导员在访谈中表示,他所带的200名学生的家长中有两种极端情况:对子女从来不闻不问,以及时刻关心学生成长,但多数家长与学生联系不多,家长对子女的主要作用是"钱袋子"。他认为多数学生进入大学后内心渴望独立,甚至想摆脱长期以来的"被控制感",因此较少与家人主动联系。但他也提到,原生家庭存在问题的学生进入大学后问题会集中爆发,漠视学生或过度控制的家庭都会造成孩子不良心理状态,如一些家庭经济困难伴随心理问题的学生,很多从小就是留守儿童,父母无暇顾及子女,家庭往往并不能提供很好的社会支持,一些家庭甚至采取漠视的方式来对待子女,学生一旦遇到重大挫折就容易发生极端事件。

企事业单位是高校毕业生的用人主体,他们对高校毕业生的质量感受最为直接,但他们参与高校思想政治教育程度普遍不高。目前他们在毕业生质量跟踪调查方面有一定的发言权,但如何将他们的意见吸收到人才培养目标和过程中还缺乏切实有效的方案。高校人才培养兼具现实性和理想性的特点,用人单位多从现实性出发,对理想性的考量不足,高校则注重理想性,对现实性、应用性的考察存在天然缺陷,这就造成了在人才问题上出现供需不平衡的现象,一方面高校毕业生找不到合适的工作,另一方面企业又缺乏想要的人才。人才使用者的意见难以融入培养目标,缺少相应的话语权,是又一影响"全员育人"格局形成的重要因素。

第二,全过程育人中的"过程"衔接不够清晰。全过程育人首先强调开展思想政治教育的过程是可控的,产生的作用或影响是正面的,其次强调学生在思想观念形成的关键阶段能够接受相应的教育。一位二级学院党委副书记在访谈中提到,"教育过程才是最能给学生带来收获的,要注重教育过程,不能只看结果。我们现在最大的问题就是对一课堂教学和二三课堂的活动设计是否科学,它们之间能否有机衔接,根据不同年级和专业学生的特点进行有效设计方面还有很大进步空间"。要做到这一点,前提是教师的育人行为既要符合教育规律,确保对受教育者施加的各个环节的影响是积极的、可控的,将干扰降到最低,也要尊重当前大学生的思想行为特点,有针对性地开展工作。当前,全过程育人的"过程"衔接还不清晰主要表现在三个

方面:

对学生在大学期间思想政治教育虽有总体规划但缺乏细致的安排。首先,思想政治理论课与人文社科类课程设置、日常思想政治教育活动的设计总体还不够科学,根据学生所处的阶段和接受能力来安排课程考量不够精细。如基础理论课、哲学课往往集中安排在大一、大二,由于缺乏人生阅历和社会实践,很多学生对这些内容往往还难以领会。多位受访者表示,思想政治教育安排存在"重视低年级,忽视高年级"的现象。其次,思想政治理论课与社团活动、社会实践等第二、第三课堂的互动、协同机制未能建立,表现为思想政治理论课更注重知识性的测试,与学生在实际生活中的表现关联不大,而第二、第三课堂实践活动缺乏设计,存在较大的随意性,教育效果大打折扣。最后,思想政治理论课受到师资力量、教学课时安排的限制,教学方式还是以大班授课、灌输式教育为主。由于高中时期刚刚经历思想政治课程的应试教育,进入大学再一次高密度地上这些课,容易让学生产生"钝感",大班授课方式又难以进行互动交流,课堂教学效果并不理想。

教育实践活动的过程管理不足。高校学生课外教育实践活动非常丰富,如何将这些活动组织好、管理好,发挥其育人的作用非常关键。在实际工作中,课外教育实践活动的组织者与管理者多为教学秘书、辅导员、学生干部等,他们多数不是专家,主要依靠经验开展工作。事实上,即使是专业教师也仅对自己学科的课堂教学较有经验,对课外教育实践的组织管理并不熟悉,而教学秘书、辅导员、学生干部虽然熟悉学生活动的组织管理,但对思想政治教育过程的管理协调能力十分有限。比如一些师范类院校的非师范生实习,目的在于提升学生的专业素养,提前了解社会,但学校在这方面投入的经费和精力有限,学校缺乏对整个过程的管理与控制,一些学生自行联系实习单位,自行寻找实习导师,自我管理实习过程。一名班主任在访谈中这样描述:"学校放羊、企业放任、学生放飞、材料放水。学生的实习总结和日记是流水账,没什么实质性的内容。"再如举办一些大型活动,组织方要求学生提前一个小时到半个小时候场,学生在太阳底下站着暴晒,有些学生饿着肚子来参加活动,而活动整个议程以领导致辞、讲话为主,过程冗长,内容单一,学生缺乏参与感。这给学生留下的印象往往是形式主义、官僚主义,教育效果事倍功半。

大中小一体化思想政治教育体系未能形成,存在各自为政、相互脱节的情况。高校是学生世界观、人生观、价值观形成的关键阶段,但大学教育并非孤立存在,初高中各阶段的教育都有其作用,是一个层层递进、不断深化的过程,应根据学生发展规律和身心成长特点、思想政治教育教学规律来科学合理安排课程内容,设计教学方法。目前至少存在三方面的问题:一是大学与中学的教育内容存在大量重复,但难易程度并未区分;二是高中阶段思想政治理论课受到应试教育影响,多强调知识记忆,对基础理论死记硬背、囫囵吞枣,但不了解真实含义,考完即忘的情况较为普遍;三是大学阶段课程教学内容较多,但教材设计依然以知识为主、记忆为主,思辨训练少,学生并没有真正理解领会,且长期在这样的课程设置和教学安排下,容易形成应付与反感情绪,教育效果不佳。

第三,全方位育人中的"方位"合力未能形成。全方位育人强调受教育者所处的教育环境、感受的场景都发挥育人功能。访谈中,学生较为一致认为他们针对学校的评价主要考虑学习环境、硬件设施、教育教学资源、教学组织能力与水平、生活便利、师资队伍、办事效率、民主程度、意见反馈解决能力等因素,而对他们产生影响较大的因素除了班主任、社会实践、学生干部经历外,网络文化环境也十分重要。当前高校校园环境总体较好,但文化环境做得还不够,网络传播话语体系还处在适应期、转型期,学校、社会、企业、家庭联动的"大思政"格局尚未形成,"全方位"育人的体系还没有形成,主要表现在:

校园环境难以达到学生期待,学生校园生活的幸福感不强。当前,高校学生主要有三个特点:一是他们属于在改革开放取得较大成就以后成长起来的一代,很多学生没有吃过苦,甚至不知道经济上的苦是怎么样的;二是相当一部分学生在中小学阶段接受了良好的学校教育和课外素质教育,多才多艺;三是当代大学生是"网络原住民",他们视野开阔、知识面广,有较强的去权威化意识和平等观念,对传统的教育方式"无感"或"钝感",擅长用网络来表达自己的意见或不满。他们对校园生活具有多样化、高品质的追求,而高校为学生提供的学习生活保障和服务水平与他们的要求之间还存在差距,部分高校硬件设施不如中小学,其中最为直观的就是宿舍、教室的条件与家长、学生期待有差距,部分高校学生宿舍没有独立卫生间、空调、储物空间极少,教室环境设施老化,未能及时更新,特别是实验室设备和基础设施老旧,让学生有较大的落差感。由于成长环境较好,他们对就业的期待很高。根据作者对2024届浙江省毕业生进行问卷调查,结果显示,半数以上学生不会因为就业困难而降低自己的就业预期,经济社会发展基础还不具备让多数学生"脱下孔乙己长衫"的现实条件,考编热、慢就业得到不少大学生的支持。毕业生在择业时首要考虑的是薪资待遇,其次是地理位置和发展前景,"如果未能找到理想的工作",超过半数学生会"继续寻找预期工作",超过三成学生"考虑升学",比例明显高于"考虑与专业不相关的工作""降低薪酬""降低城市能级要求"等选项,更有部分学生选择"慢就业"。

管理服务育人的质量难以满足师生需要。全方位育人的目的是为学生创造安定有序、和谐向上的学习和生活环境。毛泽东同志在革命战争时期这样说过:"我们要胜利,一定还要做很多的工作。领导农民的土地斗争,分土地给农民;提高农民的劳动热情,增加农业生产;保障工人的利益……解决群众的穿衣问题,吃饭问题,住房问题,柴米油盐问题,疾病卫生问题,婚姻问题。总之,一切群众的实际生活问题,都是我们应当注意的问题。"[①]米契尔·兰德曼(Michael Landmann)认为:"不仅我们创造了文化,文化也创造了我们。个体永远不能从自身来理解,他只能从支持他并渗透于他的文化的限定性中获得理解。"[②]

可见,生活问题是解决思想问题的重要切入口,学校管理服务的育人作用不容忽视。高校的办学理念和价值观是大学文化的核心,它通过制度、管理方式、校园环境和氛围传递给师生,从而使其培育的学生表现出相对一致或相似的行为特点和思维方式,即学风。如高校崇尚学术诚信,可以通过将惩戒作弊、抄袭等内容写入《学生手册》,并通过宣传教育进一步强化诚信光荣、作弊可耻的观念,在实践中严格执行制度,学生就能较快接受这一价值观念。当前高校管理文化中"管理育人"的理念还没有形成,行政化倾向较为严重,普通教师、学生与行政管理机构和人员打交道的过程中多少遇到过官僚主义、形式主义等问题,存在"门难进、脸难看、事难办"的现象。服务育人也是高校育人的重要内容,主要指高校后勤部门的服务质量是否跟得上学生的需要,如食堂的饭菜口味、品种是否丰富,是否符合当下学生的期待,宿舍管理服务、物业维修、卫生保洁、安全保障等是否及时高效,图书馆、实验室、教室等资源的开放与管理是否符合学生学习成长的需要等。当前,高校服务育人越来越受到重视,涌现了一批优秀的后勤服务集体,但部分高校的后勤还存在着体制机制不顺、服务意识薄弱、服务质量不高等问题。一名

① 中共中央宣传部理论局编.论党的群众工作——重要论述摘编[M].北京:学习出版社,2011:70.
② 米契尔·兰德曼.哲学人类学[M].阎嘉译.贵阳:贵州人民出版社,1988:273.

教师表示："教师要潜心育人,首先要让教师有尊严,减少一些形式主义的培训和指标。学校管理者要把自己当成老师,而不是领导或办事员,面对学生也要尊重学生、爱护学生,不能太把他们当学生,又完全不把他们当学生。"

官方话语体系传播力、影响力不足。当前思想政治教育的传播话语体系还在调整期,入情、入心不够,存在"你说你的,我说我的,各说各的"现象。传播媒介大致分为三类,一类是政府主导的官媒,二是资本主导的商媒,三是学校主导的校媒。政府主导、学校主导的媒体话语体系往往追求精英化的叙事方式,较难放下身段,形象较为刻板,与大学生期待的多元形象有较大差距。资本主导的商业媒体结合算法技术使得他们深度了解用户,将流量经济、眼球经济运营得风生水起,其内容和形式受到年轻人欢迎,但其庸俗、商业甚至低俗、负能量的一面也相伴而生。在官方媒体话语体系传播力不够,商业媒体影响力剧增的情况下,思想政治教育在网络传播层面的影响受到了巨大的干扰。

传统纸媒、电视在年轻人中不被关注,商业化、平台化运作模式影响日盛,依靠短平快、多元化、人性化的传播模式深得人心,而传统的说教式、宏大叙事、绝对正确的话术在年轻人中缺乏市场。商业化的媒体依赖算法技术深谙人性并利用个性化推送,将年轻人喜欢的话语体系运用得炉火纯青,官方媒体普遍还迈不开改变的脚步,学校媒体则"犹抱琵琶半遮面",羞答答在校园景色、恋爱美食等无伤大雅的领域试水,在议题设置和话语表达上,官方掌握的媒体缺乏灵活性、创造力,有影响力的网络传播队伍力量不足。

第四节　高校"三全育人"建设不足的原因

随着高校思想政治工作的不断发展,全员育人中的"员"的队伍数量、素质大大提升,专业化水平不断提高,"全过程""全方位"的内涵逐步深化和外延逐步扩大,但思想政治教育管理理念和机制没有很好适应外部环境的变化,与"三全育人"需求匹配度不高,主要表现在四个方面。

一、多元主体育人职责体系不健全

通过对高校"三全育人"现状分析可以发现,不论是高校领导、教师、管理人员,还是地方党委、政府领导,或多或少对"三全育人"的内涵和实践机制的理解存在一些偏差,在管理制度、运行机制、教育活动等过程中存在这样那样的一些问题,主要原因在于我们对"全员"指代的多元育人主体的结构和育人职责体系缺乏明确而具体的界定。

首先,没有准确界定"全员"范围及其育人职责。"全员育人"中的"员"到底指哪些人?他们在育人工作中的作用体现在哪里?他们分别承担什么育人职责?对这些问题虽然有一些回答,但还不够明确具体。目前不同人群对"全员"的认识有不同的理解,高校外部人员往往认为这就是高校领导和老师的事。如一名辅导员表示绝大多数家庭存在根深蒂固的"上了大学就放松"的观念,家庭教育的作用在孩子进入大学后呈断崖式下降。在高校内部,不同群体育人职责界定还比较笼统,比如我们要求教师、管理人员、后勤服务人员都要承担育人工作,但将育人工作简单理解为参与学生工作,通过额外增加工作量的形式来实现育人。一些教师由此认为教学科研就是他们育人的表现形式,额外做学生工作就是增加教师的负担。也有教师认同自身育人职责,但对一堂好的思政课的衡量标准是什么,科研怎样有效转化为育人成果缺乏认知。一些管理人员觉得学生工作离自己很遥远,简单将育人工作等同于学生工作,认为自己不该承担额外的任务。另外,我们要求学生承担起自我教育、自我管理、自我服务的责任,但对哪些事项属于学生自我管理、自我教育、自我服务的范畴界定较为模糊,学生对通过何种形式实现自我教育、自我管理、自我服务认知不清。

其次,对如何确保育人主体科学履行责任缺乏认知。"全员育人"意味着育人主体范围的扩大,意味着原来并不在狭义思想政治工作体系范围的人群需要认识到自身的责任并掌握育人的方法,这就需要从更大的格局和更高的层面进行统筹设计。比如,我们强调"课程思政",怎样才是正确的"课程思政"方式,怎样避免"专业课教学+生硬的思政教育"这种简单粗暴的育人方式?再如,科研怎样反哺育人,如何避免教师的科研与教学、育人脱节?家庭教育怎样与高校教育有效衔接?用人单位如何参与到学校育人中来?学生作为重要的育人主体,他们怎样开展自我教育、自我管理?他们通过什么样的途径来展开这样的实践活动,从中怎样学习总结提升?对于这些具体的思想政治教育活动的规律把握和运用,还缺乏细致的研究和方案。

最后,多元育人主体之间的协同机制尚未建立。"三全育人"要求所有相关主体都承担育人职责,并非指所有人都要做同样的育人工作,而是指每个人结合自己的具体岗位职责和个人特长发掘育人元素,也并非指所有人的育人工作量都是相等的,而是有主次之分。比如对于学校中层管理人员而言,并非每一个部门都与育人直接相关,但如何将制度体现育人,资源配置是否体现育人,如何执行制度,这些都与育人相关。人事处的职称晋升制度是否关注育人成效,教务处能否将育人效果纳入教师教学成绩评价,都充分体现了该部门育人功能的显现度。当然,育人主体之间的相互关系也有主次、远近之分,如思政课教师与辅导员分别负责课堂内与课堂外的思政教育,是核心思想政治教育力量;一线教师与班主任与学生接触的时间最多,他们是最了解学生在课堂内外表现的人;教务处、学工部、后勤等部门分别负责教学、学生管理和生活服务工作,三者之间如能做到思想认识、制度设计、运行机制之间的统筹协调,育人工作必然事半功倍。

二、育人考核评价制度的系统性设计不足

孔德认为社会是一个整体,它的每一部分都是相互联系的,而不是孤立存在的,分工的工业形式带来了特别有力的社会合作形式,无限提高了人们的生产能力,但社会分工发展出一种精细精神,抑制或限制我们的综合精神或系统思维。在道德关系中,尽管人们需要紧紧依赖群体,但却由于自己的特殊活动而脱离群体,个人的活动往往使自己总想到自己的私利,不考虑自己对公众利益的影响。分工造成的这种片面化同样反映在高校思想政治工作当中:专业化、职业化是思想政治教育学科科学化发展的必由之路,有利于高校思想政治工作者准确把握教育规律,更加科学地、有针对性地开展工作,但分工的细化不可避免带来了弊端,也即分工带来体系壁垒和系统化的缺失。

"三全育人"要求不同体系朝着一个目标努力,体系之间、人员之间、工作之间、制度之间相互配合、相互协同。但随着社会分工的细化,高校思想政治教育及其管理日益专业化,所需要的理论支撑和工作素养无形中形成了一道业务屏障,并非所有人都能够进入这个领域,加之结构功能主义的影响和高校思想政治工作机构和人员的专门化,全体人员共同承担的育人职责无形中逐渐转移到了专门从事思想政治工作的组织和人员身上,学生思想政治教育似乎是思政教师和辅导员、班主任的事,大学生出了问题似乎就是学校的事。这种现象也是结构功能主义被人一直诟病的地方。一名辅导员表示,很多时候感到自己比较"孤独",找不到自己的"同盟"。一名中层干

部表示,当前学校不同部门之间、部门与学院之间、不同教师之间"各自为政""优先保障自己本职工作"的现象比较普遍,基层育人者希望在顶层制度设计上打破育人壁垒,引导不同条线的工作重点和目标落到育人成效上。

目前,针对"三全育人"的制度设计路径依赖严重,缺乏创新,考核体系不完善。多位高校领导在访谈中表示,"三全育人"关键要有一套刚性的考核体系,"有时候我们往往是文本做得漂亮,一些工作也有创新,但是考核避重就轻或'旧瓶装新酒',或者指标设计与考核出发点发生偏离,所以就会出现汇报材料创新亮点多,工作成效很明显,但实际情况却改变不大的怪圈。只有让育人考核硬起来,才能让理念、制度、方案落地"。一名曾经从事过辅导员工作的机关管理人员提到,当前育人工作协调难、协同难的问题依然存在,原因还是对育人的认识存在偏差,不同体系间的协同育人机制不够健全,学校对"三全育人"工作缺乏具体的考核等。虽然中央下大决心要构建"三全育人"的格局,但由于存在较大的路径依赖,体系之间的壁垒未被打破,效果并不明显。近年来,我国高校在落实立德树人根本任务方面取得了显著进展。从政策层面看,教育部先后出台《高校思想政治工作质量提升工程实施纲要》(2017)、《深化新时代教育评价改革总体方案》(2020)等重要文件,党委、政府将立德树人作为高校巡视、评估、巡察、考核的重要内容,并对队伍建设、资金使用、课程建设等作出了较为明确细致的规定,为高校立德树人工作提供了制度保障。在实践层面,各地积极探索创新评价方式,如山东省教育厅开发的"立德树人大数据平台",实现了对全省高校思政课教学质量的实时监测,一些城市规定了德育工作占教育总投入的比重等。然而,当前评价体系仍面临诸多挑战。

首先,"五唯"的惯性思维较难破除。《深化新时代教育评价改革总体方案》虽然提出了要扭转不科学的教育评价方式,但仍有不少高校在教师职称评审中将论文数量作为硬性条件。在对高校的评价中,虽然将意识形态、师德师风、心理健康、就业、综合素质培养等作为重要指标,但项目、论文、平台、获奖、帽子等依然是评价高校办学实力的核心指标,这些指标渗透在各类学位点申报、各类人才称号评比、第三方大学排名之中,自然也会影响到高校自身制定的各类评价制度。其次,评价标准同质化、难量化问题突出。对高校立德树人评价的内容、标准基本雷同,个性化特点不明显,尤其是一些地方将意识形态工作窄化为安全稳定工作。最后,对地方各级党委、政府的考核还不完善。如何加强对地方各级党委、政府在政策制定、资源投入、保障考核、监督管理、教育生态营造等方面的工作评价还缺少成熟的做法，如何建立科学的评价体系，克服一些地方的短视行为和功利化倾向，缓解"冲动政绩观"下的资源重复投入与教育投入不足之间的矛盾，提高财政资金的使用效率，是目前依然需要迫切解决的问题。

宏观目标一致、中观管理自成体系、微观着眼点不一致，是造成高校思政工作协同性不够的机制性根源。立德树人的关键在于对培育什么样的人、怎样培养人的回答足够清晰，这就需要进行顶层设计、中观管理固化，以此引导人们微观行为的一致。当前高校内部的多个子系统之间各自为政、自成体系，它们的管理体系、运行机制、人员结构、考核目标、评价指标都不尽相同，这直接导致各系统内部的教师行为方式不一致。而学校考核这些相应管理部门时只是如法炮制，并未对几个子系统进行有机整合，较少将学生的学业、品行表现与部门考核挂钩，宏观的育人目标并未在中观的管理考核层面得到贯彻落实。

在这样的管理体制下，一名大学教师至少需要完成科研、教学、学生工作服务地方四大任务，而这些任务主要考核的并非人才培养的成效，而是考核教师个人做了多少工作，核心是发了多少文章、上了多少课、拿到多少经费。科研、教学、学生工作三者并不能在围绕育人的终极目标上实现协同，相反，在某种程度上出现了相互干扰的情况。虽然有个别高校打通了教学、科研、学生工作之间的工作量壁垒，但其重点依然在科研，人才培养成效的分量不足。目前各类措施"给德育做加法"的情况比较普遍，很多教师的工作量增加了但效果并没有达到，而高校学科、教学、学工、管理、服务等各子系统之间的协同机制依然没有很好建立，育人责任模糊、责任转移问题较为突出，主渠道、主阵地、骨干队伍不堪重负，学生、用人单位参与度有限。

三、管理技术手段对人文性考量不足

"三全育人"的前提是有一个系统性的育人体系，这个体系中的所有人都朝着"育人"这一共同目标努力，他们了解受教育者的需求、特点，这是一种典型的受教育者视角。当前，思想政治教育管理依然以管理者视角为主，对受教育者的需求特点分析不够。构建"三全育人"特别需要实践方案，但遗憾的是目前一些实践探索成效并不明显，且出现了用指标管理代替人的管理，管理技术僵化，目标与效果偏离的怪现象。有学校领导指出，当前一些教师对育人精力投入不多，主力军的战斗力还没有充分发挥出来，难免会丢失一些阵地,但根源还是专任教师的考核制度导向性设计不足。

首先,管理技术僵化,忽略受教育者深层次需要。高校受到"新公共管理"理念的影响,将市场的激励机制和私人部门的管理手段引入内部管理,强调直接的职业管理、明确的绩效标准和评估标准,根据结果进行管理,大大提升了工作效率,但思想政治教育效果很难简单用数字化指标来体现,虽然一些高校在指标体系中设置了育人效果因子,但多集中在考研率、考级率、毕业率、就业率、竞赛获奖率等学业性指标,思想政治素质方面的指标难以直接体现,学生的满意率、获得感等主观指标较少。这就导致所有成员将精力、资源集中在完成可见的指标上,同时又认为育人工作太过琐碎,很难形成有分量的成果,对教师晋升发展缺少助益。在高校意识形态、心理健康等方面,把"万无一失""零死亡""零事故"等作为重要考核指标,这种做法带来的结果是一些高校为了在短时间内完成任务采取一些违反思想政治教育规律的措施和手段,反而引起师生反感。管理技术僵化,指标考核决定工作考核必将陷入目标与效果偏离的怪圈。管理技术僵化带来的另一个后果是对受教育者深层次的需要缺乏考虑,如忽略思维方式、审美素养、劳动素养、体育素养、心理健康、师生关系等难以用指标量化的内容设计。一名辅导员表示:"当前的教育评价都是结果导向,社会、政府和家庭普遍关心就业率、考研率、竞赛成果等,并且成为考核学校的核心指标,后者只能把精力放在智力教育上,美育、劳动教育的关注度不够。"

其次,受教育者主客观发展指标考量不足。"三全育人"需要高校教师、管理和服务人员从受教育者的需要和特点出发,遵从教育规律办事,需要高校的领导者、管理者从受教育者角度出发设计教师考核晋升制度,以此来引导教育主体的行为。当前不论是对高校的考核排名还是高校内部自身考核制度,更多关注科研指标,鲜少研究学生成长的核心指标,采纳、吸收学生反馈的意见建议并进行改革的动力不足。一名辅导员表示,"'三全育人'还停留在理论层面,未跟具体的评价制度结合,在实践中缺乏具体操作方法,也缺乏评判的依据,学生是否有获得感目前也没有体现"。当前管理的手段与育人目标之间的关系较为松散,学生难以从中直接产生获得感或幸福感。

最后,考核评价制度对教师的需求和特点考量不足。当前的评价制度对教师的评价不够科学,一些教师严格管理课堂纪律,规范学生言行,反而遭到学生的反感甚至厌恶,后者对教师评价低导致教师不愿意管理学生。针对这种情况,一些高校对科研成果好、教学效果差的教师采取保护措施,在职称晋升、评优评奖等过程中,教学水平、育人效果仅作为柔性参考指标。一名教师提到,要充分挖掘"全员育人"的潜力,首先要有科学的管理体制,其中教师评价体系具有关键引导作用,目前还没有充分体现这一点。一名教师在访谈中说:"我并不是逃避育人责任,而是压在我们头上的任务太多了,教学、科研、服务地方、学生工作,把我所有时间全部挤满了,我很难沉下心来去与学生耐心谈话,关心他们在想什么。"管理模式机械化与技术僵化,使得教师较少将科研成果转化为教学成果,而对教学成果的评价标准也不够科学,更多体现过程性内容,教师在这样的管理下显得忙忙碌碌又无所适从,育人的自觉性、积极性受到打击。

四、管理运行机制互动开放性不足

"三全育人"的实现需要高校思想政治教育管理模式具备较强的互动开放性,但当前这方面相对滞后,导致管理效率不高,影响思想政治教育效果。

首先,参与思想政治教育管理的主体不够多元。"三全育人"需要教师、学生、管理与服务人员之间能够站在平等对话的立场之上,相互信任、相互协商,以此实现充分的沟通,实现思想和行动上的一致、需求和供给的真正对接,通过扩大师生参与公共事务的领域来推动机制的健全。全体师生具有参与民主管理、参与治校的要求,他们需要相应的平台和渠道表达诉求,并有一定的话语权维护自身权益,这就要求思想政治教育管理的运行机制是开放协商的,也即师生有足够的途径和平台,准确、充分表达自己的意见,能够依法依规参与学校公共事务管理,对思想政治教育的目标设置、教育过程和教育效果提出自己意见。但实践过程中,存在普通师生与学校管理者交往互动不够,参与学校管理程度不深,师生间平等对话交往机制不健全等问题,育人主体的积极性、主动性没有得到很好发挥。

我国高校普遍采用了企业管理的成功做法,但又未能使用新公共管理理念中重视客户体验、强调上下互动、放权等前提,普通师生参与民主管理体现不足,育人核心成员——教师与学生双方意见表达未能得到较好吸收,校外用人单位、家长等参与程度有限,学校教育管理者、制度制定者在进行计划、组织、管理、决策过程中,广泛吸收意见不足,对学生、用人单位等意见反馈借鉴不够。虽然高校设置了教师代表大会、学生代表大会等师生参与管理渠道,但参与的范围、质量和效果并不理想。访谈中,有高校领导提出实现"三全育人"必须理顺体制机制,进一步优化由党委领导、校长负责、教授治学、师生参与、民主管理等大学内部组织结构关系。这就要用制度化的手段确保校内外育人主体参与学校的管理,既发挥好党委领导下校长负责制的领导制度优势,又发挥好多元主体的积极性、主动性、专业性优势。

其次,管理运行向度相对单一。"三全育人"要求育人主体之间实现平等对话,这种对话不仅是教育者与受教育者之间采用"对话教育"的方式,也需要管理者与普通师生之间具有"平等对话"的渠道和机制,并形成制度与文化固定下来,这是实现"全员育人"的前提和基础。这种互动应该包含三种形态:学校领导与普通师生之间的上下互动,教师与学生之间的平等互动,学校与校外育人主体之间的多元互动。目前思想政治教育管理运行向度主要为自上而下的形式,针对"三全育人"上下互动的要求支撑力不足。一些高校设立了领导接待日、校长有约、处长有约、领导干部"七个一"联系制度等,但只是给干部一个接触、了解基层的平台和渠道,真正的参与者不多,普通师生的意见表达难以得到有效反馈,有些意见甚至被层层过滤,作用有限。比如,一些学校设计了每年两次期中教学检查,学生在座谈会中提到的生活问题、管理问题一般会被当作不属于教学问题而过滤,而涉及培养目标设置的科学性、培养过程的合理性、教师的教学水平与教学态度等问题又因为调整难度较大很少得到解决。普通师生除了教代会、学代会具有一定机会参与学校决策或表达意见外,与学校平等对话的平台和机会并不多。这种上下互动不足的管理运行机制使得高校行政化日益严重,从而在行政管理与教育教学的关系处理上存在矛盾,影响教育的实际效果。以就业为例,我们还没有形成良好的就业质量与学科专业设置和人才培养方案调整之间的反馈机制。2024年,作者面向浙江省内24所高校的1197名应届毕业生进行的问卷调查发现,只有三成学生看好自己就读专业的发展前景,五成学生认为就读的专业发展前景一般,近两成学生不看好自己的专业,交通运输类、文化艺术类、教育体育类、财经商贸类、哲学历史类成为学生最没有信心的专业。近三成学生明确表示"如果重来不会选择现在的专业",其中土木建筑类、资源环境与安全类、农林牧渔类、财经商贸类学生比例超过四成。大学生求职自信不足,就业焦虑心态较重,不到四成学生认为自己具有专业知识和能力、实践能力和学科优势,不到三成学生认为自己具备组织策划能力、沟通协调能力等优势。一些学科专业在就业市场遇冷并非一夕之间产生,而是因为外部经济环境变化和历届毕业生就业反馈分析不足,高校学科专业重复低质建设、调整不及时,而学生自我评估就业竞争力不足、综合素养不满意,与人才培养过程与地方、产业、企业的对接互动不足,大学生实践机会不足有较大关系,这从一个侧面反映出互动开放性不足,管理运行闭环机制未能形成。

再次,师生关系是思想政治教育中最为重要的关系,但当前师生关系淡漠,师生互动频率不高。师生关系一直是从古至今教育的核心内容,《孟子》有云"游于圣人之门者难为言"。梅贻琦认为"反观今日师生关系,直一奏技者与看客之关系耳,去从游之义不綦远哉!"①受到工具理性的影响,当前高校师生关系的现状难以令人满意。市场经济带来的拜金主义、消费主义、功利主义文化,使得部分大学师生以工具理性作为衡量自我价值的尺度,出现了以个人主义为中心的价值观,育人的理想性、道德的至上性受到削弱,不同育人主体之间的交往互动显得不足。育人主体之间应该是相互支持、相互配合、相互补位的关系,而不是缺乏互动连接的一个个孤立原子,但在实践中可以看到,思政教师与辅导员、班主任之间,管理人员与一线教师之间,校外用人单位与学校计划制定组织者之间的互动不尽如人意,未能形成有效的多元互动交往机制。因此,建立深度对话与平等协商的共同参与机制显得十分重要。

最后,"府学关系"互动不足。党的二十大以来,从中央到地方都强调聚焦国家战略需求,科教兴国、人才强国、创新驱动等战略都需要政府和高校的相互支撑。当前,政府与高校之间的互动并不少,但两者各有自己的利益诉求。以高校与政府之间最常见的校地合作为例,地方政府对高校的科研转化率、人才转化率及其速度期待很高,但限于高校的层次、学科特点、教师的水平和科研经费投入机制,实际转化率并不理想。科研的创新突破需要长期的努力,人才如果缺乏科技或项目的支撑也很难迅速转化为可见的成果。但地方考核指标一年一次,地方很难做到耐心等待瓜熟蒂落,对高校投入也缺乏数十年如一日的恒心和魄力。

一些地方政府片面追求与顶尖名校的合作,甚少与普通高校进行交流互动。访谈中,一位学院院长表示,普通高校是当前中国高等教育的基本盘,"普通高校与政府关系处理的最大难点是真正的互相了解与信任,外来和尚好念经是一定的,但本地和尚念的经不一定是差的,同时外来和尚念的也不一定是最好的经"。"三全育人"需要统筹协调高校、社会、家庭的资源

---

① 梅贻琦.大学一解[J].清华大学学报(自然科学版),1941(4):1-12.

和力量，从而形成全社会关心支持育人工作的良好局面，而这个思想政治教育治理的角色只能由党委、政府来承担，由地方政府来实施。普通高校在高端人才引进、科研创新等方面远不及高水平大学，对地方经济社会发展的直接贡献度有限，但每一个大学都有其自己的学科特点和教育使命，地方政府要放大格局，立足大学教育和大学发展的科学规律，加大对高校的投入和支持，积极为高校人才培养提供资金、政策、平台、机制、人才保障。政府也要转变政绩观和思维方式，一个地方的大学发展得好也是地方政府的重要政绩，是为全国培养人才，而不能只盯着留在本地的学生数量。特别是在涉及高校意识形态问题上，地方党委、政府不能简单用行政命令而忽略思想政治教育规律，片面追求数字的逐年下降甚至是零发生。高校也要加大"内功"建设，真正全方位提升自身综合服务能力，同时不能满足于学校的"小生态"，学校领导、管理人员、教师等都要主动走出去，加强与政府各部门单位进行有效的沟通与联络，也要加大与城市、机构、社会团体合作的力度，为自身发展和人才培养挖掘创造机会和平台。

由此可见，高校"三全育人"的实现需要引入治理思维，将思想政治教育治理作为解决问题的有效工具，聚焦育人主体价值观、动机和行为的一致性，寻找切实有效的实施路径。

第二章 "三全育人"引入治理的理论借鉴

治理理论非常年轻,但一经诞生就迅速被引入各个领域,并产生了相应的理论。治理理论引入中国后,与中国文化进行了一些结合,出现了本土化发展的现象。西方治理理论有其值得借鉴的地方,但也有诸多不适应国情、不适应高校思想政治工作的地方,需要进行批判性借鉴。马克思主义经典作家、中国共产党领导人对治理有诸多经典的论述,系统梳理治理理论,可为思想政治教育治理奠定理论基础。

第一节 治理理论及其特点

一、西方治理理论及其特点

(一)西方治理理论的产生发展

西方较早提出并发展运用了治理理论,并逐步延伸到各个领域。西方治理理论经历了多个阶段,国内学界在引入西方治理理论的基础上结合中国传统文化进行了借鉴和改造。

治理(governance)一词源于拉丁文和古希腊语,原意是控制、引导和操纵。长期以来它与统治(government)交叉使用,并且主要用于与国家的公共事务相关的管理活动和政治活动中。治理的广泛应用根源于"统治"的失效,直接原因是 20 世纪 80 年代西方福利国家合法性危机引发对改组和削弱福利国家的要求,"有效治理"概念在这样的背景下应运而生,其目的在于希望通过公私部门联合、找准补助对象等方法来应对国家解决社会问题的不足。另外，一些世界性的 NGO 组织在援助非洲国家过程中发现一些落后国家的治理存在较大问题，1989 年，世界银行针对非洲的问题首次提出了"治理危机"（crisis in governance）。包括联合国教科文组织在内的多个国际组织广泛认可"治理"一词，继而此词被广泛地运用在政治、经济和社会等管理领域与其他诸多领域，至今已经历了多个理论观点和侧重点的演变过程。

治理理论的诞生主要是为解决协调政府、市场、社会三个主体在社会公共事务中的关系和角色，跟随不同时代背景的变化，治理理论也发生了诸多演变。法国学者让-皮埃尔·戈丹（Jean-Pierre Gaudin）在《何谓治理》一书中提出"治理"概念从 13 世纪到 20 世纪已经经历了三个"生命阶段"。马克·贝维尔（Mark Bevir）和 R. 罗茨（R. Rhodes）认为治理理论在理论和实践中存在诸多变化，可以划分为三个阶段——多中心阶段、政府中心阶段和社会中心阶段①，较具有权威性和代表性，本书在其对治理理论的划分阶段基础上进行分析。

西方治理理论的第一阶段着重于主张建构多层次与多元中心的政策网络来替代以政府为威权主体的行政组织，这与治理理论提出的社会背景有关。治理产生之初试图寻找通过公私部门之间协商合作互动的方式来进行统治的新路子，试图在政府与市场之间寻求一个追求公共利益、实现最佳效率的方案，以解决单纯依靠政府行政手段或单纯依靠市场手段难以应对社会生活方方面面不断出现的复杂问题的情况。因为全能型政府的角色不堪重负，但市场的逐利本性又缺乏社会责任感而无法被寄予全部的厚望，因此采取新的统治方式——治理这个"第三条道路"成为一种选择，其优势在于可以将部分原来由科层制部门承担的责任转由市场或是非营利性的志愿组织来承担。

1995 年全球治理委员会在《我们的全球伙伴》研究报告中提出治理是各种公共的或私人的个人和机构管理其共同事务的诸多方式的综合。它是使相互冲突的或不同的利益得以调和并采取联合行动的持续性的过程，既包括正式制度和规则，也包括非正式的制度安排。治理理论的主要创始人之一 J. N. 罗西瑙（J. N. Rosinau）在其代表作《没有政府统治的治理》和《21 世纪的治理》等文中将治理定义为"一种由共同目标支持的活动，这些管理活

---

① Mark Bevir. The SAGE Handbook of Governance[M]. London：Sage Publications Ltd.，2011：203.

动的主体未必是政府,也无须依靠国家的强制力量来实现"①。R. 罗茨(R. Rhodes)认为治理让"统治的含义有了变化,意味着一种新的统治过程,意味着有序统治的条件已经不同于以前,或是以新的方法来统治社会"②。

这一阶段的理论观点是多层次与多元中心的"政策网络"理论,认为治理要创造的结构秩序不能由外部强加,其作用发挥要依靠多种进行统治的行为者以及相互发生影响的行为者互动,进而反对传统的全部由政府统治的方式。它们的共同点是认为全能型政府是不可持续的,应该将部分权力和职能、资源转让给市场或社会组织,后者有能力共同担负起管理社会公共事务的职责,政府、市场与社会组织之间应该相互依赖、协商,通过谈判、协商、交换资源等方式来实现共同的管理目的,从而改变政府大包大揽和命令式的传统管理方式。治理理论权威格里·斯托克(Gerry Stoker)梳理了五个理论观点,结合这一阶段的特点,其中有三个方面对这一阶段的治理理论倾向有一个较好的观察。

第一,对传统的国家和政府权威提出挑战,提出治理主体可以是政府,也可以是社会公共机构和行为者,政府不是国家唯一的权力中心,各种公共的和私人机构只要得到公众的认可,就可以具备行使权力的"合法性",就可以在不同层面上成为权力中心。第二,现代国家把它原来独自承担的责任转移给社会,各种私人部门和社会组织可以承担这些职能,由此导致国家与社会、私人部门之间的界限与责任比较模糊,同时相互之间存在权力依赖,政府应该不仅要发号施令或运用权威,还要用新的方法和技术来进行控制、引导。第三,治理意味着除了政府以外,社会参与者将形成一个自主网络,并在某个特定的领域中拥有发号施令的权威,他们与政府在特定领域中进行合作,分担政府的行政管理职能。③

在这一阶段,治理作为一个"社会—控制"系统,强调了处于中心的行动者进行管理时受到辖制,声称不再有单一的主权权威,强调去中心化、去权威化。格里·斯托克(Gerry Stoker)承认,治理发出的第一个信息就是质疑依据宪法和正式规范来理解的政府体制。他以英国为例,提出英国理论上

---

① J. N. Rosinau. Governance without Government: Order and Change in World Politics[M]. Cambridge University Press,1995:4.

② R. Rhodes. The New Governanc[J]. Political Studies,1996(4):652-676.

③ 格显·斯托克,华夏凤. 作为理论的治理:五个论点[J]. 国际社会科学杂志(中文版),1999(1):19-30.

的中心是内阁政府,但由于去中心化和高度社会分工,"权力不断转让给政府内部以及各级地方,中央政府一直处于被'掏空'的状态。"①

第二阶段着重于以"政府为中心"取向的元治理。该种理论观点认为过于倚重多层次与多元中心的"政策网络",必将导致此种网络出现"空洞",重新确立以政府为中心的治理网络将使此种网络得以维系,元治理产生。

这一阶段治理理论变化的原因在于,虽然第一阶段的治理理论受到诸多学者的拥护和研究,并被用于实践,但随着治理实践的深入,传统治理理论出现了失败,如何克服治理的失效,如何使治理更加有效等问题成为学者们研究的方向。如英国学者鲍勃·杰索普(Bob Jessop)认为治理不是万能的,它既不能代替国家而享有合法的政治暴力,也不可能代替市场而自发地对大多数资源进行有效配置,因此"用国家或自组织替代市场不能消除影响经济顺利运行的深层障碍"②,用治理取代市场和等级统治是会失败的。不少学者和国际组织为了给治理打补丁,纷纷提出了"元治理"、健全的治理、有效治理等概念,其中"元治理"是最有代表性的观点。

杰索普(Bob Jessop)提出了"元治理(meta governance)"概念。学者们认为"元治理"是自组织的组织,它不是要建立一个至高无上、一切治理安排都要服从的政府,相反,它指的是政府要承担设计机构制度,提出愿景设想,协调复杂和多元关系的管理,它们不仅促进各个领域的自组织而且还能使各式各样的自组织安排的不同目标、空间和时间尺度、行动以及后果等相对协调。"元治理"意味着建立网络、谈判协商、降低噪声干扰,以及负面协调等都是在等级统治的影响下进行。"元治理"是对治理理论的完善,政府是"元治理"的唯一主体,因为政府具备了任何其他主体不具备的资源和优势,只能由其来承担。杰索普认为:"虽然治理机制可能获得了特定的技术、经济、政治和意识形态职能,但国家(政府)还是要保留自己对治理机制开启、关闭、调整和另行建制的权力。"③在治理的过程中,当治理各方的谈判或者协作遇到了瓶颈,由于他们各自的立场、地位的不同,各自的利益和考虑角

---

① 格里·斯托克,华夏风.作为理论的治理:五个论点[J].国际社会科学杂志(中文版),1999(1):19-30.

② 鲍勃·杰索普,漆燕.治理的兴起及其失败的风险:以经济发展为例的论述[J].国际社会科学杂志(中文版),1999(1):31-48.

③ 鲍勃·杰索普,漆燕.治理的兴起及其失败的风险:以经济发展为例的论述[J].国际社会科学杂志(中文版),1999(1):31-48.

度各异造成分歧,这就使得原本顺利的治理过程遭遇困境,由此达不到原先预期的治理目标和目的。治理理论强调的是多元主体共同治理,要想在这种多元化的治理体系中达到一个平衡和协调,就要有一个机构来协调各方,做好相应的安排工作,这个机构就是政府。

杰索普认为"用国家或自组织替代市场并不能消除影响经济顺利运行的深层障碍。因为自组织没有用非资本主义的原则取代市场原则,也没有在市场与国家之间(更谈不到在资本与劳动之间)引进一个中性的第三者。它反而增加了一个资本主义的种种难题、矛盾和对抗(其中包括常常以资本积累和政治合法性之间的冲突这一形式来探讨的那些矛盾)充分表现的领域。把握这一点至关重要,因为许多论述经济治理的文献着重探讨的乃是治理方式而非治理的对象,从而忽视了由资本主义的自组织动力和系统间的统治地位所施加的明显制约"①。但是杰索普并非想要构建一个至高无上、控制一切的政府,而是需要政府担任制度的制定设计、提出愿景和规划的任务,使得整个社会体系在良好的制度安排中不断完善和发展。

第三阶段着重于以"政府与社会协同"取向的"善治"理论。这种形态的治理出于对政府中心和无中心的双重恐惧:政府占据绝对优势地位会威胁治理的效果,无中心则会导致自由主义局面,同样妨碍治理的良好效果。

"善治"理论与实践勃兴于 20 世纪 90 年代,学者们认为"善治"具备五个基本要素:一是合法性,也即社会秩序和权威被公民自觉认可和服从的状态,即公民的共识和政治认同感程度。二是透明性,也即政府信息的公开,每一个公民能够获得与自己利益相关的政府政策信息,以便有效参与公共决策过程并进行监督。三是责任性,也即每一个人和机构都能够通过法律和道德的手段承担相应的责任。四是法治,也即法律制度健全、法律面前人人平等。五是回应,也即管理者对公民的诉求做出及时回应,并在管理过程中与公民进行互动反馈。

世界银行、国际货币基金组织等国际金融组织将善治直接用于评估受援国现状的主要标准之一,在他们看来,引入自由主义的市场经济体制必须进行社会政治结构和政治状态的改革。因此,"善治"理论的提出本质上源于西方资本主义国家在对第三世界国家援助过程中,发现仅仅通过市场、社

---

① 鲍勃·杰索普,漆燕.治理的兴起及其失败的风险:以经济发展为例的论述[J].国际社会科学杂志(中文版),1999(1):31-48.

会组织无法改变现状,而需要从政治结构、政治状态上进行改革,也即政治、社会共同改革的观点。

(二)西方治理理论的特点及其缺陷

按照西方治理理论的观点,治理与统治存在两个方面的区别。首先,统治的权威必须是政府,但治理的权威不一定是政府,也可以是社会公共机构、私人机构,强调政府与社会的合作、非政府的合作、公私机构合作。治理是比政府统治更广泛的概念,从现代公司到大学、基层社区,可以没有统治,但不能没有治理。可以说,治理更多适用于上述领域。其次,统治的权力运行是自上而下的,通过权威发号施令、制定政策和实施政策,但治理则是上下互动的过程,通过合作、协商、伙伴关系以及共同的目标开展对公共事务的管理,其实质在于建立市场原则、公共利益和认同一致基础上的合作。

治理理论的产生发展变化有着深刻的历史、政治和现实背景:一是看到了纯粹依靠政府或市场无法解决问题,正是鉴于"全能政府"的不现实性和市场的自私性,强调第三方力量参与公共事务管理的治理理论才应运而生;二是在对第三世界的援助过程中,发现仅靠社会力量、市场力量和原有的政治结构和权力运行方式都难以解决问题,需要同时进行政治改革;三是随着治理理论在西方国家中的广泛实践,发现第三方参与也难以解决问题,因为社会力量并非遵循公共精神,他们有自己的目标、评价标准和利益诉求,尤其是在政府向第三方通过购买服务的方式而转让部分公共管理权力的过程中,后者往往也将市场原则放在第一位,公共精神和公共目标的共识在基层难以形成。

西方治理理论存在着明显的缺陷,须引起我们的注意。

第一,西方治理理论仅仅将治理作为一种技术,而忽略了由政治体制决定的治理目的、治理对象、治理主体选择等一系列问题,模糊了治理的政治属性,由此也忽略了治理的出发点与实际效果的研究考量。西方治理理论以社会参与为口号,打着民主政治的旗号,但是如果没有政治体制确定的施政纲领和治理对象,那就是包裹着治理外衣的统治,改变不了资本主义国家的本质。因此,治理的政治属性是第一位的。

第二,西方治理理论存在一种十分危险的倾向,打着援助第三世界国家的旗号,有文化殖民的意图,可能成为跨国公司和国家干预别国内政,谋求国际霸权的理论依据。对于治理理论特别是全球治理理论试图削弱国家主权和主权政府的倾向必须予以高度警惕。西方国家对自身文化和政治体制的自信与傲慢让他们忽略第三世界的政治自主性,世界银行、国际货币基金组织等国际金融组织将"善治"直接用于评估受援国现状的主要标准之一。在他们看来,引入自由主义的市场经济体制必须进行社会政治结构和政治状态的改革,"善治"这一词汇避免了使人感觉他们超越职责和权限干预主权国家政治事务的风险。

第三,西方治理理论虽然提出了政府与市场之间要引入第三方主体参与,但也指出了政府主导的不可替代性,因为不论是市场还是各类公私机构,都只能代表局部利益,而无法代表普遍利益,但治理同时也是一种民主政治的进步,如何处理好政府、市场、社会之间的关系成为无法回避的政治问题,而不是技术问题。

治理理论还不成熟,但打破了社会科学中长期存在的两分法传统思维方式,即市场与计划、公共部门与私人部门、政治国家与社会、民族国家与国际社会的对立,把有效的管理看作是两者合作的过程,强调管理就是合作,认为社会也同样是合法权力的来源,把治理看作当代民主的一种新的现实形式等。从这个角度来说,治理理论有值得我们借鉴的地方,国内在大学治理、公司治理、基层社会治理等方面得到了广泛的运用和发展。但不可忽视的是,治理如果脱离了政治性,就等于只见树木不见森林。高校思想政治教育治理必须警惕这个问题,坚持治理的技术逻辑、政治逻辑和价值逻辑三者的统一,真正将治理作为构建高校"三全育人"格局的重要理念和抓手。

二、马克思主义经典作家的治理理念

马克思恩格斯列宁作为马克思主义的经典作家,对治理有一些经典的论述,其中列宁作为世界上首个社会主义国家的领导人,还从社会主义国家治理实践中得出了重要的理念。

(一)马克思恩格斯的治理理念

马克思恩格斯虽然没有明确提出治理的概念,但他们的思想中包含的诸多内容对社会治理、高校思想政治教育治理具有重要的指导意义。

首先,国家治理的关键在社会本身。

个人与国家的关系是西方政治哲学中一直纠缠不休的难题,马克思在批判国家与市民社会的关系中提出治理的关键在于社会本身。马克思批判了洛克等人对市民社会私利性的论断。在洛克等人看来,良好的公共秩序能够而且应当由自私的人在相互依赖的基础上建构起来,黑格尔认为人可以在"劳动和满足需要的相互依赖性和交互关系中,主观的利己心转化为对满足其他一切人的需要具有帮助的东西"①。马克思认为这是不可能的,国家与个人、社会的关系并不是对立的,国家的产生是生产力和生产关系矛盾运动的结果,是阶级对立和社会利益分化的结果,国家的政治性内嵌于市民社会之中,个人权利与公共理性之间的矛盾实际上不过是市民社会中不同权利之间的矛盾,"在政治国家真正形成的地方,人不仅在思想中,在意识中,而且在现实中,在生活中,都过着双重的生活——天国的生活和尘世的生活。前一种是政治共同体中的生活,在这个共同体中,人把自己看作社会存在物;后一种是市民社会中的生活,在这个社会中,人作为私人进行活动,把他人看作工具,把自己也降为工具,并成为异己力量的玩物"②。社会应该是治理的真正立足点或目标,但国家仍然要发挥作用,却不能凌驾于社会之上。因此,国家要让社会成员积极参与到公共事务的管理中来,国家既不能包办社会事务,也不能过于让位给社会组织和成员。

其次,治理要解决市民社会中人的自私性与狭隘性,将实现人的自由全面发展作为终极追求。

马克思以犹太人为例,指出犹太人的实际、自私自利、金钱至上等特质在基督教社会中很有市场,这种自私自利的特性是违背政治共同体需要的公共精神的,而基督教世界将犹太人的这种精神发扬光大,让市民社会完全从国家生活中分离出来,由此"扯断了人的一切类联系,代之以利己主义和自私自利的需要,使人的世界分解为原子式的相互敌对的个人的世界……犹太人的社会解放就是社会从犹太精神中解放出来"③。马克思认为国家是一个政治共同体,主要任务是解决市民社会中人的自私性,让人在共同体实践中实现人的类本质,人不能脱离国家生活,因为容易陷入极度自私的状态。政治共同体的生活是人的政治解放所建立的具有普遍性的生活,是既为自己也为他人的政治生活的类属性生活。政治共同体是一种现代的共同体,其基本职能"公共事务反而成了每个个体的普遍事务,政治职能成了它

---

① 黑格尔.黑格尔著作集:第7卷[M].北京:人民出版社,2016:341.
② 马克思恩格斯文集:第一卷[M].北京:人民出版社,2009:30.
③ 马克思恩格斯文集:第一卷[M].北京:人民出版社,2009:54.

的普遍职能","把似乎是被分散、分解、融化在封建社会各个死巷里的政治精神激发出来,把政治精神从分散状态中汇集起来,把它从与市民社会相混合的状态中解放出来,并把它构成为共同体、人民的普遍事务的领域,在观念上不依赖于市民社会的上述特殊要素"。① 国家作为一个政治共同体,要承担社会治理的能力,将解决市民社会中的自私性、发展人的类本质作为目标。

除了自私性,人还有狭隘性。马克思认为,社会分工的扩大使得体力劳动者和脑力劳动者发生分离,由此出现社会关系变化而形成不同的利益共同体。这种生产力和交往方式的分离导致利益和阶级的固化并产生利益冲突,这种矛盾的激化最终爆发为革命。社会分工导致社会交往方式、社会关系群体的固化,同时带来人的异化,人被固定在某一个规定的劳动中,其思维、地域、能力、素质、生活都受到了严重限制,人的丰富性、完整性、个性被忽视,人变得狭隘,而解放人就要改变人的生产方式、交往方式。马克思赋予了国家在政治上提供一种美好生活并作为人脱离自私性、构建类本质的实践的共同体场域。他在《1844年经济学哲学手稿》中分析了人的异化问题以及异化的根源,提出了共产主义社会实际上是"人向自身、向社会的合乎人性的人的复归"。无产阶级政党的最终目标是实现共产主义,落脚点是实现人的自由解放和全面发展。在共产主义社会,人不再受到异己力量的支配,既可以彰显自己的个性,又不随心所欲,人的思想、觉悟、道德水平、主动性、创造性、综合素养等都发展到很高的程度。这种解放与全面发展一方面依赖于生产关系的变革、生产力的高度发达,另一方面也基于良好的治理来教化、改善人的素养和能力水平。

再次,人民群众参与政治活动和公共事务是由人的本质决定的。

马克思提出治理要推动实现人的类本质就需要人民群众参与政治活动和公共事务,这是由人的本质决定的。马克思认为人的本质分为三个层面:人的需要就是人的本质,人的本质是自由自觉的实践活动,人是一切社会关系的总和。人的生存和发展需要是人自由自觉活动的出发点,人在自由自觉的实践活动中与他人结成各种关系,在这个过程中不断丰富、完善自己,这可以从三方面理解。

一是人的本质是自由自觉的实践活动,自由既是一种价值标准也是一

---

① 马克思恩格斯文集:第一卷[M].北京:人民出版社,2009:45.

个历史过程。黑格尔认为精神是自由的主体,马克思发展了黑格尔的自由观,认为人不仅本来就是自由的,而且应该将追求自由作为人类社会的价值取向,历史就是人通过"个人自主活动"以实践的方式创造自我生活、改造自我、提升自我,并不断趋向自由的过程。因此,自由是一个历史的实践过程和价值标准,并非某个孤立的时间节点上的静态横截面。马克思认为"有自我意识的活动集中于政治行为"①,人要将自己作为类存在物,实现解放,就需要参与到政治活动中去,在自身的经验生活、个体劳动、个体关系中体现这种本质。

二是人的本质完善主要取决于社会交往实践,参与公共事务就是一种交往。马克思提出"个人怎样表现自己的生命,他们自己就是怎样。因此,他们是什么样,这同他们的生产是一致的——既和他们生产什么一致,又和他们怎样生产一致……生产本身又是以个人彼此之间的交往为前提的。这种交往的形式又是由生产决定的"②。可见,人的实践活动主要在于交往实践,并且是与对其生存发展起决定作用的生产实践活动的交往。因此,人的精神世界的丰富性完全取决于他的现实关系的丰富性,单个人要摆脱种族局限、地域局限、思维局限,与整个世界产生实际联系,才能获得更为广泛的丰富性。参与政治活动和公共事务是最大限度扩大自身交往范围,打破种族、地域、思维局限的重要途径,是获得除了满足生存需要以外人民群众能够达到的最大限度的交往实践,也是脱离其自私性、狭隘性的必要路径,因为他们可以在这个过程中用亲身经历来体悟他人的生活、需要、情感和公共事务管理需要的公共精神,打破他们固有的思维模式和狭隘视野。

三是个人自由自觉的活动整合了个人性与社会性。马克思将西方政治哲学中人的本质转化为类本质,认为类本质才是人的真正本质。在《论犹太人问题》中,马克思提出"任何一种所谓的人权都没有超出利己的人,没有超出作为市民社会成员的人,即没有超出封闭于自身、封闭于自己的私人利益和自己的私人任意行为、脱离共同体的个体"③。治理应该依靠人民,人民只有在普遍交往中才能建立起来克服异化、消解人的思维局限性和纯粹的自私的利益。这种交往应是兼具广度和深度的双重发展,不仅是基于生产需

① 马克思恩格斯文集:第一卷[M].北京:人民出版社,2009:46.
② 马克思恩格斯文集:第一卷[M].北京:人民出版社,2009:520.
③ 马克思恩格斯文集:第一卷[M].北京:人民出版社,2009:42.

要结成的物质关系,还包括精神生产关系,以及在解决社会公共问题过程中结成的关系,由此结成突破个体而考虑公共利益、公共事务处理的实践关系。这种"普遍交往实践"具有的深度和广度为高校思想政治教育的对话交往模式提供了借鉴,在这种模式下,教育者与受教育者可以充分交流,培养双方关注公共利益,关注受教育者的价值关怀和公共理性的精神品质、互为合作的行为模式、宽容妥协的人格特质,这一过程还将提升思想政治教育制度、机制、政策的科学性,增强教育实效和提升满意度。

最后,法律是构建人与国家、人与人关系的关键,国家要建立良法。

马克思认为,法律既反映了人与人、人与国家的关系,也建构了人与国家、人与人的关系,好的法律要真正体现人民的意志,反映人的本质,国家应该制定体现人的真正意志和本质的良法。在马克思看来,国家治理的实现得益于其作为"软国家机器"的意识形态作用。意识形态是一种国家机器的软治理,起到架构核心价值观、教化民众、凝聚共识、生产文化及幻化阶级利益特殊性价值为普遍价值等作用,但好的法律不能是追究思想的法律(法律的对象应当是明确的、客观的行为),"追究思想的法律不是国家为它的公民颁布的法律,而是一个党派对付另一个党派的法律"①。他认为法律如果成为维护特殊利益和官僚机构任意性的主观臆断,那么法就成为恶法,作为实现人的类本质和内在需要的政治共同体这一本质属性就不复存在,这与国家的政治价值原则相背离。马克思认为国家是一个有政治价值原则的共同体,有"善"的基本属性,人应该在共同体中获得自由和全面发展,也即在社会性的自我中实现人的类本质,这是共同体优先于个人的一个原则,国家作为政治共同体,应当不断改造、推动社会理性共同体的构建。"国家是一个庞大的机构,在这里,必须实现法律的、伦理的、政治的自由,同时,个别公民服从国家的法律也就是服从他自己的理性即人类理性的自然规律"②,因此建立普遍理性之下的良法,通过教育教化国家的主体和管理者阶层方能彰显政治共同体"善"的本真,"立法者应该把自己看作一个自然科学家。他不是在创造法律,不是在发明法律,而仅仅是在表述法律,他用有意识的实在法把精神关系的内在规律表现出来"③。法律既是国家治理的一种手段,也

---

① 马克思恩格斯全集:第一卷[M].北京:人民出版社,1995:121.
② 马克思恩格斯全集:第一卷[M].北京:人民出版社,1995:228.
③ 马克思恩格斯全集:第一卷[M].北京:人民出版社,1995:347.

是推动社会成员养成公共精神的手段。这对思想政治教育治理具有很大的启示,思想政治教育治理应当将不断设计完善良好的制度作为重要任务,将其作为思想政治教育的关键要素。

（二）列宁的治理理念

列宁作为世界上首个社会主义国家的开创者与奠基人,对社会主义国家治理有着特殊的经验,其治理理念对我们有重要借鉴意义。他的理念主要体现在三方面。

首先,社会主义国家应该让人民来治理,以达到破除官僚主义,让人民真正掌握管理国家的本领的目的。

在《国家与革命》一书中,列宁指出苏维埃政权是在打碎资产阶级国家的官僚主义、脱离人民的国家机器后重新建立起来的,机构的成员按照人民的意志选举产生,可以将议会制的长处和直接民主制的长处结合起来,实现更加民主的政治体制和政治制度。他认为国家机关工作人员应该采取马克思恩格斯详细分析过的措施:"不但选举产生,而且可以撤换;薪金不得高于工人的工资;立刻转到使所有人都来执行监督和监察的职能,使所有人暂时都变成'官僚',因而使所有人都不能成为'官僚'。"①列宁认为,吸引全体苏维埃成员参加管理,可以有效防止官僚主义的滋生,只有人民掌握国家机器,才可以建设世界上最民主的国家。"难道除了通过实践,除了立刻开始实行真正的人民自治,还有其他训练人民自己管理自己、避免犯错误的方法吗?"②"最主要的是要使被压迫的劳动者相信自己的力量,通过实践让他们看到,他们能够而且应该亲自动手来合理地有组织地分配面包、各种食品、牛奶、衣服、住宅等,使这种分配符合贫民的利益。"③在列宁看来,让人民参与治理,可以真正让他们学习掌管国家机器的本领,因为历史经验表明无产阶级专政应该是"千百万人自觉参加新经济制度的建设的经验",社会主义制度下的国家治理应该是人民高度参与的治理,"胜利的保证不在于组织单个的人,而在于组织全体劳动群众"。④ 列宁与马克思都认为要通过人民群众参与政治活动和公共事务管理的方式来克服人性中的弱点,提升人民管

① 列宁全集:第三十一卷[M].北京:人民出版社,1985:105.
② 列宁选集:第三卷[M].北京:人民出版社,1995:306.
③ 列宁选集:第三卷[M].北京:人民出版社,1995:306.
④ 列宁全集:第三十三卷[M].北京:人民出版社,1985:145.

理公共事务的能力,培养人的类本质。

其次,治理要循序渐进,以直接民主和计划为特征的治理模式需要良好的物质文化基础。

苏维埃政权建立后,首要的问题就是发展生产,以应对严峻的战后饥荒和社会重建。为此列宁对劳动数量、产品的生产和分配实行计算和监督的政策,他强调这是依靠最严格的铁的纪律来引导人民群众自愿集中,发挥群众的自觉能动性共建家园。但列宁随后意识到,"工人没有在人口中占绝对优势,没有很高的组织程度","不能指望农村无产阶级会明确无误地意识到自己的利益,只有工人阶级才能做到"。[①] 但工农联盟的有效机制尚未形成,人民群众的阶级利益和政治教育水平是全社会共同参与国家治理的前提之一,没有高度的文明,也就没有人民群众的习惯,因此在新经济政策时期,列宁主张文化发展是人民提高治理的手段,"文盲是处在政治之外的"[②]。同时他也意识到,"计算和监督"虽然是一种理想治理模式,但是忽略了"经济同市场、商业的关系问题",没有建立起与人民治理需求和治理能力相适应的物质基础,结果出现"剥削剥削者"的局面。列宁根据苏俄建设的实践,认识到打碎旧的国家机器、建设新的政权也要面临经济发展、社会管理的职能,提出了向资本主义国家学习先进经验的任务,他指出"社会主义并不是臆想出来的,而是要靠夺得政权的无产阶级先锋队掌握和运用托拉斯所创造的东西"[③],"只有社会主义才可能广泛推行和真正支配根据科学原则进行的产品的社会生产和分配,以便使所有劳动者过上最美好的、最幸福的生活"[④]。

最后,治理需要健全法治和政治制度,规范社会权力运行秩序。

列宁认为无产阶级专政尤其要注意法制,法制建设的目的在于"过渡到由全体劳动居民人人来履行立法和管理国家的职能"[⑤]。立法、执法的基础都是坚持社会主义的本质,破除资产阶级对人民利益的剥削,充分体现人民群众的共同主张和意志。在苏联逐渐实施无产阶级先进阶层领导人民管理国家的间接代表制度过程中,列宁敏锐地意识到被选举的代表和官员虽然受人民群众的信任而掌管国家权力,但是他们仍然可能会利用代表制度自

---

①　列宁全集:第三十三卷[M].北京:人民出版社,1985:144.
②　列宁选集:第四卷[M].北京:人民出版社,1995:590.
③　列宁选集:第三卷[M].北京:人民出版社,1995:536.
④　列宁全集:第三十四卷[M].北京:人民出版社,1985:356.
⑤　列宁全集:第三十四卷[M].北京:人民出版社,1985:448.

身的间接性和终结性制约而滥用权力。列宁健全和完善了"以权利制约权力"的制度体系,如公职人员政务公开制度、公职人员和党员的监督制度、人民群众的利益表达和诉求机制、群众参与国家重大决策的参政制度建设等等。

列宁的思想对高校思想政治教育治理也有很大启示,一是列宁与马克思一样,认为人民参与国家事务管理是提升人民素质的重要方式,思想政治教育治理要创造条件让学生参与到学校和社会的管理服务中去;二是认为治理需要较强的物质基础和教育文化基础,不是所有社会或单位都可以使用民主治理的手段,思想政治教育治理需要关注资源分配,也要善于运用科学、专业的手段;三是人性是有弱点的,间接民主制需要依靠法律和人民的监督来遏制这种人性的弱点,确保代表们能够真正为人民服务,保障人民的权利,思想政治教育治理不能仅关注育人理念的宣传教育,更要善于运用规章制度来引导各育人主体的行为围绕育人、服务育人。

三、我国政治学领域的治理理论及其特点

中国学者对治理理论进行了大量有益的研究和探索,但就治理的含义而言,尚没有达成一种统一明确的共识。徐勇将"governance"译为"治理",认为治理是通过对公共事务的处理,以支配、影响和调控社会[①]。徐湘林强调"治理话语",主张用"治理"替代"民主"作为政治学的主导话语。[②]

中国学术界对西方的"善治"给予了极大的关注,并对其进行了改造。学者们从"善治"的技术路线产生的作用出发,认为善治是一个还政于民的过程,是国家的权力向社会的回归,表明政府与公民之间的良好合作,善治有赖于公民自愿的合作和对权威的自觉认同。同时他们认为,善治的基础是公民必须具有足够的政治权利参与选举、决策、管理和监管,才能促进并与政府一道形成公共权威和公共秩序,保障公民享有充分自由和平等的政治权利的现实机制只能是民主政治,专制政治在其最佳的状态下可以有善政,但不会有善治。

徐勇、吕楠从"善治"应当遵循的价值理念和根本目标出发,提出"善治"

---

① 徐勇.GOVERNANCE:治理的阐释[J].政治学研究,1997(1)63;67.

② 徐勇,吕楠.热话题与冷思考——关于国家治理体系和治理能力现代化的对话[J].当代世界与社会主义,2014(1):4-10.

是指好的治理,而好的治理应该是使人民生活得更美好。他认为现代化是一个历史过程,国家治理体系和治理能力现代化的目标是"善治",是为了改善国家治理,提升国家治理水平,使人们通过良好的国家治理获得更美好的生活,因此国家治理体系和治理能力现代化不仅仅在于技术工具层面,更在于价值理念层面,要将实现公平正义等先进理念贯穿于全过程。①

在国家治理能力方面,学界对其内涵、与治理体系的关系、构成要素、实现路径和评判标准展开了研究。在国家治理内涵方面,学者们认为国家治理能力强调的是治理方式和管理手段科学化、程序化和规范化;国家治理能力观照多元中心复合式主体,突破西方治理事实上等同于"去国家化"的话语体系,明确中国治理主体首要指涉对象就是国家,国家、政党和政府构成国家治理能力现代化的行为主体;国家治理能力是一种国家行为能力或国家制度能力,强调中国特色社会主义制度发展完善的历史进程与国家治理能力现代化的双重耦合,核心内容必然是国家制度层面上的现代化。

学界对治理现代化的评判标准相关研究不多。徐勇、吕楠提出了五个要素或标准:一是治理制度化,即有完备的国家治理制度体系;二是治理民主化,即国家治理体系和治理过程都要体现主权在民或坚持人民当家作主,国家治理过程中的公共政策和行为方式要从根本上体现人民意志和人民主体地位;三是治理法治化,即宪法和法律成为国家治理的最高权威;四是治理高效化,即国家治理要积极应对复杂多变的挑战和问题,通过决策科学化和执行的高效率,最大限度实现社会经济效益,促进社会稳定和推动社会发展;五是治理协调化,即现代国家治理的各个方面和各个层次成为有机整体,相互协调,互动共进。②

关于如何实现治理能力现代化问题,学者们提出了诸多方案。学界普遍认为要推进"国家治理体系法治化",需要借助大数据和云计算助力政治治理的现代化和科学化,提高政府决策水平。有学者认为要破除官本位观念,消除官本主义流毒,提高官员素质。学界还对国家治理能力现代化的评价进行了研究,如中共中央编译局和清华大学合作建立的"中国社会治理评

---

① 徐勇,吕楠.热话题与冷思考——关于国家治理体系和治理能力现代化的对话[J].当代世界与社会主义,2014(1):4-10.

② 徐勇,吕楠.热话题与冷思考——关于国家治理体系和治理能力现代化的对话[J].当代世界与社会主义,2014(1):4-10.

价指标体系",人民论坛测评中心成立的"G20 国家治理指数"课题组以及华东政法大学政治学研究院发布的《国家治理指数报告》,形成了指标体系说和治理成效说。高秉雄、胡云认为,国家治理能力评估体系需构建涵盖治理能力的属性、职能、行动者、关系、制度和绩效变量为一体的结构。[①] 陆军、丁凡琳认为要建立由政府、居民、第三方机构为视角的三级指标体系。[②] 葛洪义认为国家治理有赖于中央与地方的权利关系和权力关系的法治化与稳定性,认为衡量国家治理水平取决于法治的发展、治理结构和治理体系的全面改革。[③] 何增科认为评估国家治理关键要看是否在"可持续发展、可持续稳定和改善民生与民权"方面取得明显的成效。[④] 还有部分学者认为价值治理是国家治理的重要软实力,将价值治理视为衡量国家治理能力强弱的重要标准。

国内学术界对国外治理理论进行引介、再造,表现出以下两种理论倾向。

一是主张以政府为主导,通过扩大公民和社会组织的参与来实现治理。学者们普遍认为,在众多治理主体中,执政党无疑居于中心地位,因此对执政党的治理能力要求也更高,执政党谋划、统筹和驾驭全局的能力尤其重要。国内学术界认为不能忽视治理的政治属性,执政党的中心地位必须维护,同时也要扩大公民和社会组织的参与度,使之共同来管理公共事务。社会组织在解决社会问题方面确有其独特的优势,政府不可能充当全能型政府,因此要继续发挥他们的作用。

二是主张通过培育公民能力、发展第三部门和非政府组织来实现对公共事务的治理。学界认为由于受到传统文化的影响,我国公众表现出"平时冷漠,非常激情"的特点,因此公众参与不能一蹴而就,而是在"赋权于民"的基础上加强"赋能于民",在实践中不断提升公众参与国家治理的能力。我国社会组织同样是新兴群体,其服务能力、水平,管理机制还有待进一步提升。因此,治理同时需要培育公民和社会组织的综合能力。

---

① 高秉雄,胡云.国家治理能力变量体系研究——基于国家能力变量研究的思考[J].社会主义研究,2017(2):81-88.

② 陆军,丁凡琳.多元主体的城市社区治理能力评价——方法、框架与指标体系[J].中共中央党校(国家行政学院)学报,2019,23(3):89-97.

③ 葛洪义.中国的地方治理与法治发展[J].政法论丛,2019(2):3-13.

④ 何增科.准确理解国家治理及其现代化[J].理论视野,2014(1):13-15.

与此同时,国内部分学者对治理理论存在一定程度的误读。

首先,混淆了治理与传统政府管理和新公共管理的区别,把治理理论自组织的合作网络与协同合作关系误解为多主体的简单参与,把新公共管理的指标考核、量化标准方式看作政府治理能力提升方式,把"元治理"中政府作为供给治理规则与协调者的角色误读为国家与政府集权的重新回归,这是对技术路线的误解。

其次,将国家治理能力现代化等同于国家制度建设现代化。在中国特色社会主义语境下,国家治理能力研究未被纳入整体性研究框架中,包括与中国政治思想史、中国政治制度史的勾连,与中国传统统治优势的源本联系,与中国共产党组织国家、领导国家理念的历史研究。国内主流看法——"国家治理能力现代化"最重要的价值取向是"法治",同样遭到了部分学者的质疑。

最后,对治理如何处理一元主导与多元参与的关系论述较少。治理是当代民主的一种新的折中,如何将其运用到中国特色社会主义建设中,如何处理统一的治理模式与多元的治理主体间的关系是治理理论无法回避的问题,但目前这方面的研究还不多。

第二节 大学治理理论及其特点

西方治理理论也被引入了高校并得到蓬勃发展,形成了诸多大学治理理论,主要有大学理念理论、法人理论、利益相关者理论、教育消费理论和权力结构理论等,国内学界在部分保留中国传统教育思想的基础上积极引入西方大学治理理论。

一、大学理念理论及其特点

西方大学治理理论是最早诞生的,最初强调大学的学术独立性,后转变为大学要为政府和社会进步服务。一般认为,世界上第一个正规高等学校是意大利的博洛尼亚大学,该大学提出了大学从教会中独立出来,成为一个纯粹的传授和产生知识的团体。纽曼在《大学的理念》一书中将大学定义为传授知识的地方,认为知识的价值不是在于应用,追求真理才是大学的本质,大学主要传授文理知识,而不是实用知识,因此大学应该不带有任何目的性和功利色彩。德国在 14 世纪到 18 世纪成立了诸多大学,德国洪堡柏林大学提出教学和研究要统一起来,但是学术和学生求职没有直接关系,学生不应该为了找工作而学习。大学在这样的理念支撑下是一个纯粹的象牙塔,是与政府、政治无关的团体,是培养未来社会发展精英的地方,不培养技术工人。在这样的理念之下,大学与政府之间是相互独立的,学术自由、大学自治、教授治校等办学思想影响至今。

学术自由是大学的最本质特征。学术自由,指教师在学术上享有自由探讨、发现、出版、传授各自领域知识的权利,这种权利不能受到任何政治、党派、社会、舆论的干涉,只服从于知识的真理,而不是权力的权威。大学自治是为了维护大学的学术自由而实行的一种大学独立决定自身各种目标,使用权力调配各种资源的过程。大学自治更多指的是大学与政府的外部关系,也即政府不干涉大学的办学理念和治理方式,但大学要接受法律和社会的监督。教授治校可以归为三类:一是教授个人治校,二是教授集体治校,三是行会治校。①

随着社会的发展,传统的经典大学理念在美国发生了变化。美国为了发展经济,将办理大学的自主权交给州政府。一方面,政府兴办大学的目的是发展经济,培养人才,大学不再是单纯的知识传播和研究机构,而是需要承担为社会经济发展培养人才、为科技进步开展学术研究的任务。经典大学理念中"学生学习知识不为就业,学术研究不为应用"的理念被打破,法律、管理、工业、农业、医学等应用专业得到快速发展,大学也从纯粹的精英教育转向大众教育。另一方面,大学的办学经费来源有赖于政府拨款和各种项目,一旦脱离政府和社会需要,大学无法支撑运行的巨额经费,完全依靠教授的理想化治校已经不符合形势。事实上,纯粹的学术自由、教授治校是难以实现的,"在任何国家,无限的学术自由、大学自治、教授治校可以说从未实现过。随着知识经济时代的到来,大学的职能在不断扩张,经典大学理念已经不能全面反映社会与高等教育关系的新进展,必须随着时代发展进行重构与创新"②。

中国的现代大学制度虽然主要借鉴西方,但中国有深厚的教育历史和

---

① 张凤莲,江丕权.从美国几所著名大学看世界一流大学的成因[J].中国高教研究,1994(1):78-82.

② 潘懋元.多学科观点的高等教育研究[M].上海:上海教育出版社,2001:74.

教育理想,因此在大学理念方面有自身的特色,既吸收了西方大学理念的部分内容,也继承了中国传统教育思想中的内容,其特点是强调"体用结合"。中国大学的治理理念认为大学不仅是传授知识的地方,也是为国家和社会培养人才的地方。中国大学理念经历了三个发展阶段。

第一阶段,中国传统文化一直倡导体用结合,强调教育的报国情怀,并将其融入士大夫阶层的教化过程。受儒家文化影响,中国主流知识分子主张"先天下之忧而忧,后天下之乐而乐""家事国事天下事事事关心",教育应当为国家、社会所用,培养德才兼备的人才思想深入人心。《大学》提到"大学之道,在明明德,在止于至善",就是希望通过教育来实现社会群体的整体进步。北宋大儒胡瑗提出的"明体达用"倡导人才培养要能"经世致用",实现知识分子"修身齐家治国平天下"的使命,也反映了这种思想。

第二阶段,中国现代大学在救亡图存中产生,其大学理念强调中西融合。1898年,中国学习西方,创办了第一所真正意义上的大学——京师大学堂,大学从封建官僚机构转变为真正意义上的近代大学。这一阶段的中国大学理念根植中国传统教育思想:追求"三达德",在此基础上引入西方大学的教育思想,一方面倡导大学是求知的地方,强调自由、科学、民主;另一方面倡导大学培养的人才要德才兼备,强调人格培养的重要性。

北大校长蔡元培将西方大学理念与中国传统教育思想相融合,极力推崇德国的学术自由、学术自治,主张"兼容并包""思想自由",又提出"读书不忘救国,救国不忘读书"。清华大学校长梅贻琦强调"通识教育",认为"通识为本,专识为末","社会所需要者,通才为大,而专家次之,以无通才为基础之专家临民,其结果不为新民,而为扰民"。[①] 在梅贻琦看来,通识教育是为了学生在日常生活中可能遇到的各种实践问题准备的,或者是为将来管理社会和国家而准备的,如果让一个"只专不通"的人去管理国家,不仅无法达到让社会进步的目的,反而会导致社会混乱。曾任浙江大学校长的竺可桢认为大学要教给学生"明辨是非、静观得失、缜密思虑、不肯盲从的习惯",他提倡大学既要培养专家学者,也要培养"公忠坚毅,能担当大任、转移国运的人才"。[②] 南开大学校长张伯苓认为大学应该坚持德育与服务社会并举,他在《四十年南开学校之回顾》中提到"南开学校系因国难而产生,故其办学目

---

① 梅贻琦.大学一解[J].清华大学学报(自然科学版),1941(6):1-12.
② 忻福良主编.当代中国高等教育家[M].上海:上海交通大学出版社,1995:303.

的旨在痛矫时弊,育才救国"①,认为德育之首是爱国主义教育,爱国是最大的公德,评判学生是不是有用之才的重要标准是"有爱国之心兼有爱国之才",教育的目的就是救国。

第三阶段,新中国成立以来强调政治、道德、知识、素质的统一。新中国成立后,面临最紧迫的任务就是改变落后的面貌,发展生产力,全面建设社会主义现代化国家,提升人民物质文化水平,大学的使命就是要为社会主义国家培养德才兼备、"又红又专"的人才。如"德智体""德智体美""德智体美劳"等提法反映了党和国家对大学人才培养目标的不断丰富和发展的过程,强调的正是要培养政治信念、道德品质、知识水平、综合素质都过硬的社会主义合格建设者和可靠接班人。

这一阶段,在教育模式上主要学习苏联,在知识性教育方面将专业划分得较为狭窄,使通识教育显得不足,思想政治教育、人文社科类的课程融入性不足,并为今后大学出现思想政治教育与专业教育之间的"两张皮"现象埋下伏笔。在大学办学模式上,改革开放以后大学理念得到恢复,高等教育法明确规定了高校具有自主办学、建立学术委员会等权利,高等教育体制实行"党委领导下的校长负责制",明确校长对专业学术、行政体系负责,党委对大学落实党的教育方针进行监督。

西方大学理念虽然一开始强调绝对的独立性和非功利性,但随着社会发展,大学不可避免必须承担社会责任。中国大学理念在吸收借鉴西方大学理念基础上,树立了既要保持学术的独立性,也要强调大学的社会责任感的理念。虽然西方大学理念一直强调不涉及政治立场,但这是一种自欺欺人的想法。教育从诞生之时起就具备政治功能,教育必须为政治服务,也天然地为政治服务,教育不仅仅是专业知识的传授,也是一个社会中占主流的意识形态的思想观念传递、影响其成员的过程。在这样的逻辑下,高校思想政治工作除了行政、学术以外,政党的意图必须贯彻,大学治理也必须坚持党的领导,协调好行政、学术、学生等多方关系。

大学是一个相对独立的学术性机构,同时具备文化传承创新、为国家经济社会发展服务和促进人的完善发展等功能,这一点是中西方大学理念共同证明的规律,其共同点可概括为三方面:一是大学不培养工具,而是培养既有专业素养、又有完善人格和综合素质的人才;二是大学的知识性决定了

---

① 南开大学校史编写组编.南开大学校史(1919—1949)[M].天津:南开大学出版社,1989:136.

其管理需要相对独立性,也即学术自由和学校自治;三是大学的社会功能决定了其不能完全独立于政府。

目前值得关注的一个重要内容是,"学术自由"到底专指教授,还是也包括学生? 有学者认为,学术自由应该包括教师和学生两方面,学生也应该享有"学术自由"的权利,"纵观20世纪和21世纪以来世界各国大学学术自由的贯彻情况,主要是指教师的学术研究自由"①,学生选择的自由没有得到真正的重视,这也是目前大学治理过程中的最大矛盾。事实上,在高校思想政治教育过程中,教与学是一对对立统一的关系,如果自由只是某一方面的,则难以激发另一方的内生动力和主观能动性。因此,高校思想政治教育引入"治理"应当考虑"学术自由"的权利要赋予学生,让学生在这一过程中发挥主体性的作用。

二、法人理论及其特点

法人理论将法律对民事主体的独立性、权利义务等理念纳入大学治理。《中华人民共和国民法典》第三章对"法人"的规定:法人是具有民事权利能力和民事行为能力,依法独立享有民事权利和承担民事义务的组织,分为营利法人、非营利法人和特别法人三类。大学属于非营利法人,与行政机关有较大不同。大学治理的前提是拥有独立法人资格,大学的非营利特点和教育目标导向,使得其治理需要牵涉的相关方比企业治理复杂得多。大学属于非营利法人,是作为公共权利主体行使权利、承担义务的组织,与行政机关有较大不同。大学治理的前提是拥有独立法人资格,大学的非营利特点和教育目标导向,使其治理需要牵涉的相关方比企业治理复杂得多。"治理结构要体现出大学法人治理结构的内在规律和自身发展的管理机制,就需要对在大学发展过程中的各个利益相关者进行权力配置,并规范其权力运行机制"②,因此大学法人治理要考虑的是大学内外部的结构,要对其内部运行机制进行全面的界定;外部结构侧重协调规范大学与政府、社会之间的权利配置关系。

大学法人制度包括以美国大学为代表的董事会制度,以欧洲为代表的教授会制度,以中国大学为代表的党委领导下的校长负责制等。中国大学

---

① 韩延明.大学理念论纲[M].北京:人民教育出版社,2003:237.
② 李福华.大学治理的理论基础与组织架构[M].北京:教育科学出版社,2008:62.

治理理论侧重于研究办学自主权问题,学者们认为完善现代大学制度、依法办学需要处理好三个关系:一是大学与政府的关系。《中华人民共和国高等教育法》规定,办学行为属于民事活动范畴,政府对大学进行行政管理的主要职责是对大学进行投入、评价,以此引导大学的办学行为,保障由宪法和法律规定的办学方向。除此之外,其他权力应下放给学校。二是大学和社会之间的关系,也即大学的使命问题。培养大批高素质人才是大学的根本任务。同时,大学还肩负着创造、传播先进文化的重任,大学需要拥有独立价值选择和判断的权利。这并不容易,可能面临自身发展方向与政府下达任务之间的冲突等矛盾,因此公共权力与大学学术权力之间的关系把握非常重要。三是大学内部的关系,包括大学与教师、大学与学生、教师与学生、管理人员与教师和学生之间的关系,办学要以教师为本位,教育教学要以学生为主体。

法人理论对大学治理有重要意义,现代大学的自主办学要求是法治化的必然趋势,它需要政府对大学的权力、义务进行制度性的安排,需要改变高度集权的行政管理模式和思维方式,遵循高等教育规律,让大学真正作为一个独立的法人组织,在政策和法律的框架内实现自主决策、自我管理。因此,法人治理的核心在于改革政府与学校的关系,争取更多的办学自主权,这也是教育改革领域的热点、难点、重点。

法人治理的规范化、制度化要求对高校依法治校,提升高校治理能力和治理水平有较强的借鉴意义,对"三全育人"中各主体的权利、义务、程序界定具有较大启示。当然,法是刚性的,对思想政治教育过程中教师与学生之间的情感互动,对高校管理文化中的柔性因素,以及管理者、教育者的智慧等因素是力不能及的。

三、利益相关者理论和教育消费理论

利益相关者理论最初被西方经济学家用于研究公司治理,后来被广泛用于研究企业的社会责任问题。传统公司治理理论倡导"股东至上",但利益相关者理论认为企业是由许多利益相关者组成的"契约联合体",除了股东,这些利益相关者都在承担风险,只是风险表现的形式和程度不同。如查

克汉姆(Charkham)将利益相关者分为契约型和公众型利益相关者[1],卡罗尔(Carroll)等提出直接利益相关者和间接利益相关者,以及核心利益相关者、战略利益相关者和环境利益相关者[2]的理论。

学界普遍认为,大学是一个典型的利益相关者组织,这些利益相关者包括教师、学生、管理人员、校友、家长、政府、企业、所在城市和社区等。其中,核心利益相关者是教师、学生、管理人员;重要利益相关者是校友、家长、用人单位;间接利益相关者是政府、城市、社区。利益相关者理论被引入大学治理意味着大学要充分考虑这些利益相关者的利益,并给予他们一定的话语权。

张维迎从经济学的角度研究大学内部管理的体制问题。他认为大学是一个典型的利益相关者组织,但大学的知识生产和知识传授的特征决定了大学不适合变成一个营利性的组织。[3] 大学里的利益相关者包括校长、教授、行政人员等,他们每个人都承担一定的责任,但没有任何一部分人对自己的行为负全部责任。高等学校就应该在诸多利益主体之间寻求一种平衡,不能走任何一个极端或仅仅强调某一方面的利益,而是要实现高校内部的平衡。

学界将利益相关者理论引入大学治理,希望在党委领导下的校长负责制的制度安排下,扩充大学治理主体的范围,将"党委会成员以及校友、政府、社区公正人士、社会捐资人士、教师、学生等学校的利益相关者代表"[4]都纳入利益相关者体系中。利益相关者理论还认为,目前学生作为重要的利益相关者,其利益维护还不足,直接话语权不多,因此希望"打破二元权力结构,重新构建以学生利益为中心,以学校发展为目标的由学生权力、学术权力和行政权力三种权力相互制衡、和谐共融的大学内部管理权力关系结构"[5]。

从利益相关者视角明确高校思想政治工作过程中的利益相关者,尤其

①　J. P. Charkham. Corporate Governance:Lessons from Abroad[J]. European Business Journal,1992(4):8-17.

②　Archie B. Carroll,Ann K. Buchholtz. 企业与社会——伦理与利益相关者管理[M]. 黄煜平等译. 北京:机械工业出版社,2004:51.

③　张维迎. 大学的逻辑[M]. 北京:北京大学出版社,2004:4.

④　李福华. 大学治理的理论基础与组织架构[M]. 北京:教育科学出版社,2008:88.

⑤　李福华. 大学治理的理论基础与组织架构[M]. 北京:教育科学出版社,2008:90.

是确立学生作为核心利益相关者的权利,尊重学生的意愿、感受、评价、反馈,尊重他们的主观能动性,并由此来倒逼我们的工作,对推动"三全育人"具有重要意义。但是,评判谁是利益相关者以及不同利益相关者所处什么圈层以及他们具备什么样的权利、义务,都离不开教育的本质——为谁服务,也即高校思想政治工作的政治属性,高校思想政治工作引入利益相关者理论必须站稳政治立场,不能照搬。

教育消费理论是利益相关者理论的延伸。该理论认为在市场经济条件下教育是一种特殊的居民消费活动,是人们为了生存发展,对知识、技能、素质等方面能力提升有需要而购买教育服务的消费行为。在教育消费理论看来,高校与学生之间的关系不再是传统的教育者与受教育者的关系,而是一定程度上成为教育服务提供者和教育服务消费者的契约关系,在这样的关系下,前者的权威性已经受到削弱,要加强消费者的权威。有学者认为结合《中华人民共和国消费者权益保护法》和大学生教育服务消费的特点,大学生应该享有获得良好教育权、安全保障权、知情权、自主选择权、依法监督权、申请奖贷权、求教获知权、人格尊严和民族风俗习惯受到尊重权、依法求偿权等[①],也即除了宪法法律给予的权利以外,还应获得与之利益密切相关的各类权利。

教育消费理论的提出和引入与市场经济发展和高等教育市场化改革分不开。国家不再承担学生的学费、生活费、教材等各类费用,需要学生及其家庭自行解决,虽然国家通过助学贷款等手段提供低息贷款甚至无息贷款,但家庭支付占绝对比例,且学生就业完全由自己解决,国家不再包分配,因此家长、学生渴望站在更有利的角度与学校平等对话,扩大自己对教育质量进行评价、对教育服务者进行选择的权利。

在我国高校,教育消费理论有一定市场,但集中在后勤服务领域。后勤服务领域对提升学生对学校的认同感、幸福感十分重要,教育消费理论值得借鉴。

四、大学治理结构理论

西方大学治理结构理论首推美国学者约翰·J. 科尔森和罗伯特·伯恩鲍姆,前者的大学"权力结构二重论"和后者的大学"组织与领导学说"是学

---

① 李福华. 大学治理的理论基础与组织架构[M]. 北京:教育科学出版社,2008:158.

术界公认的大学治理研究的重要理论基础。科尔森提出了大学权力结构的二重性理论,即大学存在行政管理结构与专业权力结构两种权力结构。国内学者从学术权力和行政权力二元权力结构研究大学的管理和制度问题正是以他的"权力结构二重论"作为理论依据。罗伯特·伯恩鲍姆认为大学组织是一个"牢固与松散的联合体",集中反映在大学目标的模糊性、内部控制的二重性、权力的非制度性以及层级的混乱性等方面。①

国内学者充分吸收上述两位学者的观点。眭依凡认为学术权力与行政权力是高等学校的两种基本权力存在形式,并已成为世界的共识。② 学术权力与行政权力既存在着合理性又有不可避免的局限性和互补关系,应赋予权力双方适度的合理权力,达到双方之间的平衡与协调。综观世界发展最好的大学无不是学术权力和行政权力结构均衡的大学。在高校内部,学术权力与行政权力的平衡协调模式主要有三种:以学术权力为中心的权力结构模式,以行政权力为中心的权力结构模式,以学术权力与行政权力分权管理的二元权力结构模式。

大学治理结构理论对大学内部不同主体之间的关系进行了深刻的剖析,本质上是对利益相关者理论、教育消费理论的一种深化,相对而言大学治理结构理论更着眼于从大学内外部的各种关系及整体的权力来源、运行方式、效果等方面来考察,更为全面。用该理论来看当下高校思想政治教育实践,可以发现许多深层次的问题,如行政权力与学术权力关系的失衡可能导致一些教师拼命往行政权力岗位上挤,形成教授不教、学者不学,书卷气渐失、蛮横气陡添的不良风气。

有学者提出"学术事务的管理受到各种规章制度的束缚,教学活动受到随意干涉,教师的自主权利得不到尊重。教师往往不能根据实际情况和学科专业特点自主组织教学工作,教学的积极性和创造性受到压抑"③。这种情况并不是个例。访谈中有教师提到,几年前该校分管教学的领导不顾学院思政教师的反对,坚持要将"教考分离原则"运用到"马克思主义哲学""思想道德修养与法律基础"等思想政治教育课程之中,几年下来,原本应该是

---

① 罗伯特·伯恩鲍姆.大学运行模式:大学组织与领导的控制系统[M].别敦荣主译.青岛:中国海洋大学出版社,2003:36.
② 眭依凡.论大学学术权力与行政权力的协调[J].现代大学教育,2001(6):7-11.
③ 李福华.大学治理的理论基础与组织架构[M].北京:教育科学出版社,2008:43.

加深思考、充分讨论的思想政治理论课变成了"应试课"：师生们为了"学生不挂科"的目标，纷纷画起了重点、知识点，学生背完、考完了事，对思政课的好感度明显下降，教育效果适得其反。

第三节　对不同治理理论的思考

治理理论一经诞生便得到了迅速发展，并被广泛运用于政治、经济、社会等领域，也得到了中国学者的热切关注，延伸到包括政府治理、公司治理、社会基层治理和大学治理等诸多领域。这种热捧背后也伴随着争议，主要表现为一些学者只关注治理技术逻辑的合理性而忽略了治理背后隐含的政治属性和价值属性。

治理从方法论角度看，涉及治理主体、治理制度和治理技术三个方面，从目的论角度看，涉及治理的目的和价值追求，但根本上还是对以下三个问题的回答：如何看待治理？谁掌握治理的权力？治理为谁服务？事实上，治理从来就是遵循技术逻辑、政治逻辑与价值逻辑三者相统一的理论，若仅关注其技术性而忽略政治性和价值性，或仅关注其政治性和价值性而忽略其技术逻辑的可借鉴性，都不可取。

一、批判借鉴技术路径

治理首先是一种技术路径。不论治理理论如何发展，这一点不会改变。不论从罗西瑙提出治理是"对一系列活动领域的管理机制"，旨在创新一种社会力量——社会组织主动参与国家和社会管理的新模式，到世界银行等非政府组织在援助非洲国家过程中提出治理，还是后来不同领域的各类治理理论，首先都是为了解决当时出现的各种问题而提出的新技术手段。

治理需要的第一个技术手段是专业性，即专业的人做专业的事。治理要求政府从全能型政府向治理型政府转变，简政放权，将不该做的、不能做的、做不了的事交给专业的机构和人去做。治理需要通过建立一个社会组织网络来构建决策信息系统和服务系统。随着信息技术的发展和普及，数字治理成为当前最为热捧的治理手段，有着超乎寻常的优势和作用，因为它可以通过流程再造、场景塑造和闭环反馈等手段把原来散乱无序的信息和不紧密的主体整合起来，为管理者决策、管理、服务提供有效的手段。数字治理在世界范围内得到了有效的运用,在国内一些省份的政府事务管理中也较为普遍,高校的各类管理服务也广泛运用数字化手段,以提升对管理行为过程的控制。

治理需要的第二个技术手段是扩展民主的广度和强化的深度,鼓励公民通过结成社会组织来参与公共事务的管理与服务,以弥补政府和市场在治理过程中的缺陷——包括参与政治活动和公共事务的管理。不论是西方治理理论,还是马克思主义经典作家治理理念,无一例外认为治理的主体关键在社会本身,也即人民群众参与政治生活和公共事务的范围、程度、质量是关键。虽然治理理论诞生之初,西方学者盲目相信一些社会组织或私人组织可以分担政府职能,但随着治理理论运用于实践,他们发现培养社会主体的公共精神、共同价值观至关重要,因为社会力量并非完全遵循公共精神,他们有自己的目标、评价标准和利益诉求,尤其是通过政府向他们购买服务的方式转让部分公共管理权力的过程中,后者往往也将市场原则放在第一位,公共精神和公共目标的共识在基层难以自发形成。

这就引出了治理需要的第三个技术手段:健全的法治和运行机制。治理是一个令传统管理者心理上不太舒适的过程,因为治理意味着权力的让渡、监督与制约,以及对决策管理者行为的负责,掌权者既不能粗心大意,也不能庸碌无能,更不能任性妄为。这种要求往往需要通过法治来实现。法治与民主一样,既是一种理念,也是一种具体的技术手段,空谈理念,不谈具体实践方案,不是真正的法治。这里的法治既包括对各类治理主体参与治理赋权,明确其职责,也包括对政府自身职责边界的确定、权力运行规范和监督范围的界定。运行机制是不成文的制度,治理意味着在一些领域政府不再能够通过自上而下的行政命令来管理,而需要通过听取意见、咨询、协商的方式来解决问题,这可能会降低时间效率,但会提升管理质量。

二、坚定站稳政治立场

治理既然是一种技术手段,就要回答这样一个问题:治理由谁掌握领导权,又是为谁服务? 治理在不同领域有不同的理论,但都有一个前提:设计治理技术的主体决定了治理实施的具体目的、方案、手段、载体等,倘若忽略了由政治体制决定的治理目的、治理对象、治理主体选择等一系列问题,也就模糊了治理的政治属性,忽略了治理的出发点与最终效果的研究考量。

从治理理论产生发展的背景看,治理遵循的是政治逻辑。一方面,西方政府看到了全能政府的不现实性和市场的自私性,从而强调第三方力量参与公共事务管理,其目的是巩固统治的社会基础;另一方面,西方政治势力控制下的非政府组织在援助第三世界的过程中发现仅靠社会力量、市场力量和原有的政治结构和权力运行方式难以解决问题,需要同时进行政治改革,这种援助不是无私的,最终目的是实现对第三世界国家利益攫取的最大化,治理理论也成为跨国公司和国家干预别国内政、谋求国际霸权的理论依据。西方治理理论以社会参与、民主政治为口号,但是如果没有政治体制决定的施政纲领和治理对象,那就是包裹着治理外衣的统治,改变不了资本主义本质。因此,治理的政治属性是第一位的,治理的领导权掌握在谁手里就决定了治理的对象、目的和参与主体、参与方式,忽视治理背后的政治逻辑,治理就会成为无根之木、无源之水。

　　毛泽东指出,"有了人民的国家,人民才有可能在全国范围内和全体规模上,用民主的方法,教育自己和改造自己……向着社会主义社会和共产主义社会前进"[①],"中国共产党是全中国人民的领导核心。没有这样一个核心,社会主义事业就不能胜利"[②]。邓小平指出,"只有建设高度的社会主义民主,才能使各项事业发展符合人民的意志、利益和需要,使人民增强主人翁的责任感,充分发挥主动性和积极性,也才能对极少数敌对分子实行有效的专政,保障社会主义建设的顺利进行"[③],"人民民主是社会主义的本质要求和内在属性。没有民主和法制就没有社会主义,就没有社会主义的现代化……决策的科学化、民主化是实行民主集中制的重要环节,是社会主义民主政治建设的重要任务"[④],"四项基本原则的核心,就是坚持党的领导。问题是党要善于领导,要不断地改善领导,才能加强领导"[⑤]。习近平指出,"始终代表最广大人民根本利益,保证人民当家作主,体现人民共同意志,维护人民合法权益,是我国国家制度和国家治理体系的本质属性,也是我国国家制度和国家治理体系有效运行、充满活力的根本所在。"[⑥]

　　由此可见,权力结构和权力运行方式直接决定了权力维护谁的利益,即

　　① 毛泽东选集:第四卷[M].北京:人民出版社,1991:476.
　　② 毛泽东文集:第七卷[M].北京:人民出版社,1999:303.
　　③ 十二大以来重要文献选编(上)[M].北京:中央文献出版社,2011:28.
　　④ 十四大以来重要文献选编(上)[M].北京:中央文献出版社,2011:24.
　　⑤ 邓小平文选:第二卷[M].北京:人民出版社,1994:341.
　　⑥ 习近平著作选读:第二卷[M].北京:人民出版社,2023:281.

利益结构。治理的核心是用什么方式做出决策与控制,其中决策是核心,由谁做决策、决策的程序如何、结果怎样等是治理的根本。因此,权力结构和运行方式是治理的核心要素,治理必然要求坚持一元核心与多元主体参与并存的权力结构,在高校必然是坚持党的领导,尊重校长依法治校,扩大师生民主参与,尊重教育教学规律。

三、坚持正确的价值导向

治理还要回答一个问题:执政党或管理者用什么样的价值观念来设计治理的技术手段,达到什么样的最终目的? 这个问题不论是学者还是社会主义国家领导人都给出了相应回答。

随着西方治理理论运用的深入,学者们发现治理并不是灵丹妙药,它既不能代替政府,也无法代替市场,因此对治理理论进行了修正,"元治理"和"善治"因此产生。其中"善治"受到中国学者的欢迎,并进行了符合中国政治文化的改造。学者们认为"善治"是一种国家治理手段,一种衡量社会主义现代化的标志,是一种追求人民美好生活的价值指向。中国学者所说的"善治"总体建立在中国特色社会主义实践经验的基础之上,指政府与公民共同对公共生活的合作管理,以实现对美好生活的共同向往,是在政府的总体统筹协调下,公民自愿结成一定的组织,参与公共事务的决策、管理、服务、监督等,是对全能型政府的不现实性和市场公共性的不现实性的有益补充。

马克思主义经典作家和中国共产党历代主要领导人的治国理政思想也充分凸显了治理的价值逻辑。马克思恩格斯提出治理要解决市民社会的自私性与狭隘性,将实现人的自由全面发展作为终极追求,认为国家作为一个政治共同体,要将解决市民社会中的自私性,发展人的类本质作为目标,让人在共同体实践中培养发展人的类本质。马克思恩格斯通过分析人的异化问题的根源提出了共产主义社会实际上是人向自身、向社会的合乎人性的人的复归,因此治理的落脚点也应是实现人的自由解放和全面发展。这种解放与全面发展一方面依赖于生产关系的变革、生产力的高度发达,另一方面也基于人的良好素养和能力水平,以具备自由人联合体需要的社会基础。列宁遵循马克思恩格斯的观点,在其执政期间坚定不移地推行这样的价值理念,在实践过程中始终坚持让人民来参与国家治理、治理为人民服务的理念。

中国共产党的领导人也始终坚持为人民幸福和自由全面发展服务的价值理念,对崭新的社会主义国家如何治理提出了许多创造性的理念和方法,这一点从对党对各个历史时期社会主要矛盾的科学分析可以充分得出结论。1956 年 9 月召开的党的八大指出:"我们国内的主要矛盾,已经是人民对于建立先进的工业国的要求同落后的农业国的现实之间的矛盾,已经是人民对于经济文化迅速发展的需要同当前经济文化不能满足人民需要的状况之间的矛盾。"1981 年 6 月,党的十一届六中全会通过的《关于建国以来党的若干历史问题的决议》,将社会主要矛盾表述为"人民日益增长的物质文化需要同落后的社会生产之间的矛盾"。2017 年 10 月召开的党的十九大提出了社会主要矛盾是"人民日益增长的美好生活需要和不平衡不充分的发展之间的矛盾"。可以看出,我们党始终坚持治理的人民立场,始终将满足人民群众的幸福感和获得感作为治理的价值追求。

党的十九届四中全会将治理的落脚点阐释为"人民美好生活的福祉,能否满足人民群众日益增长的对美好生活的向往,能否提升人民群众的获得感和幸福感,执政党在人民群众心目中的可信度、忠诚度、满意度如何"。治理的价值逻辑必须遵循人民性,也即要将推进人民民主、提升人民群众的满意度和幸福感作为根本目标。

第三章 治理视域下高校"三全育人"的基本理路

第一节 思想政治教育治理的理论意蕴

一、思想政治教育治理的基本内涵与特点

思想政治教育治理脱胎于思想政治教育管理。管理与人类文明相伴而生，随着后者的不断发展，管理也成为协调人与人、人与自然关系的重要社会活动，承担着调和矛盾、协调资源、规范行为、统一行动、提高效率、实现目标的重要使命。科学管理之父弗雷德里克·温斯洛·泰勒（Frederick Winslow Taylor）对管理的定义是："管理就是确切地知道你要别人干什么，并使他用最好的方法去干。"①

管理活动是人类社会最重要的社会活动之一，思想政治教育管理就是其中的一种管理活动。思想政治教育管理十分年轻，它不同于思想政治教育。思想政治教育是社会按照一定的需要培养社会成员的实践活动，其主要对象是人，其主体是教育者，而思想政治教育管理的着眼点在"管理"上，其主要对象是统筹协调各类资源以实现思想政治教育的目标，其主体是党委、政府、高校领导与管理者、组织者。

虽然不同学者对思想政治教育管理有不同的定义，但不可否认，思想政治教育管理是一门科学，有着不可替代的作用。思想政治教育管理是处于

---

① 弗雷德里克·温斯洛·泰勒.科学管理原理[M].胡隆昶译.北京：中国社会科学出版社，1984：157.

执政地位的政党和组织与领导者依托部门、机构及人员,为了实现思想政治教育的目标,运用计划、组织、指挥、协调、控制等手段,对人、财、物等资源进行整合的过程。在我国,思想政治教育管理的主体是党委和政府领导部门、主管机构和相关的工作人员,其目的是统一思想、规范行为,最大限度发挥人员的积极性、能动性,提升思想政治教育的实效性。思想政治教育管理学既要研究思想政治教育活动过程中人的活动规律,也要研究思想政治工作背后的行政规律、管理规律、资源分配规律、各种主体之间的关系运行规律,以及确保各类资源服务于育人的决策、管理、运行机制。

管理的本质就是对资源的分配和权力的协调与博弈,思想政治教育管理就是为思想政治教育服务的。思想政治教育管理的产生源于两个因素。一是提升思想政治教育质量的需要。思想政治教育活动是一个复杂的系统,涉及的教育主体、部门、层级众多,如果缺乏有效的决策、计划、组织和控制等管理手段,势必难以保证教育质量。二是资源的有限性。在一个系统中,任何资源都是有限的,思想政治教育不可能占据所有资源,要让有限的资源最大限度分配给思想政治教育活动,保证政策、人、财、物等资源到位,必须依靠思想政治教育管理。

思想政治教育治理与思想政治教育管理一脉相承,指处于执政地位的政党和组织与领导者依托部门、机构及人员,为了实现思想政治教育的目标,运用计划、组织、指挥、协调、控制等手段,对人、财、物等资源进行整合的过程,它与思想政治教育管理一样,关注的不是思想政治教育本身,而是思想政治教育行为背后的制度、机制、政策、平台、体系等管理问题,思想政治教育治理也是为了解决资源的稀缺性与思想政治教育过程的不确定性之间的矛盾,但其主要手段是扩大参与思想政治教育活动的主体,完善思想政治工作制度和机制,使用效果评价与闭环管理,调动人员、制度、资金、机制等资源,旨在实现主体价值观念与行为围绕育人、思想政治教育过程可控、思想政治教育环境可感,最终实现育人效果的最大化。

思想政治教育治理有其自身的特点,主要表现在六个方面。

第一,治理形式的互动开放性。思想政治教育治理的互动开放性取决于思想政治教育规律的互动性和教育环境的开放性特征。思想政治教育是一个全方位、全过程、全员参与的过程,对于受教育者个体来说,其接收的信息来自方方面面,信息的接收、解码、认同的过程需要通过与周围的人和环境互动方能实现,也即遵循"认知—实践—认同"的规律。随着科学技术的发展，互联网与信息技术的普及带来人们信息接收方式的变化，网络信息渠道的影响力已经不亚于学校教学，大学已经不再是单纯封闭的"象牙塔"，学生的社会交往范围比过去大大扩展，思想政治教育面临着前所未有的开放性挑战，倘若固守课堂教学，必将失去教育的阵地。思想政治教育治理正是基于思想政治教育活动的互动性和教育环境的开放性，提出扩大治理参与主体，发挥学生主体作用，以顺应时代的特征，加大与社会环境的互动，主动融入社会大系统中 。

第二，主体参与的自觉性。思想政治教育治理是育人主体意识的觉醒和实践。几乎所有研究治理的专家学者都认为治理是社会组织和公民个体主动参与管理活动的行为，其关键在于主体"主动参与"的意识觉醒。哲学家的终极目标是追求人性的不断完善，消除人性中的惰性、愚昧、无知，培育人的善良、主动、积极、合作等美德。主体性强调人的自我觉醒，把追求自我完善作为自己的使命，作为国家和社会的主人并有能力参与其中的主人翁意识，这是民主社会的心理基础和素质基础，没有这样的主人翁意识和参与能力，民主的基础是薄弱的。思想政治教育治理要赋予学生和其他利益相关者参与思想政治教育过程的权利、机会与平台，鼓励育人主体意识觉醒，提升参与能力，正确表达意志，特别是要求学生从育人客体转变为育人主体，发挥自我管理、自我教育、自我服务的功能。

第三，过程管理的系统性。思想政治教育治理强调系统性、整体性、一体化的全局思维，不是"头痛医头，脚痛医脚"。思想政治教育治理的根本目的是通过调整育人主体结构、规范管理制度和运行机制来调动资源，统一思想、统一行动，就是要解决传统思想政治教育管理之下体系分明、互动不足的问题。考虑到不同体系之间有不同的组织架构、运行规则和人员结构，构建"三全育人"格局可以划分不同体系并明确其任务职责，但不能让不同体系中的人员各行其是，而应上下一盘棋，围绕同一个育人目标来设计制度和考核评价方式。更不能将"三全育人"简单拆分成不同的主体，再由各主体自行承担任务，而是要强化顶层设计，打破教育教学、科学研究、学生工作、行政管理、后勤服务之间的隔阂，通过对资源的调动和制度的设计，紧紧抓住"三全育人"是一个"育人共同体"的本质，通过建设育人主体共同的价值观、共同利益基础来引导一致的育人行为。通过提升治理能力的现代化、智能化、法治化来加强对育人过程的控制，做到育人主体围绕育人，管理服务行为过程围绕育人，育人过程科学可控，从而实现"全过程育人"；通过确立关键场景、结果导向、学生评价为主要内容的制度体系和运行机制,强化对关键育人环节、场景、内容的控制和反馈,从而实现"全方位育人"。

第四,治理能力的现代性。现代性是对工业社会生产生活总体情况的一种概括,与传统社会相比,现代性在政治领域强调民主、平等、自由、法治,在个人生活层面强调开放、参与、平等、成就感、核心利益。思想政治教育治理的现代性特征遵循民主、公正、自由、平等、法治的价值理念,倡导的是开放、包容、参与、互动的治理模式。按照目前一些学者对信息社会国家提出"第二现代性"的愿景,高校思想政治教育治理还应关注人的创新、学习、个性、幸福感、自我实现等需要,通过治理手段让思想政治工作各环节围绕这样的需要,让师生在互动交往中关注这样的需要。思想政治教育治理的现代性起码需要满足三个条件:一是育人主体行为具有科学性,要掌握育人的科学规律,了解学生的成长规律并运用到工作中,不能简单凭借个人经验开展育人工作;二是育人主体的行为要观照人文性,也即思想政治教育要关注人的获得感、满足感、幸福感,不能仅凭借客观评价数据来考察思想政治教育效果;三是要将效率、平等、公正、法治等理念充分贯穿于思想政治工作全过程,不单纯依靠行政权威和管理制度等手段开展工作。

第五,结果评价的反思性。思想政治教育治理的反思性是指通过对思想政治教育效果的评价反馈来考察思想政治教育目标设置的合理性、育人过程的科学性等。当今时代,上下互动、双向互动的反思评价已经成为一种普遍的治理行为,自上而下的"单向度"教育管理行为已经不符合时代发展和学生发展的需要,强调反思、闭环管理、结果反馈也陆续进入高校教育教学的评价体系中。思想政治教育治理需要建立相应的监督评价机制,以对思想政治教育活动及时作出调整。思想政治教育治理强调系统思维,既需要考虑不同育人主体的相互反思与互动,更要考虑"全过程育人"的闭环是否形成,以此来促进管理者对思想政治教育活动和思想政治教育管理过程的反思和调整。这种反思是全方位的,包括思想政治教育的目标合理性、治理效率的高低、效果评价的质量、制度设计的科学性、资源调配的有效性等。

第六,管理制度的法治化。法治化是治理的基本特征,高校思想政治教育治理就是要树立法治思维,遵循宪法和法律要求,规范思想政治教育行为,体现思想政治工作的"刚性"和"平等性",做到有章可循、有法可依。通过完善法治实现"权利约束权力""主体参与管理",加大教育对象的交往互动实践,以此来推动马克思所说的"类本质"精神的培育和人的自由全面发展。法治化要求通过制度保障师生平等参与高校教育管理事务的权利,维护他们自身的合理权益,体现师生的合理意愿。法治化除了制度形式以外,还要提升科学立法、正确执法的能力。"法律的真理知识,来自立法者的教养",法律的制定和执行,取决于立法者和执法者的水平。高校思想政治教育治理应该完善哪些制度、如何完善,取决于思想政治教育管理者的水平,思想政治教育的相关制度既有意识形态的也有日常管理的,是"法无禁忌皆可为"还是"法无授权不可为",怎样的情况下用前者,怎样的情况下用后者,更需要管理者的智慧。因此,制定怎样的制度、如何制定制度、如何执行制度等都是治理法治化特征的体现。

二、思想政治教育治理与思想政治教育管理的区别

高校思想政治教育治理与思想政治教育管理一脉相承又有所区别。思想政治教育治理脱胎于思想政治教育管理,两者共同点有三:一是政治立场一致,都坚持中国共产党的领导,坚持高校实行党委领导下的校长负责制;二是根本任务一致,都旨在培养"德智体美劳全面发展的社会主义合格建设者和可靠接班人",实现人的自由解放和全面发展;三是本质一致,都是通过各种手段来协调资源,解决资源的有限性和思想政治教育过程的不确定性之间的矛盾,从而实现思想政治教育的目标。当然,思想政治教育治理与思想政治教育管理也有区别,主要表现在六个方面。

第一,管理者定位不同。思想政治教育治理与管理之间的区别首先体现在对管理者自身功能的认知上,核心是对政府或教育者、管理者、服务者"该做什么、不该做什么""能做什么、不能做什么""做得了什么和做不了什么"等这些问题的认识区别。管理往往认为"我要管好所有的事",治理则认为"我不是万能的",管理认为"我能做好所有事,别人干不好",治理则认为"我不可能做好所有事,要让大家一起来做"。传统的管理思维认为"思想政治教育工作是专职政工队伍的事""学生缺乏正确的判断能力因而难以参与重要的教育管理工作""社会对学校教育质量的评价往往是片面的,无法理解教育的理想性,因此难以参与学校管理"等,而思想政治教育治理主张能力不是天然被赋予的,而是通过实践习得的,政府、高校管理者、组织者等无法做好所有的事,学生、家长、社会即使不完全具备参与的能力,也应该参与思想政治教育实践活动。治理需要发挥管理者统筹协调的作用,把不该做的、不能做的、做不了的事交给相应的机构和人来做,通过法律、制度、机制

等明确各自的权力、职能、责任,通过公共管理和服务实现效率最大化。而管理的理念则不愿意简政放权,不习惯对权力运行进行程序化、制度化的监督或细化。如作者在长三角某城市进行公益性社会组织运行状况调研时,民政部门负责人表示 90%以上的政府机构不愿意将手中的部分职能交给社会组织行使。

第二,参与主体范围不同。管理的预设前提是政府应该承担所有的工作,市场、普通民众和社会组织的能力和立场不足以承担公共事务管理责任,而治理的预设前提是政府没有精力承担所有社会管理工作,也没有能力去应对愈加复杂多样化的需求,公众和社会组织可以参与公共事务的管理,这是推进社会民主法治的重要实践。治理的一个重要理念是破除"全能型管理者"的观念,要树立普通群众和社会组织有能力参与管理的信心,让人民群众参与管理是扩大民主的绝佳实践,也是扩大民主的表现,通过训练他们可以完成管理者无法考虑到或完成的工作。在传统的思想政治教育管理过程中,育人主体分为校内和校外两个部分:校内是学校领导、党务部门、学工部门,以及班主任、辅导员为核心的思想政治工作骨干队伍和部分学生骨干;校外主要是学校教育主管部门。思想政治教育治理倡导参与主体更为广泛,其主体也分为校内和校外两个方面,校内扩大到全体教师和学生,以及所有管理部门都要承担起相应的职责;校外除了教育主管部门,还要扩大到企业、校友、家长、第三方机构等主体。思想政治教育管理模式下,真正深度参与思想政治教育的决策过程、方案制定以及实施的成员主要集中在主管部门、学校领导、党务部门、人事部门等,教师、学生、社会第三方机构的参与不足,但在思想政治教育治理理念下,上述主体都应参与其中。

第三,决策运行机制不同。思想政治教育管理的决策主体是党委、政府、高校领导和管理者,其他人员虽有一定的机会参与管理,但参与的事项、程度、频率有限。思想政治教育治理的决策主体还包括师生组织和部分社会组织,后者参与决策的事项较多、频率较高且固定,同时与管理者之间存在相互合作、相互制约的关系,因此参与决策程度更深。在思想政治教育管理模式下,决策过程的方向以自上而下为主,对参与主体、决策过程的制度性保障不够完善,由此产生的结果可能是广大师生对它的了解不够、认同度不足。比如当前高校的教师评价考核制度,确定该考核制度的主要是学校领导和科研人事部门,考核指标依次是教师的科研业绩、教学业绩,育人工作量比重不大,考核结果又与教师的绩效工资、岗位聘任和职称评审挂钩,这就让大多数老师将精力放在了科研上,对教育教学工作的重视程度不够。舆论对这样的考核制度颇有微词,认为导向不对、手段不妥、不够科学,一些教师选择跟着这样的制度调整自己的努力方向,将主要精力放在了科研上,教学和育人工作则完成最低工作量要求即可;还有一些教师选择不认同这样的考核制度,在科研上选择"躺平",认为做一名纯粹上好课的老师也能实现自我价值。思想政治教育治理将人性都有弱点作为底层思维,认为领导干部和管理者的个人素养有随机性和可变性,公众和师生有参与决策和监督的权利,应将其参与的权利和对权力进行监督的行为制度化、法治化,以此来达到约束权力和保障权利、培育素质的目的。思想政治教育治理强调决策运行机制的上下互动、多元协商、闭环管理,要求在决策、制度设计和执行过程中渗入育人的价值理念,并通过结果反馈作出调整完善,反对决策或制度设计的结果与育人理念发生背离,因此是一种上下互动的决策模式。这种模式能够充分听取师生意见,达到协商沟通、汇集意见、形成共识的目的,对提升思想政治教育决策的科学性有较大帮助。

第四,技术手段不同。治理首先是一种技术手段。治理需要的第一个技术手段是专业的人做专业的事,并通过建立一个公共组织网络来构建决策信息系统和服务系统。治理需要的第二个技术手段是扩大民主。西方治理理论的技术手段是扩大参与公共事务管理的主体,鼓励公民通过结成社会组织来参与公共事务,在政府和市场都难以触及或很难起到较好治理效果的领域发挥作用。治理需要的第三个技术手段是健全的法治和运行机制。这种法治是指明确各类治理主体的职责,对其权力运行规范和监督方式进行界定。治理的运行机制要求政府或管理者在一些领域要通过听取意见、咨询、协商的方式来解决问题,也即多元、上下互动的方式。管理虽然也需要专业人士和法治,但一方面其专业化、法治化程度与治理相比不够高,另一方面专业化的主体及其作用发挥的程度,法治监督的范围和主体均不及治理广泛。传统的管理技术有经济法、制度法、诱导性行政法、单向管理法和指标管理法,决策方式以经验型决策为主,较少举行听证、咨询会等,后者包括团体决策、咨询制度、建议制度、来信来访制度、双向管理法和纠责管理法,权力运行方式主要是自上而下的。思想政治教育治理主张上下互动的权力运行方式,普通师生、社会组织或群众通过咨询、建议、从事具体管理事务等方式在决策过程中发挥作用,且不以个别人的意志为转移,双方的这种互动是基于协商而非行政命令。思想政治教育管理虽然也有座谈会、听证会，但是否举办的决定权在管理者手中，或者即使举办也较为程式化，较少出现反复沟通、协商互动的情况。思想政治教育治理则不同，它倡导管理者与教师、学生及相应的组织或校外第三方机构进行反复协商互动。

第五，评价标准不同。思想政治教育治理强调的是责任性，也即要解决"为谁负责""谁来负责"的问题，要搞清楚思想政治教育对象的核心利益是什么，是否实现了这种核心利益，管理者的决策会对他们产生什么影响，以及管理者对自身行为负责等。因此，治理强调的是过程控制、闭环管理，用以实现这种控制和闭环的重要一环就是"评价标准"，也即用什么样的评价标准和结果来反馈给管理者，以此来调整政策、制度、计划、目标，从而调整引导教育者的行为。思想政治教育治理的视角是受教育者视角，评价标准核心是受教育者本身的教育效果，包括主客观两个方面，即学生的综合素质和主观感受，这是评价思想政治教育效果的主要标准，也是评价管理者、教育者的主要依据。而思想政治教育管理的视角是管理者视角，评价标准的核心是管理过程和教育过程，即使有对教育效果的评价，但整个评价体系中所占比重不具有决定性，对不同类型学生的培养目标设置、标准设置以及对教师的考核评价也不具有关键性作用。思想政治教育治理的责任性强调的是对受教育者的责任，以及对管理者、教育者责任的反馈、倒逼，而思想政治教育管理虽然也有责任性，但其程度、作用、机制不同。

第六，师生关系不同。思想政治教育治理更多体现平等互动的关系，这是由治理倡导的主体参与多元性、决策机制互动性、评价结果反思性等特点决定的。思想政治教育治理立足于"人"的需要和发展，希望建立一种良性交往关系和亲密情感联系的生存方式和组织文化，这是一种符合思想政治教育规律、符合人的思想道德形成发展规律的社会关系。在这样的文化下，师生之间形成一种亲密互动的关系，而这种师生关系也是思想政治教育中最为核心的一对社会关系，对思想政治教育效果起到不可替代的决定性作用，实现"不为而知、不言自明、言传身教"的效果。而思想政治教育管理更强调的是管理者的权威、教师的权威，在这种模式下，学生的主体性发挥不够，师生之间的关系是疏离的，管理者与普通教师之间的关系也是管理者与被管理者之间的关系，教育成为一种"工作"，完成了规定的动作和工作量就是承担了应有的责任，情感上的沟通显得不足、淡漠。

另外，思想政治教育治理更能增加师生对学校管理的正当性认同。正当性指的是社会秩序和权威被自觉认可和服从的状态。有学者提出对权力的认同来源包含强制认同和心理认同两个渠道,前者主要通过行政权力的强制性来进行管理,主要通过民众对刚性要求的服从实现,后者通过意识形态、管理实效、民主法治、公众参与等方式来实现,这种心理认同能让民众自发自觉地进行服从。管理的主体正当性主要来源于权力、制度以及人们对权力、制度的认同和执行度,如果不能得到公众或师生的认可,那么其管理是低效甚至无效的。一些高校的章程与制度和育人行为存在脱节,制度之间相互打架,这就是章程或制度的正当性不足的表现。思想政治教育治理主体的正当性来自传统管理主体自身的权威性以及管理者的决策、执行行为得到教师、学生、社会的认同,以及非传统管理主体得到授权后的管理服务行为得到认同。高校思想政治教育治理希望在实现制度刚性认同的同时,实现师生与管理者心理上的认同。

三、思想政治教育治理理念提出的现实基础

思想政治教育治理的提出有其现实基础。经济社会的发展和大学生思想行为特点的变化,高校思想政治教育工作的变化,都为高校思想政治教育治理的提出提供了现实可行性。

第一,政治性职能伴随服务化。任何教育都不可能脱离其代表的政党意志,高校思想政治工作也不例外。高校思想政治教育的首要职能是政治职能,也即按照统治阶级的意志开展思想政治教育活动。随着经济社会的发展,高校思想政治教育更加关注从受教育者视角来考察教育效果,逐步重视对学生个体成长需求的服务,通过解决他们的实际困难和需求来提升思想政治教育的说服力。2004年中央16号文件《关于进一步加强和改进大学生思想政治教育的实施意见》明确提出要将解决学生的思想问题和实际问题相结合,为高校思想政治工作的政治性职能提供了一条新的路径。由此,高校思想政治工作围绕解决学生思想问题与实际问题开展了诸多卓有成效的探索,从中央到地方形成了帮困助学、心理辅导、就业指导、职业生涯规划、文化服务等完整的组织体系、制度体系和人员安排,全社会也形成了关心帮扶经济困难大学生,共同关注大学生心理健康问题的良好合力,政府与高校协同推进大学生就业,高校食堂、宿舍条件日益改善,在服务学生中提升学生满意度的理念逐渐深入人心,高校思想政治工作政治性职能伴随服务化的特征日益显现。

第二,管理性职能日益法治化。思想政治教育治理的重要特征是法治

化,法治既是实现治理的前提也是治理的基本特征,高校学生管理的法治化进程为思想政治教育从管理走向治理打下了良好的基础。学生管理是高校思想政治工作的重要内容,过去一段时间,高校学生管理尤其是奖励和处分的标准、程序较为模糊,自由裁量的空间较大,部分处分条例不符合实际情况(如过去对男女生谈恋爱的行为有一些十分苛刻的规定,对学生考试作弊的认定标准、处分权限等规定不够具体),使得基层在操作过程中存在过宽或过严的情况,"同案不同判"的现象时有发生,这样的管理行为显失公正,也是管理法治化不足的表现。随着法治化的进步,高校学生管理也愈加重视制度的规范,从保护学生合法权益,设置合理条件和标准,规范学生奖励、处分等评价的程序等方面入手,逐步完善了制度的合理性和程序的合法性,形成了较为规范、完善的高校学生管理制度体系和运行机制。在 1990 年《普通高等学校管理规定》基础上,教育部分别于 2005 年和 2016 年牵头推进高校学生管理制度的改革,并在全国进行了解读和推广,此举大大推动了高校学生管理的法治化进程。2005 年《普通高等学校管理规定》提出"要依法治校,从严管理,健全和完善管理制度,规范管理行为;要将管理与加强教育相结合,不断提高管理水平,努力培养社会主义合格建设者和可靠接班人"[①]。两个《规定》目前已经形成从制度制定到论证、执行、申诉、投诉、监督等一套完整的体系,内容涉及学生学籍、奖励、处分、入党、就业、补助、竞赛、学位授予等各个领域,既保护了学生的合法权益,助推了高校思想政治工作法治化进程,又增强了学生的维权意识和管理者的依法管理意识,为高校思想政治教育治理提供了坚强保障。

第三,教育性职能日趋人性化。思想政治教育治理倡导教育者与受教育者互为主体、相互平等,共同参与学校管理事务,在实践活动中实现自我素养的提升,这种理念也逐步渗透到思想政治工作中去。随着经济社会的发展和民主法治的进步,"以人为本""以学生为中心"的理念日益被接受,思想政治工作者与学生之间的关系日益平等,师生之间的沟通交流必然主要采取尊重、沟通说服、以情动人的方式开展,即使处分学生也要在法律和人格上与学生保持平等,否则就是违反了教师的职业道德要求。高校管理、服务部门也日益关注学生的评价,如毕业生质量跟踪调查、本科教学水平评估

---

① 教育部.普通高等学校学生管理规定(中华人民共和国教育部令第 21 号)[EB/OL].(2005-03-25)[2024-12-06].http://www.moe.gov.cn.

等均把学生评价纳入体系,一些高校后勤服务部门直接将考核绩效与学生满意度挂钩。信息技术与互联网的普及也带来了师生地位的变化,随着信息技术手段的发展和互联网的普及,知识的垄断地位被打破,传统教育者与受教育者之间存在的文化知识素质的垂直落差日渐缩小,但如何获取信息,提升分析判断信息的能力以及强化思维方式、思维能力的训练成为当前学生急需的内容,教师从过去知识和信息的权威者、知识的传授者角色转变为学习过程的指导者、学习活动的参与者、学习活动的评价者以及学生思维方式的训练者。可见,不论是课堂主渠道还是日常思想政治工作都充分体现了教育职能平等化、人性化的特征或需求,以人为本、师生平等意识深入人心,这为思想政治教育治理的提出奠定了良好的基础。

第四,服务性职能日益精细化。随着经济的发展和人们生活水平的提高,高校生源主体成为"00后",他们是自出生起就享受了改革开放成果的一代年轻人。在沿海发达城市,很多孩子家庭生活条件优渥,从小生活富足、衣食无忧,对物质条件的要求和生活服务的期待比以前任何一个年代的大学生都高。在这样的背景下,高校物业管理、伙食条件、教室环境、图书馆功能等与学生学习生活密切相关的各类服务显得越发重要。一些高校的服务质量落后于学生需求容易引起学生不满,如一些高校因为管理服务质量跟不上学生诉求而被爆料冲上热搜。面对这种形势,一些高校日益重视学生对学校服务质量的意见反馈,针对不同类别学生的特点提供有针对性的、及时优质高效的服务,通过不断改善硬件设施、提升服务质量来呼应学生新的要求,服务性职能日益精细化。而精细化的服务必然带来专业化团队的要求,这种专业化包含的是技术水平和服务理念的双重专业性,是对高校后勤服务人员用服务质量来实现育人效果理念的现实要求。高校后勤服务质量的提升正逐步得到重视,也为高校思想政治教育治理提供了可行基础。

第五,管理边界模糊化。随着高校思想政治教育科学化的发展,高校思想政治工作越发重视遵循人的思想形成规律,关注学生的成长发展需要,积极倡导将解决思想问题和实际问题相结合,分层分类开展工作的理念不断深入人心,思想政治工作也朝着精细化、人性化的方向不断发展。另一方面,随着高校思想政治工作渗透到学生的全生命周期,也必然会渗透到高校人才培养、行政管理、后勤服务等各个方面,由此也出现了一个新情况:高校思想政治工作似乎无处不在,每一个环节都应该充分挖掘其育人功能。上述现象也即"三全育人"中的全方位育人的现实呼应。这一特征就是管理边界的模糊化,只要是与学生成长发展需要相关的,都可以通过不同的形式表现为育人场景。这种特征是伴随着高校教学方式的改革和信息化时代人的行为方式变化而来的。当前高校普遍实行选课制、学分制,这就打破了传统的以行政班级编制为主导的班级管理模式,班级的边界变得十分模糊,班级成员的归属感难以寻找,学生管理的最小单元格转变成宿舍,学生活动的团体日益多元化,不再仅限于班级一隅。特别是近年来,通过互联网上课、交流、工作已经成为很多人的习惯,虚拟社区、虚拟组织、数字游民等现象已经较为普遍。对于大学生而言,除了线下活动,他们的多数交流已经转移到了线上,所以高校学生管理的边界已经变得十分模糊,不仅要关注学生线下情况,更要关注线上情况,不仅要做好校内学生管理组织的"到底到边",更要维护好与地方政府、家庭、公安、社区、网络平台之间的密切联系。这种边界模糊甚至是无边界的管理特征,成为思想政治教育治理的重要条件,跨越高校、政府、社区、企业、社会组织等体系,协同教师、学生、管理人员、家长等多主体开展育人已经变得十分迫切。发挥不同主体的作用朝着同一个目标努力,构建一个完整的思想政治教育治理网络成为现实所需。

第二节　思想政治教育治理与"三全育人"的共通之处

高校思想政治教育治理是当前构建高校"三全育人"格局的要求,两者之间有着诸多共通之处。

一、价值追求一致

治理遵循政治逻辑、价值逻辑和技术逻辑的统一,治理技术由谁所用,决定其价值追求和政治目标。在资本主义国家,治理的目的是减少公共支出,提升公共服务效率,以减轻社会矛盾,巩固资产阶级政权。一些西方发达国家和非政府组织将治理理论引入非洲国家,以此作为控制一个国家的手段,这些都是源于其国家的政治属性。而社会主义国家的治理目的主要有两个:一是提高公共服务效率,不断满足人民日益增长的美好生活需要,提升人民生活的幸福感;二是通过完善体制机制,鼓励人民群众和社会团体参与公共事务管理,推进社会主义民主,提升公民的公共精神和能力素质,夯实推进社会主义民主法治建设的社会基础。

　　马克思主义及其中国化的治理是一种民主实践,是推动人的全面发展的实践,与中国共产党"以人民为中心"的执政理念是一致的,与高校人才培养的目标相同。思想政治教育治理坚持党委领导下的校长负责制,将立德树人作为根本任务,将提升思想政治教育效果、更好地培养德智体美劳全面发展的社会主义合格建设者和可靠接班人作为自身使命,与"三全育人"的根本目标一致。无产阶级政党的最终目标是实现共产主义,落脚点是实现人的自由解放和全面发展,它包括三个方面:"摆脱自然的束缚,在人与自然领域获得自由;摆脱私有制和国家权力的束缚,在人与人、人与社会的关系领域获得自由;从旧的思想观念体系和因社会分工形成的狭隘视野的束缚与限制中获得解放,在主观世界领域实现自由。"[①]在共产主义社会,人的思想、觉悟、道德水平、主动性、创造性、综合素养等都将发展到很高的程度,人不再受到异己力量的支配。在马克思看来,共产主义社会是一种打破国家制度的社会形态,但前提是生产力高度发达,只有人的观念、视野、能力、思维、道德水平等都达到高度发展的水平,才能够实现自由人的联合体的目标。

　　人民民主的实践,也即培养人民群众参政议政、参与公共事务管理的能力素质水平的实践锻炼是思想政治教育的重要内容,也是中国共产党执政理念的重要内容。人的解放和自由全面发展既是一种理想,也是一个不懈追求的实践过程,它不可能一蹴而就,需要对人民群众进行思想认识和能力素质的训练,在实践中不断强化、提升,并用制度和文化的不断发展传递下去,这是一个漫长的历史进程,可能需要几十代甚至几百代人的努力。当代中国是人民民主专政的国家,但几千年的封建文化影响、公民受教育程度偏低等因素导致部分民众的民主意识淡薄和民主参与能力薄弱,需要循序渐进。治理倡导在党委、政府主导下多元主体参与管理公共事务的模式,符合党的执政理念,也符合育人要求。思想政治教育治理的核心功能应当也必然在于培育现代化的人,塑造摒弃了自私自利的特质、将社会事务当成自己的事务并能够参与其中的人。因此,思想政治教育治理与"三全育人"的价值追求本质上是一致的。

---

　　① 刘同舫.马克思的哲学主题[M].北京:人民出版社,2007:333.

二、参与主体类似

"三全育人"要求高校立德树人的培养目标能够融入教育教学与管理服务的全过程，前提是思想政治教育的领导者、组织者、实施者能制定符合学校特点和满足学生发展需要的培养目标，同时所有育人主体了解并认同这个培养目标，明确自身的育人职责并能遵循教育规律办事。要实现这样的目标，需要建立一个调整反馈的机制，一旦出现思想政治教育行为或结果与目标偏离的现象，能够及时发现并作出调整。关键在于这个机制参与的主体是谁，他们通过什么样的途径、方法来参与管理。过去我们扮演着全能型管理者的角色，但随着经济社会的发展，政府与学校管理者无法做到全能，教育的核心利益相关者是教师与学生，他们对自己是否有获得感、幸福感最有发言权，理应参与到学校育人决策与管理的过程中来。

治理理论认为参与公共事务管理的主体并不只有党委、政府或学校领导者、管理者，他们无法解决所有问题，公民、社会组织应该参与到公共事务的管理中来，建立一个党委政府领导、多元主体共同参与的治理模式。"一元主导＋多元主体参与"的格局背后蕴含着"公共事务是大家的事，大家的事情就要让大家一起来商量解决"的理念。人民群众对公共事务管理的感受直接影响执政党在人民群众中的满意度和思想政治教育的效果。中国共产党治国理政的宗旨是执政为民，增强人民福祉是中国共产党的使命担当，其公共事务管理履职效能如何自然应当接受人民群众的监督和评价。因此，公民个人与社会组织参与治理既包括了政府让渡部分公共管理权限，使得他们能够正当、合法、合理、依规参与治理，对重大决策、制度等出台发表意见，或参与政府难以触及的领域，开展管理服务工作，也包括了依法依规对政府履职的监督、评价、反馈等。在这样的模式下，政府在公共事务领域的工作效率、服务范围等都会提升、扩大，政府的公正、透明、法治的形象也更为鲜活。

民主需要实践，也需要过程，如果没有民主的意识和民主的实践能力，从"为了民主的目的出发"反而可能"以丧失民主的结局收场"，所以治理倡导的扩大政治生活与公共事务管理的参与主体的目的是逐步培育民主文化，完善民主细节，培养民主实践，这既符合马克思关于人的本质的论述，也符合人的终极发展追求。治理的这种理念与"三全育人"中的全员育人理念是一致的。全员育人强调的"员"是思想政治教育的主体，在高校内部指所有的教职员工、学生、校友都有育人的职责,高校外部指与之相关的党委、政府和社会组织、传播媒介、家庭、用人单位等也有相应的育人职责。"全员育人"强调"育人"最终落脚点是人,这与思想政治教育治理要求扩大参与主体,发挥学生主体作用,培育学生综合素质的目标也是一致的。

三、运行机制相似

治理倡导的权力运行上下互通、协商互动与"三全育人"倡导的全过程育人、全方位育人相一致。马克思认为,人的思想观念产生和行为塑造有其自身的运行机制,也即人从个人生存发展的需要出发,在与他人结成的各种社会关系中开展实践活动,在人与环境、人与社会的实践互动过程中人的思想观念得以形成。雅斯贝尔斯强调交往、自我教育、对话,认为受教育者接受思想政治教育的内容往往以自身现有的知识结构、社会经历和观念为基础。保罗·弗莱雷提出"对话教育",认为应通过不断地反思和实践去引导人们认识世界、改造世界,从中持续不断提升思想认识和实践能力,逐步让人性中的不完美走向完美,最终实现人的自由与解放。

思想政治教育是一种实践活动,这种实践活动关键在于教育者与受教育者之间的互动交往,这个过程既需要教育者,也需要受教育者,后者并不是静止、被动的,而是具有主观能动性的、有意识的存在。两者互为师生,师生互为主体,教师与学生转变成为教师学生与学生教师,在平等对话交流中实现相互教育是"三全育人"的重要理念。"三全育人"强调教育主客体之间的互动转换,发挥教育关系双方甚至多方的互动性、实践性和能动性,转变传统的教育者和教育管理者居高临下的态度。一方面教学、管理和服务人员要转"管理者出发思维"为"受众思维",关注受教育者的需要和感受,在互动中改进工作、提升质量;另一方面学校的教育管理者要通过制度和机制的设计、文化的建设,确立上下互动的行为模式,发挥受教育者的积极性、主动性。

思想政治教育治理的运行方式是"上下互动",倡导协商互动、民主管理,强调管理者与被管理者、教育者与被教育者之间角色的互动,倡导被管理者也参与管理,教育者也要受教育。"三全育人"对传统"自上而下"为主的教育管理模式提出了从管理走向治理的要求,这也是思想政治教育治理与"三全育人"之间的相似之处。

四、受众视角相同

从受教育者的生存发展需要出发,关注受教育者的感受是思想政治教育治理与"三全育人"的又一共通之处。思想政治教育治理强调的是"以人为中心",关注受教育者的需要,通过各种技术手段提升学生的成长获得感和满意度,这与"三全育人"的根本落脚点是人的自由全面发展相一致。

需要是人与人结成各种社会关系、从事各类实践活动的原动力。大学生的根本需要是成长成才,这是思想政治教育治理与"三全育人"共通的价值所在,只有关注受教育者的需要和感受,才能真正将"立德树人"落到实处。"三全育人"要结合党和国家人才培养的目标,将以人为本、提升学生成长发展的获得感与幸福感作为重要目标,融入育人全过程,教育者、管理者、服务者要自觉将育人目标融入学生的日常学习生活中去。大学生所处的校园环境以及在各种学习、生活、交往等实践过程中接触到的人、事、物都可以转化为思想政治教育环境,这些环境直接传递给学生,由此产生相应的感觉、知觉、情绪和情感,并直接影响他们对思想政治教育内容的认知,从而产生各种潜移默化的影响。

"三全育人"要求不论是教师、管理者还是服务人员都要将学生的生存发展需要作为自身的首要职责,要求领导者、管理者在制定制度、计划、考核标准等过程中充分考虑学生的发展需要和育人效果。"三全育人"的实现取决于高校思想政治教育治理按照党和国家要求、教育规律和学生发展需要协调资源,以实现教育目的的过程,思想政治教育治理是这一过程能够顺利得以实现的保障。两者都坚持受众者的视角,"三全育人"的受教育者视角需要既与治理的理念一致,其教育目标的实现也需要治理的手段,思想政治教育治理是为了更好地保障"三全育人"而对高校各类资源包括政策、制度、人员、资金等进行统筹管理的过程。

第三节　科学确立"三全育人"治理的基本原则

治理视域下"三全育人"建设不是另起炉灶、自搞一套,而是要立足中国国情,围绕立德树人根本任务,通过完善高校资源配置、体制机制等将各方资源统筹协调汇集到育人上来,提升思想政治教育效果。高校思想政治教育治理需要遵循五个基本原则。

一、坚持中国共产党的领导

治理领导权决定了治理实施的目的、计划、技术、标准等，如果忽略政治体制决定的治理目的、治理对象、价值观念等一系列问题，那么也就模糊了治理的出发点，治理也就成了无根之木、无源之水。用治理推动"三全育人"格局构建，必须坚持中国共产党的领导，同时要尊重高校办学规律，坚持党委领导下的校长负责制这一领导制度。

首先，坚持中国共产党的领导是由社会主义的本质和高校思想政治教育的根本任务决定的。思想政治教育是社会或社会群体用一定的思想观念、政治观点、道德规范对其成员施加有目的、有计划、有组织的影响，使他们形成符合一定社会要求的思想品德的社会实践活动。思想政治教育具有鲜明的政治性、阶级性，反映了执政党的意图。高校思想政治教育治理必须坚持中国共产党的领导，这是由思想政治教育本身的政治特性决定的。西方治理实践也提出治理不能脱离政府的领导作用，提出了"元治理"的理论，也即政府要承担设计制度、提出愿景和设想、协调复杂和多元关系的角色，它不仅促进各个领域的自组织的发展，而且还能使各式各样的自组织安排的不同目标、空间和时间尺度、行动以及后果等相对协调。也就是说，脱离"领导者"谈"多元主体参与治理"将导致社会的混乱。

其次，坚持党委领导下的校长负责制是由高校思想政治教育规律和高校思想政治教育管理的历史实践决定的。百年来，我国高校思想政治教育管理实践的经验教训提醒我们必须坚持党的领导，一旦脱离了党的领导，就会出乱子，一旦党掌握了正确的方向，就会发展。大学具有政治与知识的双重属性。高校思想政治工作要提升科学化水平要充分尊重大学的双重属性。新中国成立以来，党在培养目标上对这两者关系的处理呈现"红专并重—重红轻专—重专轻红—红专并重"的轨迹，并由此产生截然不同的结果。历史告诫我们，执政党需要正确处理好政治性和专业性之间的关系，也即"红"与"专"的关系，不仅要科学制定高校思想政治教育的总目标，也要尊重大学的特殊属性，遵循学科发展规律、人才培养规律和社会主义大学办学规律。

二、坚持多元主体协同参与

"三全育人"格局虽然包含了全员、全过程、全方位三个方面的内容,但最关键的是"全员育人",用治理手段建构"三全育人"格局就要扩大和完善师生参与学校事务管理、校内外多元主体协同参与育人的渠道和平台。

首先,扩大和完善师生依法依规参与学校公共事务管理是社会主义大学的本质特征。坚持人民当家作主、不断扩大人民民主实践是社会主义的本质特征。中国特色社会主义国家制度和治理体系有 13 个优势,其中一条是"坚持人民当家作主,发展全过程人民民主,密切联系群众,依靠人民推动国家发展的显著优势",评判治理体系现代化能力的一条重要标准就是"人民群众能否依法管理国家事务和社会事务,能否畅通表达意见和利益诉求,社会各方面能否有效参与国家政治生活,人才能否公平进入领导和管理体系等"。① 党的二十大报告提出"中国式现代化"的标准之一就是要坚持全过程人民民主,坚持人民当家作主、扩大人民民主实践是社会主义的本质要求和必然要求。高校思想政治教育治理也必然要坚持扩大师生民主,让师生依法依规管理学校各项事务,畅通表达意见和利益诉求,给他们提供平台与机会参与到学校的重大决策中来。扩大多元主体参与育人也是党民主集中制在高校的重要表现,可以更好坚持党委领导下的校长负责制,可以更好集思广益,为决策提供参考,让党的领导更加科学有效。

其次,扩大多元主体协同参与育人是思想政治教育的内在要求。思想政治教育具有很强的实践性,扩大多元主体参与育人是思想政治教育的重要路径,只有通过认知、实践、再认知的过程,才能真正将思想政治教育内容内化为受教育者的思想观念并外化为自由自觉的行动。思想政治教育的目标是提升受教育者的综合素质,实现人的自由全面发展,在马克思看来,治理需要解决的问题就是市民社会中人的不完整性、自私性和狭隘性,让人民在参与共同体实践中不断实现人的类本质是一个重要的途径。马克思认为,在政治共同体中每个人会将公共事务作为个体的普遍事务,从而把人们的政治精神、公共精神激发出来,以脱离市民社会的狭隘性。他还从人的本质是社会关系的角度来阐释参与政治生活和公共事务的重要性,认为"有自

---

① 中共中央关于坚持和完善中国特色社会主义制度　推进国家治理体系和治理能力现代化若干重大问题的决定[EB/OL]. (2019-11-05)[2024-12-06]. https://www.gov.cn.

我意识的活动集中于政治行为"①,人要将自己作为类存在物,实现解放,需要参与到政治活动中去,从而在自身的经验生活、个体劳动、个体关系中都体现这种本质。在高校思想政治教育过程中,学生作为受教育的主体,需要感受到自我成长的自由,这就包括了参与、评价、反馈思想政治教育的目标、方案、活动、结果的权利和渠道。因而扩大校内外多元主体参与育人渠道,让师生依法依规参与学校管理决策既是思想政治教育治理的重要原则,也是思想政治教育的重要路径。

最后,扩大育人主体参与渠道是推进社会主义民主的重要路径。民主治理的实践既需要物质基础和文化基础,也需要建立与人民参与政治相适应的能力基础。没有经历过真正的民主实践训练的公民,一旦赋予其民主的权力,其就有可能做出民粹主义的举动。一些西方政治学者认为政治生活是一种精英活动,民众只是根据碎片化的信息和非理性的情绪在投票,因此不提倡给民众过多参与的权利和机会,但这恰恰是马克思主义理论想要解决的问题,要通过让公民参与政治生活来训练其民主的能力和素养。我国也始终将治国理政的人民性摆在首位,旨在通过民主实践提升人民参与政治生活的能力,提升民主化水平。因而,充分发挥学生在思想政治教育治理过程中的实践主体作用,既符合思想政治教育规律,也是实现马克思主义对人的终极目标追求的题中之义和实践路径。

三、坚持以学生成长发展为中心

习近平指出"只有坚持以人民为中心的发展思想,坚持发展为了人民、发展依靠人民、发展成果由人民共享,才会有正确的发展观、现代化观","以人民为中心的发展思想,不是一个抽象的、玄奥的概念,不能只停留在口头上、止步于思想环节,而要体现在经济社会发展各个环节。要坚持人民主体地位,顺应人民群众对美好生活的向往,不断实现好、维护好、发展好最广大人民根本利益"②。

马克思主义经典作家和中国共产党的领导人都有一个共同的终极目

---

① 马克思恩格斯文集:第一卷[M].北京:人民出版社,2009:46.
② 习近平在省部级主要领导干部学习贯彻党的十九届五中全会精神专题研讨班开班式上发表重要讲话 强调深入学习坚决贯彻党的十九届五中全会精神 确保全面建设社会主义现代化国家开好局[N].人民日报,2021-01-17.

标,也即一切工作的出发点都是为了人的自由全面发展。要实现这样的自由,既取决于社会发展的总体历史进程,也取决于个体思想、道德、文化、素质等多方面能力的提升。

坚持以学生成长发展为中心,就要为他们提供实践的机会。马克思认为,鼓励人民参与政治是发展人的类本质的重要路径。受教育者的认知规律受到教育者教育活动的影响,更主要的还是在于学生自身的认知基础、心理活动和实践活动。一方面,思想政治教育的活动既要关注理论知识的传授,强化社会交往实践的重要性;另一方面,学生作为主体有评判自我教育效果的天然权利,应该参与到思想政治教育治理过程中来,对教育管理活动提出意见建议。

坚持以学生成长发展为中心,就要关注学生的成长获得感。中国特色社会主义国家治理体系和治理能力现代化的重要标准是人民满意,治理的落脚点是人民美好生活的福祉,即能否满足人民群众日益增长的对美好生活的向往,能否提升人民群众的获得感和幸福感。这里包含了三个层次,一是满足人民生活需要,二是人民群众感受到自己需要被满足后产生的幸福感、获得感,三是人民群众通过对前两者的感受而产生的对执政党的认同度和忠诚度,三者是相互递进的关系。

社会主义将公正、平等、法治作为衡量的尺度,人民的利益高于一切。高校思想政治教育治理反对用高高在上的傲慢姿态忽视学生诉求或对普通教师颐指气使,主张将学生的成长成才获得感与幸福感作为重要标准,正视学生的利益诉求和发展需要,营造一种公平、透明、公正、高效的管理文化。高校思想政治教育治理要倡导透明、责任、法治、回应、有效,立足点是人的获得感、成长度,只有将思想政治教育质量的评价标准落实到受教育者的教育效果上,才能真正实现治理的要求,也才能真正实现"三全育人"的本质要求。

四、坚持系统化思维

坚持系统化思维既是思想政治教育治理本身的特点,也是"三全育人"格局构建的需要。当前高校思想政治教育过程中存在的一个突出问题就是不同体系之间存在壁垒,教学、科研、学工、管理、后勤、组织等不同体系之间的评价制度、管理理念、运行机制、人员特点不尽相同,结构较为松散,在目标设置、评价标准等方面协同性、一致性不足。高校思想政治教育治理旨在坚持系统化思维,打破这种体系壁垒,将他们作为一个统一的整体来看待,最终实现"1+1>2"的效果。

坚持系统化思维要抓住"三全育人"共同体的本质。育人共同体的本质就是要保证育人主体利益一致、价值观一致、行为一致,要将不同体系内的主体价值观念、利益与行动都统一到"育人"这个根本目的上来。思想政治教育治理既关心受教育者的核心利益,也要关注教育者的核心利益,并考虑管理制度、评价标准与这种利益的关系,对他们的行为保持持续反馈。可以说,什么样的核心利益决定什么样的行为方式,治理应该将教育者的育人过程评价、受教育者的结果评价与教育者的核心利益挂钩,以此来引导育人行为。

坚持系统化思维,要加强对思想政治教育过程的管理。思想政治教育不能仅聚焦高校,还要横向扩展至政府、社会、企业、家庭、网络,因为他们都对学生的成长发展产生不同程度的影响,应该纳入思想政治教育治理的范畴。同时,思想政治教育治理的过程应该纵向扩展至中学,因为高校学生的思想观念虽然还未完全成形,但中学对他们产生的影响深刻。思想政治教育治理推动"三全育人"需要坚持系统化思维,关注"全过程育人",拓展学生思想观念形成的时间轴。

坚持系统化思维,要坚持闭环管理。《中共中央关于坚持和完善中国特色社会主义制度　推进国家治理体系和治理能力现代化若干重大问题的决定》提出了国家治理体系现代化的五条标准,这五条标准有一个共同点:关注过程的控制和效果的评价。五条标准背后隐含了衡量治理结果评价的多重含义:首先,评价的主体是人民,五条标准中四条提到了"人民"一词;其次,评价的对象是党委、政府及其治国理政的能力水平;再次,评价的内容包含主客观两方面,治国理政效果如何一方面要看具体指标,另一方面也要看人民群众的主观感受;最后,国家治理的衡量标准要坚持效率、公平、透明、法治、负责的理念与态度,治理的规范和权威需要被人民群众自觉认可和服从,政府不是仅仅依靠权力的强制,同时需要得到民众对其治理政策和行为发自内心的认同。治理视域下"三全育人"格局构建要坚持结果评价的价值导向,充分发挥学生的主体作用,将坚持效率、公平、透明、法治、负责的理念融入育人的全过程,建立科学合理的评价体系和标准,形成工作的闭环。

五、坚持依法依规治校

坚持党的领导、人民当家作主和依法治国三者统一是中国共产党治国理政实践得出的经验，也是党的十九大报告确定的发展社会主义民主政治的首要战略任务，充分体现了我国人民民主专政的社会主义政体，是坚定不移走中国特色社会主义政治发展道路的根本遵循。我们是无产阶级政党执政的国家，实行人民民主专政既是由社会主义国家的性质决定的，也是由中国共产党的本质特征决定的，而实现党的科学领导与人民顺利当家作主的关键在法治。

邓小平指出，"党和国家现行的一些具体制度中，还存在不少的弊端，妨碍甚至严重妨碍社会主义优越性的发挥。如不认真改革，就很难适应现代化建设的迫切需要，我们就要严重地脱离广大群众"[1]，"进行政治体制改革的目的，总的来讲是要消除官僚主义，发展社会主义民主，调动人民和基层单位的积极性。要通过改革，处理好法治和人治的关系，处理好党和政府的关系"[2]。习近平指出，"评价一个国家政治制度是不是民主的、有效的，主要看国家领导层能否依法有序更替，全体人民能否依法管理国家事务和社会事务、管理经济和文化事业，人民群众能否畅通表达利益要求，社会各方面能否有效参与国家政治生活，国家决策能否实现科学化、民主化，各方面人才能否通过公平竞争进入国家领导和管理体系，执政党能否依照宪法法律规定实现对国家事务的领导，权力运用能否得到有效制约和监督"[3]。

高校思想政治教育治理是国家治理体系中的一个子系统，高校是知识分子集聚的地方，具备治理的成熟条件，可以成为国家治理体系和治理能力现代化建设先行先试的领域。高校思想政治教育治理推进"三全育人"，需要国家层面通过完善法律法规来明确高校法人的责权利清单、师生的权利义务清单、党委政府的责权利清单，等等，以明确党委、政府与高校的关系、高校与师生的关系、高校与市场的关系、高校与社会的关系。从高校内部结构看，当前普通教师和学生的民主管理作用发挥不明显，师生的责权利还不够清晰，学生的意见表达与反馈制度与机制还不够完善，要重视和保障师生

① 邓小平文选：第二卷[M].北京：人民出版社，1993：327.
② 邓小平文选：第三卷[M].北京：人民出版社，1993：177.
③ 习近平著作选读：第二卷[M].北京：人民出版社，2023：280.

的民主参与权、监督权、话语权,同时优化党委领导、教授治学、师生参与、全委决策、民主管理六大要素构成的大学内部组织结构关系。从高校外部结构看,要处理好党委、政府与高校的关系,坚持党在意识形态方面对高校的领导、对高校办学质量的评价监督,同时要给予高校充分的自主权,避免行政权力过多干涉高校日常教育教学管理活动。

第四节　高校"三全育人"治理的主要内容

"三全育人"本质上是一个真正的育人共同体,也即在这个共同体中,价值观念、利益基础和行为三者保持一致。治理视域下高校"三全育人"建设就是要紧密围绕这一本质,将树立多元育人主体共同的价值追求,构建相对一致的利益基础,最大限度保证他们做出目标一致的育人行为作为核心任务,使思想政治教育过程可控、受教育者的环境有感,进而达到教育结果有效的目的。

一、树立多元育人主体共同的价值追求

育人主体应当形成精神共识,在价值观念上实现统一。这种精神共识包含两个方面:一是拥有一致的育人理念和价值观,二是明晰自己的责任和育人目标。拥有共同的价值观念是维系共同体运行的首要条件,没有共同价值观念的人很难组织起来,也难以保持长久而一致的育人行为。共同的价值追求是"三全育人"共同体的精神要素,应当为各育人主体所认同并接受,以指导他们的行为。这里应当包括两个层面。

一是在"为谁育人"这个问题上达成一致认识。高校落实"立德树人"的根本任务是"三全育人"的前提,也是实现高等教育"四个服务"职能的根本体现。高校思想政治工作既要服务于中国特色社会主义建设事业,也要服务于推动个体的自由全面发展,为改革开放和社会主义现代化建设服务、为人民服务、为中国共产党治国理政服务、为巩固和发展中国特色社会主义制度服务。高校思想政治工作要以此为出发点,准确把握培养"时代新人"的目标和实践路径。

高校思想政治工作要坚持"为改革开放和社会主义现代化建设服务",就要准确把握能够担当中华民族伟大复兴使命的"时代新人"的具体内涵,

将其融入人才培养体系和教育教学各环节,确保党和国家事业后继有人;要坚持"为人民服务",就需要尊重大学生成长发展规律和身心特点,贴近学生、围绕学生、关爱学生、服务学生,将解决学生思想问题和实际问题相结合,为其成长发展服务;要坚持"为中国共产党治国理政服务",就要讲好思想政治理论课,弘扬中国精神和中华优秀传统文化,确保高校始终成为传播中国特色社会主义理论和党治国理政理念的坚强阵地和战斗堡垒,在理论和现实的相互照应中提升高校思想政治工作的科学化水平;要坚持"为巩固和发展中国特色社会主义制度服务",就要不断坚持和完善党在高校的领导制度、工作机制,形成科学、高效的领导体系,确保党对高校思想政治工作的全面领导。

二是要在"谁来育人"这个问题上形成一致认识。全员育人是"三全育人"的重点和难点。落实立德树人根本任务不仅是学校和家庭的事,也是全社会共同努力的方向,要形成这样的共识并非易事,这从"三全育人"理念的提出过程就可以看到——"三全育人"理念雏形从新中国成立之初就已经散见于领导人讲话和学者的倡议中,到真正提出和确立经历了较长时间。1957 年,毛泽东在《关于正确处理人民内部矛盾的问题》中指出"思想政治工作,各个部门都要负责任"[①]。1988 年 11 月 30 日,国家教委第十五次全委扩大会议提出各高校"党委和领导干部要充分认识加强学校管理、创造良好育人环境的重要意义,努力做到教师教书育人,学校管理育人,后勤服务育人,学生自我服务、自我教育"[②]。2016 年,全国高校思想政治工作会议提出要坚持把立德树人作为中心环节,把思想政治教育工作贯穿教育教学全过程,实现全员育人、全过程育人、全方位育人。[③] "三全育人"从雏形到正式作为高校思想政治教育的一个战略目标和任务,经历了一个多甲子的时间。

这个过程中有较长一段时间在强调高校内部教师、管理人员和后勤人员都应该承担育人职责,而不仅仅是思政理论课教师、辅导员和班主任承担育人任务,后来则强调在信息高度发达的时代,社会、头部媒体、企业、家庭都应承担起育人的职责,学生也有自我教育、自我管理、自我服务的功能。事实上,"全员育人"的共识目前并没有真正形成,一方面高校内部的管理人

①　中共中央文献研究室编.毛泽东文集:第七卷[M].北京:人民出版社,1999:226.
②　冯刚,沈壮海.中华人民共和国学校德育编年史[M].北京:中国人民大学出版社,2010:594.
③　冯刚.改革开放 40 年高校思想政治教育编年史[M].北京:北京师范大学出版社,2019:582.

员、后勤人员的认识不深,另一方面社会总认为教育是学校的事,出了问题往往责怪学校教育没有到位,甚至部分家长也认为将孩子送入大学就可以做"甩手掌柜"了,网络媒体则以旁观者、看热闹的心态来看待高校的一些现象,资本的商业运作遵循"流量为王"的逻辑,对负面现象推波助澜,对承担的责任置若罔闻。从受教育者角度看,激发学生自我教育、自我管理、自我服务的内生动力是一个难题,相当部分学生并未认识到自我教育的价值和意义,主人翁意识和主动性不够。思想政治教育治理的重要任务就是要改变这种状况,让相关育人主体都能树立起自觉育人的意识。

二、建立多元育人主体的育人职责体系

如果树立共同的价值追求是形成共同体精神共识的前提,那么准确界定不同主体的育人功能与职责则是推进"三全育人"方法论层面的第一步。如果所有相关主体都认同思想政治教育人人有责,但不知道自己应该具体承担什么育人职责,那么共同的价值观就是空中楼阁。因此明确不同主体的育人功能和职责是连接共同价值追求与共同育人行为、达到理想育人效果之间的桥梁。这里包含三个层面的内容。

首先,建立分层分类的育人职责体系。"三全育人"共同体中的各类育人主体只有了解各自的职责方能做出明确而具体的育人行为,这是育人主体能够承担相应职责的前提和基础。如高校思政理论课教师和辅导员、班主任的思想政治教育职能是毋庸置疑的,那么大学英语教师、高等数学教师、体育教师、人文社科教师是否清楚自身的育人职责是什么呢?如果教师并不清楚自己能够发挥什么作用,势必对学校要求其开展思想政治教育感到茫然。比如一些管理人员认为育人与自己无关,育人是教师和辅导员、班主任的工作,自然不会参与到育人中来。一些学生并不清楚自己有什么作用、如何发挥作用,出现问题容易采取指责学校、老师或社会的归因方式。再如后勤服务人员也有育人职责,但如果他们并不知道哪些方面对育人有效果,应该做到什么程度,那么哪怕他们发挥了育人作用也具有较大的偶然性,难以持续稳定推进育人行为。

其次,育人主体了解认同高校思想政治教育的总体目标和具体内容。价值观念相对抽象,需要具体的情景指向,以使不同主体明晰自身的具体作用、培养目标。各育人主体作出相应的育人行为的前提是了解高校思想政治教育的总体目标和具体内容,以及自身在其中扮演的角色。我国高校思

想政治教育的目标随着时代的变化和党的中心工作的变化不断调整变化,发展至今确立为"德智体美劳全面发展的中国特色社会主义合格建设者和可靠接班人""堪当民族复兴大任的时代新人",这是立德树人的总目标。十八大以来,我们党对青年一代提出"勤学、修德、明辨、笃实""爱国、立志、求真、力行""理想远大、热爱祖国、担当责任、勇于奋斗、本领过硬、锤炼品德""坚定理想信念、站稳人民立场、练就过硬本领、投身强国伟业"等要求,主要包含理想信念、道德品质、政治立场、专业能力、综合素养、思维方式等多个方面,这是当前和今后一段时间高校实现立德树人根本任务需要遵循的方向,也是思想政治教育管理者需要通过各种方式让不同育人主体了解掌握的内容。

最后,各育人主体要掌握科学的育人方法。育人是一项十分复杂的工作,需要遵循思想政治教育规律和学生思想观念行为产生发展规律。"做好高校思想政治工作,要因事而化、因时而进、因势而新。要遵循思想政治工作规律,遵循教书育人规律,遵循学生成长规律,不断提高工作能力和水平"[①]。百年来,党对马克思主义关于社会历史发展规律和人的解放理论的认识不断加深,对"培养什么人"和"怎样培养人"规律的认识逐步完善。20世纪80年代就提出学生思想政治工作"一定要渗透到学生的学习业务领域中去,一定要从实际出发,从学生特点出发。思想教育工作应该同关心学生的切身利益,解决他们的具体困难结合起来……渗透到生产学习领域中去,渗透到业余文化生活中去,开展万紫千红的活动,寓教育于活动之中"[②]。

思想政治教育治理的重要任务就是要努力让不同育人主体了解掌握各自的任务与方法,科学地实施育人行为。学界对怎样做到全方位育人、全过程育人进行了深入研究,试图通过对思想政治教育规律的确定性把握来对抗思想政治教育环境和个体的不确定性,激发最大育人动能。如针对全方位育人着眼网络社会崛起的特定背景,将实体环境与虚拟环境相统一,提出自我教育方法、双向互动方法、环境优化方法、立体育人方法,还提出利用大数据、慕课,从校内与校外、课内与课外、线上与线下等多个维度为青年学生提供多平台、多角度的资源,这些都可以成为指导育人行为的重要方法。

① 冯刚.改革开放40年高校思想政治教育编年史[M].北京:北京师范大学出版社,2019:583.
② 冯刚,沈壮海.中华人民共和国学校德育编年史[M].北京:中国人民大学出版社,2010:410.

三、建立多元育人主体共同的利益基础

"三全育人"共同体的根本目标在于实现行为一致的可持续性,这建立在育人主体的价值观念和利益统一的基础之上。价值理念和利益都可以决定行动,但只有价值和利益一致才能保证育人行为的长期一致,缺乏价值观念的统一而只有利益的统一,或有共同的利益而缺乏正确一致的价值观,都难以保持育人行为的一致性。思想政治教育治理不是将"三全育人"简单拆分成不同的主体并分发任务,而是要强化顶层设计,打破校内外不同体系之间的隔阂,通过对资源的调动和制度的设计,紧紧抓住"三全育人"是一个"育人共同体"的本质,设计制度和考核评价方式,尽最大可能建立起维护共同利益基础的制度体系。

"三全育人"共同体需要有一个机制能对育人主体做出正确育人行为给予一个外部的压力或动力,这是确保他们在育人理想与生存发展现实之间找到平衡的关键。虽然诸多学者认为建立在利益之上的共同体不是真正的共同体,只有具备共同精神信仰的人之间才能建立起真正的共同体,但这话仅说对了一半,仅仅建立在利益基础上的共同体是庸俗的,也不会长久,但如果仅仅依靠价值观而没有利益基础的链接,这样的共同体也不是真正的共同体,必然出现价值观与行为的分离。马克思主义始终认为任何理论要得到大众的认可必须观照人的需要和利益,因为人类社会发展的一个动力就是人的需要,人出于生存和发展的需要开始劳动实践和各种社会交往,正视人的利益需要是对规律的客观把握,否则容易犯唯心主义、主观主义的错误。有学者就提出"三全育人"要克服人性中的弱点,既不能忽视教师的核心利益,同时也不能唯利益,因此既要满足教师的主导诉求,也要运用制度来强化对教师育人行为的强制性规范和约束。

如果人们的价值观一致、目标一致,但利益评价机制并不与之一致,那么这是"虚假的共同体",人们的行为也会因为利益与价值观和责任的不一致而发生改变,原有的价值观念也会发生动摇。当然,这里的利益并非指个体私利,而是指针对与共同体的目标和信仰保持一致的行为而给予相应的激励,也就是说当人们能够做出与"三全育人"共同体承担的责任、所持的价值观一致的行为的时候,评价机制会给予认可。这种认可既包括物质的利益,也包括非物质的利益,也即个人价值与共同体价值保持一致的利益。

思想政治教育治理的任务就是要以学生为中心,聚焦学生成长发展的

获得感与幸福感,将学生成长成才的客观表现与主观感受作为衡量思想政治教育质量的核心指标,将其作为评价学校、教师、管理者落实立德树人根本任务的关键因素,并与党委巡视巡察、教育教学业绩、职称评审、年度考核晋升等核心利益挂钩,以此来确立共同的利益基础,引导不同的育人主体共同围绕育人目标开展工作。因此,建立以学生为中心的闭环管理考核反馈制度,是构建"三全育人共同体"的核心任务。

四、建立育人体系间的协同运行机制

2017年,教育部党组印发的《高校思想政治工作质量提升工程实施纲要》提出了十大育人体系;2020年,《教育部等八部门关于加快构建高校思想政治工作体系的意见》提出要健全立德树人体制机制,把立德树人融入思想道德、文化知识、社会实践教育各环节,贯通学科体系、教学体系、教材体系、管理体系,加快构建目标明确、内容完善、标准健全、运行科学、保障有力、成效显著的高校思想政治工作体系。这就需要通过管理的手段来牵住其中的"牛鼻子",实现不同工作体系间行动同向。要实现不同体系间行动同向的目标,就要建立校内外协同运行机制。

一要实现"思政课程"与"课程思政"的协同。既要加强对思想政治理论课的建设和思政理论课教师的训练培养,提升课程的吸引力、说服力,也要加强其他学科教师育人意识的培养和育人能力的提升,强化对所有课程育人元素的挖掘,将科学的育人方式融入不同学科体系的课程当中去,实现课堂教学的全方位育人。

二要实现教学与科研的协同。长久以来,教学工作与科研工作也存在"两张皮"现象,也即教学归教学,科研归科研,两个体系之间的转化率、互动率不高。由于教师评价体系指挥棒的影响,老师希望集中精力搞科研,对如何提升教学质量的兴趣不大,一些教师的教学水平、教学效果和态度令人担忧,一些教师的科学研究与教学相关性不大,科研成果转化为教学资源或育人资源的成果不多。这个问题不解决就无法解决"三全育人"的核心问题,也难以把教师的精力真正引导到育人上来。

三要实现学生工作与教学工作的协同。教学工作与学生工作"两张皮"现象是老生常谈的问题了,两者分别负责第一课堂和二三课堂,是育人工作最重要的阵地。访谈中发现,一些学生和校友认为二三课堂对自己成长的重要性大于第一课堂,前者应该成为后者的延伸,发挥其巩固、提升、深化第

一课堂理论知识学习的作用。在教学设计中,应将二三课堂的实践纳入人才培养方案,重视第一课堂与二三课堂的结合。

四要实现管理服务工作与学生工作的协同。可以说管理服务工作是做好育人工作的重要基础和保障。管理、服务都是育人,怎样挖掘他们的育人元素并融入考核评价体系十分关键。当前学生工作最大的难题在于我们希望通过大量的工作给予学生最好的教育,但是如果管理和服务无法跟上我们的教育理想,无法解决学生的实际问题,那么思想政治工作的实效就会大打折扣,甚至会让学生产生学校"说一套做一套"的认识。

五要实现学生日常思想政治工作与思想政治理论课程的协同。这两者都是高校思想政治教育的主体,理应进行良好的融合与合作。从实际情况看,思想政治理论课教学与学生日常思想政治工作之间的融合度还不够,相互之间的评价体系缺乏贯通。事实上,思政理论课需要向实践延伸,可以提升课程的丰富性和说服力,团学工作具备众多丰富的载体、平台和素材,了解学生的日常表现,具备参与到思政课程教学的条件。

六要实现高校育人与社会育人的协同。信息化时代,高校已经不是遗世而独立的"象牙塔",大学的独立性和理想性更多体现为大学自身教育体系的理想性和独立性。当前,大学生受到的影响主要来自学校和网络社会两大方面,这就需要强化社会信息网络空间的治理与高校思想政治工作的治理。高校开展思想政治工作要"善用大思政课",就不能忽视波澜壮阔的时代和生动鲜活的实践。高校思想政治工作要准确把握教育规律和信息时代大学生思想行为特点,善用"大思政课",将思想政治工作场域从校内拓展到校外、网下拓展到网上,高校思想政治教育要从学校主体拓展到企业、家庭、社会、政府等不同主体,形成"大思政"的工作格局。

建立六个协同,并非简单地给育人做加减法,而是要抓住"三全育人"是"真正的育人共同体"本质,实现三个方面的目标:充分激发育人主体的内生动力,构建共同的价值观念,形成全员育人的意识;聚焦"育人"目标,构建全过程、系统化的制度体系,实现对思想政治教育过程的有效管理;围绕对受教育者成长产生关键作用的物理环境和文化环境,塑造全方位育人的工作体系。

根据上述目标任务,可重点从三个方面来考虑治理视域下高校"三全育人"建设的实施路径:

一是构建党委领导下的校长负责制和多元主体参与的全员育人体系。

实现"全员育人"是构建"三全育人"格局的前提和基础,思想政治教育治理要强化顶层设计,通过对资源的调动和制度的设计,紧紧抓住"三全育人"是一个"育人共同体"的本质,通过建设育人主体共同的价值观、共同利益基础、完善多元主体参与机制来实现"全员育人"。要确立校内外与不同育人主体的结构、功能与目标职责体系,坚持和完善党委领导下的校长负责制,建立多元主体参与育人的制度、平台和机制,形成全社会关心育人、参与育人、科学育人的良好氛围。

二是构建以学生成长获得感为导向的系统化、科学化育人评价体系。全过程育人需要通过对育人规律的科学把握的确定性来对抗思想政治教育过程的不确定性,减少思想政治教育过程中的干扰,对抗"耗散现象",实现思想政治教育效果最大化。对思想政治教育过程的有效控制绝对不是简单通过对育人过程的监管实现的,而是通过对育人主体行为的引导和结果反馈实现的。教育者和受教育者都有其特殊性,教育场景也具有不确定性,不能对其进行过于具体的规定和干涉,而是需要准确把握育人的科学过程,确立高校思想政治教育的具体目标、任务、实施过程、评价标准、运行方式的核心环节和场景,掌握不同学科背景学生的共性和个性化培养目标,确立各育人主体的职责、任务、方式、效果评价标准等,为思想政治教育评价提供基础性条件。要科学设置关键环节、关键场景,将育人主体、目标任务、育人过程、评价反馈等要素通过评价考核制度确立下来,确保育人主体行为的科学性和可持续性,并通过对学生获得感的反馈及时调整思想政治工作的计划、目标、组织实施等,从而最大限度确保育人过程的可控性。

三是着眼全方位育人目标构建环境文化育人格局。"全方位"育人强调以学生为中心,认为能够对学生产生影响、发生作用的所有重要环境都具备教育功能。思想政治教育治理就是要打破教育教学、日常管理、行政管理、后勤服务,以及学校与政府、社会、媒体、企业、家庭等不同体系之间的隔阂,加强体系之间的协同合作,建构育人协同体系,同时强化对关键育人环节、场景、内容的控制和反馈,从而形成全方位的育人体系。要分层分类确立对学生成长产生重要影响的场景,区分高校内外部环境进行有针对性的建设,建立政府、社会、家庭、企业协同的"大思政"格局。

第四章　以主体责任为起点的全员育人治理

　　"全员育人"是实现"三全育人"的关键，核心是育人主体了解并认同自身承担的主体责任，并能实施育人行为。这就需要从三个方面来努力：一要围绕育人目标确立校内外不同育人主体的多维度、多层次的职责体系，提升育人主体对自身职责的使命感、对育人目标的认同度及实施育人行为的科学性；二要坚持和完善高校党委领导下的校长负责制，确保高校思想政治教育的领导权牢牢掌握在党的手中，进一步提高思想政治工作的科学性、有效性，为全员育人提供保障；三要建立多元主体参与育人的工作机制，确保多元主体参与育人有平台、有渠道、有成效。

第一节　构建校内外育人主体的育人职责体系

　　全员育人是实现全方位育人、全过程育人的前提，要实现全员育人须解决三个问题：一是理念问题，也即所有育人主体认同自身具备育人功能并将其作为重要职责；二是认同问题，也即所有育人主体了解并认同思想政治教育的目标；三是方法问题，也即育人主体掌握科学的育人方法。

一、建立育人职责体系

　　强调"全员育人"并不是所有人一拥而上、不分彼此，而是要有主次之分，明确不同育人主体的角色、功能、职责，构建"核心—次核心—边缘"三个层次的育人主体结构，在这个基础上明确他们的育人功能和职责体系。根据人才培养目标和学生的思想行为形成发展规律来确定对学生思想观念、道德品质、行为方式产生影响的关键主体，可将"全员育人"中的"全员"分为核心育人主体、次核心育人主体和边缘育人主体三个层次。

　　第一层是核心育人主体。核心育人主体是指与学生成长密切相关的主要社会关系或对他们能够产生重要影响的主体。人是社会关系的总和,对学生思想观念产生最大影响的关键社会关系包括师生关系、朋辈关系等,而恋爱关系、家庭关系则具有较大的个体差异性。师生关系中的育人主体主要包括专任教师、辅导员、班主任、学校管理者等,朋辈关系中的育人主体主要包括同学特别是宿舍同学、恋人以及学生自身。

　　学生在大学期间接触最多的是专任教师和宿舍同学,前者的言谈举止直接对学生产生潜移默化的影响,特别是专任教师在课堂上讲授的内容具有较高的权威性,对学生的影响最大,因此专任教师应该承担最为核心的思想政治教育职能。专任教师还分为公共课教师、专业课教师和思想政治理论课教师,虽然前两者与后者教授的课程内容不同,但与学生长时间接触并建立较为密切的社会关系是对学生产生影响的前提和基础,因此也具有较强的思想政治教育功能。公共课、专业课内容虽然并不与思想政治教育内容直接相关,但也蕴含着育人的元素,且教师本身言传身教的治学态度、传递给学生的情感体验等都能对学生产生影响。因此,教师除了在教学内容上要做好与思想政治教育"融合"的文章,更要注重自身德行的养成和对学生的关心关爱,在建立良好师生关系的过程中发挥育人作用。思想政治理论课教师作为高校思想政治教育的主要力量,一方面要提升教育教学水平,讲好"思政课",真正用理论来说服人、打动人;另一方面也要通过自我修养的提升、良好师生关系的塑造实现"润物无声"的育人功效,达到用课堂教学内容说服人与自身言行打动人互为补充、互为促进的理想教育效果。

　　大学期间学生每天相处最多的是宿舍同学,同学之间的相处模式、宿舍文化环境构成了重要的育人小环境。可以发现,在各类高校学生纠纷中,宿舍人际关系占了将近一半,而一个宿舍学风好会带动其他同学的现象也屡见不鲜。此外,大学的恋爱氛围相对自由,相当一部分大学生在大学期间有恋爱经历,大学生心理问题中相当一部分是由恋爱问题引发的,恋爱的成功与失败、恋人之间的相处方式等也会对学生产生重要的影响。学生是重要的自我教育主体,大学是一个强调自我学习、高度自律的环境,学生自我管理、自我教育、自我服务的能力就变得十分重要,如果学生具备自我教育的主动性、前瞻性、创造性就可以产生最大的育人功效。

　　第二层为次核心层。次核心层是指对大学生成长产生的影响并不直观但又十分重要的育人主体,包括学校领导、管理人员、后勤人员、父母亲人、政府、校友等。学校党委是高校思想政治工作的领导核心,是高校思想政治工作的顶层设计者和组织管理者,具有联合各方力量、团结凝聚师生意志的作用。我国高校实行党委领导下的校长负责制,学校领导文化体现的是学校党委和校长们的集体意志,这种意志以文字、语言的形式传达给中层管理人员和普通师生,并通过成文的制度或不成文的规则来贯彻,对一所学校形成何种大学文化、培育什么样的人产生直接作用。他们调配资源的方式、教育管理学生的理念,更是决定了高校思想政治工作相关的诸多要素,并影响教育效果。

高校通过规章制度来设立自己的评价标准和激励方式,进而使大学人的行为趋于同化。学校管理人员是制定、执行高校内部各体系运行规则的人群,规则制定的目的和过程、制度的执行方式都对学生的成长产生直接或间接的影响。众所周知,科学合理的评价激励机制有助于大学文化的良性发展,育人效果事半功倍,反之则会与大学设定的价值观发生偏离,育人效果事倍功半。如教师评价激励制度的制定决定了教师的行为方式,如果评价激励机制更关注科研而忽视教学,则教师大部分精力会放在科研上,如果教学业绩在职称评审过程中可有可无,教学质量将少有人关心,如果育人工作评价标准模糊不清,育人工作的指导性也将大大降低。各类规章制度的实施表面看无非是告诉师生"该做什么"和"不该做什么",实则是通过制度文化潜移默化地影响学生的思想观念和行为习惯。同时,机制、制度的作用不仅体现在设计过程中,更在于执行过程中。师生们通过对大学理念和价值观的行为遵守逐步转化为内在的价值认同,从而形成一所大学特有的校园文化。如果一所大学的规章制度没有很好地得以执行,那么说明他们不完全认同这些制度,大学想要打造的文化与制度之间发生了偏离,教育的目标也将难以达成。由此可见,管理人员的育人功能必须加以明确。

学校后勤人员的育人功能日益得到重视。在"三全育人"提出之前,"教书育人、管理育人、服务育人"的理念深入人心,其中"服务育人"的主体是指学校后勤管理与服务人员。后勤管理与服务部门掌握着学校的资产管理和生活服务资源,其服务质量直接对师生的幸福感产生影响。如资产管理部门如何对教学设施进行分配,能否给学生提供足够的学习空间和良好的学习环境;后勤服务部门能否提供环境舒适的宿舍、高效及时的物业管理、美味丰富的饭菜,直接影响学生的获得感与满足感。整洁的环境、优质的服务和热情礼貌的态度,与脏乱的环境、混乱的管理和冷漠粗鲁的态度必将产生不同的育人效果。这种情感体验并不一定与学生的思想道德品质产生直接联系,但会使学生对学校整体办学水平产生直观印象,进而影响学校各类教育行为的说服力和有效性。

从高校外部看,家庭、政府、校友的作用不可忽视。家庭对学生的思想政治教育作用虽然有所减弱但依然不低。大学期间,学生与家庭的联结集中在经济资助、心理支撑和就业发展等三个方面,一个家庭如果在这三个方面均无法给予子女支撑,学生很容易出现心理疾病,对学业和就业、恋爱等产生不良影响。政府虽然不直接参与高校思想政治教育,但掌握着高校的各类资源,包括财政投入、编制、政策、制度、评价考核、队伍建设等,这体现了政府对教育的重视和支持程度,将间接影响高校思想政治教育行为的实施。校友在走出校门后会重新审视学校的教育行为与自身习得效果之间的关系,并用他们独有的方式对学弟、学妹产生影响。作者对浙江省2024届毕业生进行问卷调查后发现,大学生对就业环境的期待很高,认为求职过程中存在信息不对称、性别歧视、地域歧视、用人单位毁约等问题,建议"落实《中华人民共和国劳动法》,反对压榨劳动力""企业不要违约"等。面对这些与大学生切身利益直接相关的事项,党委、政府有责任营造良好的就业环境,整合现有平台资源,有针对性地出台大学生就业权益维护的具体措施,在毕业生信息畅达、就业创业补贴等方面提供优质服务和保障,提升毕业生的平等就业权、违约求偿权、信息获取权等。

第三层是边缘层。这是指对学生成长产生间接影响的主体,包括城市居民、媒体及各类网络平台等。城市居民是与大学生生活在一个相对共同空间中的群体,他们无法对大学生产生直接的影响,但前者的行为方式代表了一个城市的文明素养,进而以一种无声的方式对大学生产生影响。这种影响并不是必然的,但对一些学生会产生正向或负向的反馈。媒体是指掌握了新闻宣传资源或一定传播影响力的单位或平台、个人,包括官方媒体和私人媒体,他们通过议程设置与观点表达形成一个信息舆论场。与高校内部的各类教育不同,媒体的影响一般在学生无意识中发生,这种影响不易被觉察,但很有效。由于对信息掌握的不完整性、思维方式的不成熟性以及信息素养的不完备性,大学生极易陷入算法技术营造的"信息茧房"而不自知。在网络影响力日益提升的今天,媒体如果不能认识到自身的教育责任,放任遵循利益逻辑而忽略价值逻辑,将产生严重的负面影响。因此,媒体应当承担起良好的社会责任,在议程设置、价值引导等方面考虑到可能会对学生产生的影响,为全社会营造良好的育人氛围。

二、提升全员育人的价值认同

拥有共同的价值观念是维系"三全育人"共同体运行的首要条件,也是指导育人主体行为、实现全员育人的前提。要持续在全社会营造全员育人的社会氛围,让各育人主体将立德树人作为自身的价值观,在"为谁育人"和"谁来育人"等关键问题上形成一致认同,具体可从以下五个方面考虑。

第一,从国家层面制定关于加强和改进思想政治教育的实施意见,对高校内外部的所有主体承担何种育人责任予以明确。除了高校领导、教师、各类工作者以外,特别要强调政府、媒体、家庭和学生的育人责任。政府掌握了人员编制、资金、政策、考核评价、督查激励等诸多资源,这恰恰是思想政治教育治理需要统筹的资源要素。国家层面要对政府如何运用手中的政策、资金等各类资源来统筹学校、媒体、社会、企业的关系,以及如何给予相应的支持保障,如何运用评价、激励、督查等方面制定明确的意见,以充分发挥政府在思想政治工作中的资源统筹配置作用。

第二,改革教育主管部门对高校的评价与投入机制。大学的根本任务是立德树人,人才培养质量应该成为大学评价的主要指标,但当前教育部门对大学的评价还没有一个统一的标准,而是将其分为科研为主型、教学科研型、教学为主型等,人才培养质量虽然纳入其中,但对教学、科研等过程性评价内容较多,对学生的主观感受、社会评价占比不高。但是如果要全国上下采取一个标准,又陷入一个尴尬境地——受到高校办学体制的影响,高校分为部属、省属、市属不同管理层级,不同高校能够享受到的财政支持受到行政管辖级别和城市经济实力的影响,势必也影响办学水平。财政是高校办学的前提和基础,"巧妇难为无米之炊",一个缺少资金和资源的大学是很难办出高水平的。高校办学的最佳体制是统一由省级以上政府管辖并给予资金支持,并建立以人才培养质量为导向的评价机制。

第三,要加大对媒体的监管引导和对平台算法技术的监管。媒体对舆论环境的影响具有举足轻重的作用,而网络已经成为意识形态斗争的主阵地,必须加大对各类媒体的引导与监管。首先要完善媒体行业职责与监管条例,明确其应该承担弘扬社会主义核心价值观、维护青少年身心健康等职责,并对他们进行行业评价。在这方面,主流媒体具备较好的职业道德与素养，而一些纯粹依靠流量来维持生存的自媒体及商业平台往往缺乏这样的自觉性。这一方面需要主流媒体加大宣传，另一方面要对各类平台的账号、内容进行监管，减少自杀、拜金、低俗的账号和内容。政府要主动出击，培养流量明星，扶持一些正能量且具有一定市场的自媒体账号，优化自媒体账号结构，扩大影响力。算法技术已经成为所有平台的底层逻辑，但算法技术遵循流量为王，一方面让我们的年轻人沉溺于"信息茧房"，另一方面推送的粗俗、低俗的内容对年轻人不良影响很大，如果青年人的网络环境充斥着娱乐、色情、消费、暴力、游戏等信息，中华民族原有的勤劳、节俭、集体的品德必将遭到严重腐蚀。因此，算法技术的商业属性、放纵人性之恶的属性，必须要给予纠正。

第四，高校领导层要成为思想政治教育治理的重要主体。高校是实施思想政治教育治理的主体，学校领导不能让"立德树人"成为一句口号，要带头践行育人工作，通过决策、制度等治理手段让资源围绕育人。高校领导要把人才培养放在首位，把关注人的发展作为教育活动的永恒主题，正确处理好人才培养与教学、科研之间的关系。大学要树立平等的观念，就必须从领导层做起，不搞特殊化、特权化，学校领导要放下身段参与师生活动，为全体教师作出表率，积极参与学校各类具有代表性的大型活动和庆典，建立师生交流常态机制，与一线教师和学生保持密切联系。

第五，高校要建立师生平等交流的"从游文化"。"三全育人"强调教育主客体之间的互动转换，增强育人主体间的互动性、实践性和能动性，转变传统的教育者与被教育者、管理者与被管理者之间自上而下的单向度关系。"三全育人"需要教师对学生有仁爱之心，对教育职业高度认同，师生之间通过平等、亲密的交往达成教育目的。这种教育方式在中国古代"宋初三先生"之一的安定先生胡瑗这里得到过充分体现——胡瑗在创办"苏湖教法"的同时，其"爱生如子"的良好师德受到无数人的敬仰，周边诸多学子慕名而来，"从游者数百人"，王安石誉其为"天下豪杰魁"，范仲淹誉其为"孔孟衣钵，苏湖领袖"。[①]

中国古代书院制的规模虽然不能与今日的教育规模相提并论，但师生之间的精神交流以及在此过程中产生的和谐关系，以及潜移默化中产生良好的教育效果已经成为公认的教育经验。以此为借鉴，一方面我们要让教

① 李峰.苏州通史·人物卷（上）先秦至宋元时期[M].苏州:苏州大学出版社,2019:171.

学、管理和服务人员转"管理者出发思维"为"受众思维",关注受众的需要和感受,另一方面学校的教育管理者要通过对制度和机制的设计、文化的建设,确立上下互动的行为模式,调动受教育者的积极性、主动性,使教师与学生互为师生,师生互为主体,教师与学生转变为教师学生与学生教师,在平等对话交流中实现相互教育,增强思想政治教育效果。

三、提升全员育人的目标认同

大学作为一个共同体,所有人都应该树立思想政治教育与每个人息息相关的理念,明确"培养什么人"的具体目标。思想政治理论课教师、辅导员、班主任、人文社会科学教师、理工科教师等具有不同的学科专业背景,他们是否清晰教育的目标以及自身如何开展工作,直接决定了教育的效果。学校领导和中层干部等管理者是否将育人效果作为衡量自身价值的标准直接决定他们在政策制定、决策判断以及日常管理过程中的行为方式是否符合育人的要求。如人事部门是否清晰教育目标直接决定人事评价制度的设计细节,教育部门的管理者观念影响人才培养方案的制定和调整。如果不知道我们要培养什么样的人才,不能同党和国家的人才培养目标保持一致,自然难以形成育人合力。

首先,要加强对立德树人目标的学习研究。不同高校、不同专业的培养层次与方案虽然不同,但思想政治教育的总体目标是一致的。中国共产党自成立以来,始终要求高校将培养"社会主义的合格建设者和可靠接班人"作为根本任务,始终不忘以实现共产主义为根本方向,将培养自由全面发展的劳动者作为最终目标。不论是革命还是建设时期,中国共产党始终鼓励学生投身革命和建设实践,将"成为一名光荣的劳动者"作为教育目标,并在实践中不断丰富完善。改革开放以后,随着中国特色社会主义建设事业的快速发展,培养目标从"劳动者""建设者"向"建设者和接班人""时代新人"转变,表述方式虽有所调整,但培养社会主义劳动者的目标并未改变,而且丰富发展了关于劳动者素质的具体内涵。如革命时期要求培养出来的人政治坚定、不怕牺牲,社会主义改造和建设时期提出"学习好、身体好、工作好",强调政治素质、文化水平、技术能力等。改革开放后对劳动者素质要求逐步丰富为"有理想、有道德、有文化、有纪律""德智体美""德智体美劳",总体来说根据时代发展需要,更加强调综合素质,如创新精神、实践能力、人文素养、心理健康等。发展至今,确立为"德智体美劳全面发展的中国特色社会主义合格建设者和可靠接班人""堪当民族复兴大任的时代新人",这是立德树人的总目标。我们要在这个总目标下制定符合学校实际的具体目标。

其次,要加强立德树人目标的实践融入。制定育人目标的目的是要融入实践,绝不能停留在口头上,要将育人目标的具体内涵"揉碎了、嚼烂了"以后融入各个育人环节,重点可从三个方面入手。一是各学科专业负责人要深入研究育人目标,将其融入人才培养方案,将育人目标转化为融课程、实践、评价于一体的培养体系,从而为本学科专业全体教师所熟知,构建和制定更为科学的育人目标体系和实施方案。二是高校思想政治工作分管领导要研究育人目标如何融入思想政治理论课与日常思想政治工作的实践,并建立理论与实践相互照应的育人模式,尤其协调好教学、科研、实践的关系,建设好"大思政课"的育人模式。三要加大学生对党和国家以及高校学科专业人才培养目标的学习,参与人才培养方案的制定与反馈,加强学生对自我教育的认同和育人目标的了解,让他们发挥主观能动性。

最后,要加强立德树人目标的宣传教育。当前育人目标已经相对具体,但对公众来说理解大不相同,因此,一方面要加强对立德树人目标的宣传教育,尤其结合各类节日加大宣传,融入教师培训、家长学校、党校等培训;另一方面要充分认识到思想政治教育目标不是抽象的而是具体的,需要通过具体的环境、情景、事件来体现,因此要加强相关知识的教育宣传,让更多的人理解领会。宣传教育应该由各级党委和政府来主导,倡导激励社会各界关心和关注思想政治教育,宣传党的育人方针和育人目标,进一步落实细化社会相关主体在大学生思想政治工作中的责任,形成全社会关心大学生思想政治教育的合力。

四、强化育人规律的宣传教育

明确了"谁来培养人""培养什么人"后,还需明确"怎样培养人"这个关键。百年来,党对马克思主义关于社会历史发展规律和人的解放理论的认识不断加深,在实践中形成了诸多经验和发现了一些规律,应当为各育人主体所了解掌握。

首先,所有育人主体都要加强对育人目标"超越性"与育人实践"现实性"规律的认知。现实性指"我国仍处于并将长期处于社会主义初级阶段""我国是世界上最大的发展中国家"这两个现实前提,超越性指无产阶级政党的最终目标是实现共产主义,其根本落脚点在于实现人的自由解放和全面发展。我们党提出将"培养德智体美劳全面发展的社会主义合格建设者和可靠接班人"作为培养目标,着力培育"堪当民族复兴大任的时代新人",并根据时代需要和大学生特点进行调整完善。从培养路径看,马克思指出"他们的需要就是他们的本性和满足自身需要的方式①",意味着忽视人的正当利益和需要,思想政治教育就会陷入困境,高校思政工作的科学化要尊重人的思想形成发展规律和思想政治工作规律,坚持个人价值和社会价值的统一,将解决思想问题和实际问题相结合,强调课堂教学与社会实践相结合,更加关注学生的身心健康、切身利益和思想政治工作的实效之间的关系。

其次,宣传全社会尊重大学发展的双重属性规律。大学是一个政治权力与学术权力并存的特殊共同体,具有政治与知识的双重属性。政治属性即教育必须为统治阶级服务,遵循政治建设的逻辑;知识属性即大学具有知识和文化传承创新的功能,要遵循教育规律和不同学科发展规律的逻辑,为经济社会发展培养专业人才。历史提醒我们"培养什么人"与"怎样培养人"相互照应、密不可分,执政党需要正确处理政治性和知识性之间的关系,科学确定高校思想政治教育的总目标,尊重大学的特殊属性,遵循思想政治教育学科发展规律、人才培养规律和社会主义大学办学规律,在关键问题上把好关、引好路。

最后,引导教育工作者处理好教育的主导性与学生的主体性之间的关系。高校思想政治教育的主导者一定是教师,教师必须贯彻落实党的教育方针和教育理念,培养德智体美劳全面发展的社会主义事业合格建设者和可靠接班人。但学生也具有自我教育、自我管理、自我服务的功能,这既契合教育规律,也符合治理理念。学生是教育的核心利益相关者,他们如何对待思想政治教育,是否有机会参与思想政治教育的评价、反馈、管理和服务,直接影响着教育效果,如果具备自我教育的能力,他们成长的内生动力就会让他们自主选择有助于他们发展的行为,而这些行为可能并不能完全体现在学校教育的体系中,但可使有组织的思想政治教育行为事半功倍。

---

① 中共中央马克思、恩格斯列宁斯大林著作编译局编译. 德意志意识形态(节选本)[M]. 北京:人民出版社,2018:120.

第二节 坚持和完善党委领导下的
校长负责制的领导制度

党委领导下的校长负责制是我国高校的根本领导制度,是一项富有创造性的中国特色的高校领导制度,是高校落实立德树人根本任务、开展思想政治工作的制度保证,坚持和完善党委领导下的校长负责制对提升新时期高校治理能力现代化水平具有重要意义。

一、党委领导下的校长负责制的发展历程

我国现代大学制度和高校思想政治工作的历史还不长,党委领导下的校长负责制经历了不断探索的过程。

中国共产党创办的第一所大学——陕北公学就实行"党团领导下的校长负责制",党团作为学校最高领导机构,讨论并决定学校的重大事项,确保办学的正确政治方向。新中国成立初期,高校主要实行校长负责制,校长是主要领导人。1958 年,《中共中央、国务院关于教育工作的指示》明确提出"一切学校应该受党委的领导""在一切高校中实行党委领导下的校务委员会负责制"。[①]同时在系一级也实行党总支(分党委)领导下的系务委员会负责制,纠正了新中国成立初期校长负责制实行过程中存在的一些弊端。1961 年,《教育部直属高等学校暂行工作条例(草案)》(简称"高教六十条")指出高校实行党委领导下的以校长为首的校务委员会负责制,[②]较为科学地调整了党的领导与教育教学的关系,对集体领导和个人分工负责也有界定。然而"文革"十年,正常教育教学工作停滞了。

党的十一届三中全会后,党中央提出既要继续坚持党对高校的领导,又要充分尊重校长的意见、发挥校长作用,高校领导体制先后经历了党委领导下的校长分工负责制、党委领导下的校长负责制以及党委领导下的校长负责制与校长负责制并存的历程,以期探索一个能够集合两者优势的领导制

---

① 中国教育发展 70 年回溯与展望[EB/OL].(2020-01-02)[2024-12-06].https://www.rmzxb.com.cn.

② 冯刚,沈壮海.中华人民共和国学校德育编年史[M].北京:中国人民大学出版社,2010:95.

度。1978年,教育部颁布《全国重点高等学校暂行工作条例(试行草案)》,明确规定高校实行"党委领导下的校长分工负责制"。1985年,中共中央《关于教育体制改革的决定》又提出学校逐步实行"校长负责制"。1989年,中共中央、国务院转发国家教委《关于当前高等学校工作中几个问题的意见》,强调"在今后一个相当长的时期,高等学校仍应实行党委领导下的校长负责制"。1990年,中共中央发布《关于加强高等学校党的建设的通知》,决定在高等院校实行"党委领导下的校长负责制"。1996年,党委领导下的校长负责制被写入《中国共产党普通高等学校基层组织工作条例》(以下简称《条例》),《条例》规定支持校长按照《中华人民共和国教育法》积极主动、独立负责开展工作。1998年,该制度被写入《中华人民共和国高等教育法》,"党委领导下的校长负责制"以国家法律的形式被确立下来,并对党委和校长之间的职责权限做出明确划分,规定党委的主要职责是执行党的路线、方针、政策,坚持社会主义办学方向,领导学校思政工作和德育工作,负责组织、干部、改革发展和基本管理制度等重大问题。

党的十八大以来,以习近平同志为核心的党中央提出要"扎根中国大地办大学""坚持社会主义办学方向",并再次强调"党委领导下的校长负责制"是高校最根本的办学制度。2014年,中共中央办公厅印发《关于坚持和完善普通高等学校党委领导下的校长负责制的实施意见》(以下简称《意见》),就党委如何集体领导、校长如何主持行政工作、党政议事决策制度及党政之间的协调运行机制等关键问题作出了具体规定,提出"党委领导下的校长负责制是中国共产党对国家举办的普通高等学校领导的根本制度,是高等学校坚持社会主义办学方向的重要保证,必须毫不动摇、长期坚持并不断完善""要坚持党委的领导核心地位,保证校长依法行使职权,建立健全党委统一领导、党政分工合作、协调运行的工作机制;认真贯彻执行民主集中制,坚持集体领导和个人分工负责相结合,领导班子成员要按照分工分头落实;严肃党内组织生活,反对独断专行和软弱涣散两种倾向"。[①] 2019年,中组部、教育部党组联合下发了《关于普通高等学校党委常务委员会会议和校长办公会议(校务委员会会议)议事规则示范文本的通知》,对两个会议决策、审议什么事项作出了相对具体的规定,对各高校贯彻好党委领导下的校长负责制

---

① 中共中央办公厅印发《关于坚持和完善普通高等学校党委领导下的校长负责制的实施意见》[EB/OL].(2014-10-15)[2024-12-06].http://www.gov.cn.

进行具体指导。2021 年,中共中央印发新修订的《中国共产党普通高等学校基层组织工作条例》,再次强调高校实行党委领导下的校长负责制,并对主体责任、职责、干部要求、领导结构等四个方面进行了补充完善。

可以看出,高校实行党委领导下的校长负责制,既是由我国社会主义的本质决定的,也是由新中国成立以来高校自身发展的历史实践需要决定的。

在该制度的设计下,高校成立党委,党委书记是思想政治工作的第一责任人,校长兼党委副书记,并形成了党委办公室、组织部、宣传部、学工部、团委、马克思主义学院及各二级学院党委书记、副书记、学生工作办公室等构成的思想政治工作组织体系。学校党委主要确保学校的社会主义办学方向,负责干部选拔任用、党建、意识形态、师德师风、文化、思想政治理论课建设和群团等工作。基于高校思想政治工作的重要性日益凸显,高校纪委的职能增加了监督高校内部是否遵循社会主义办学方向,是否落实立德树人根本任务,是否实行意识形态一岗双责等内容,纪委同时成为具有政治职能的机构。该制度的具体运行方式如图 5.1 所示。

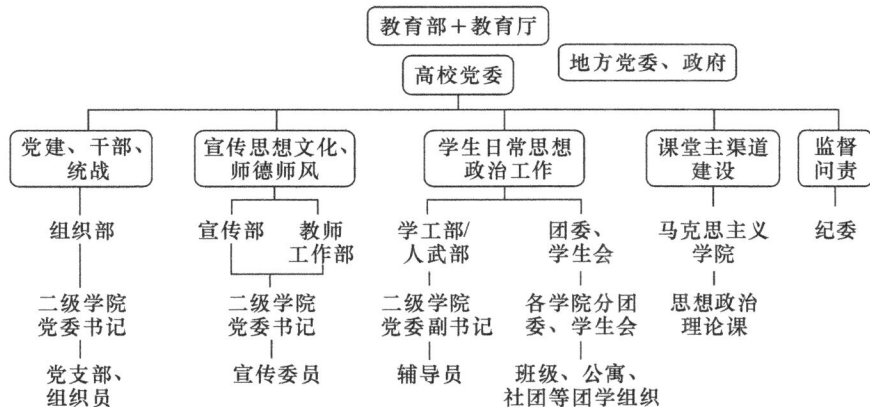

图 5.1　高校党委系统运行的组织架构

以校长为首的行政管理体系主要负责人事、财务、教学、科研、招生就业、校园建设、后勤等工作,他们根据各自不同的职能对育人目标进行分解、实施、控制(如图 5.2 所示)。

各二级学院也设立了党委或党总支,主要实行院长负责制,书记兼副院长,院长兼副书记,书记、专职副书记主要负责党建、组织、宣传、文化和师生思政工作。目前也有高校开始尝试推行书记负责制,但由于二级学院的学科专业属性以及书记的专业背景等因素,该制度还处于起步阶段。二级学

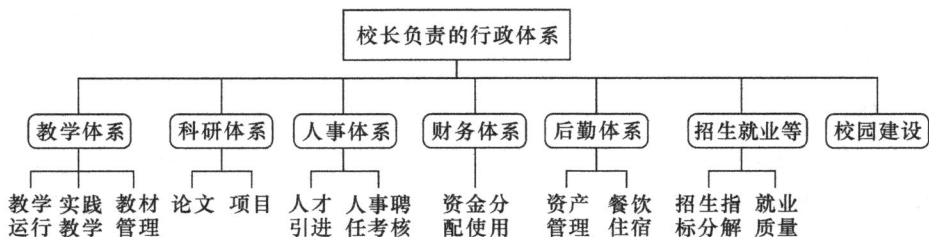

图 5.2 高校行政管理体系组织分工架构

院负责学生思想政治工作的主要是专职副书记和辅导员,书记主要负责教师思想政治工作和组织工作。具体组织架构如图 5.3 所示。

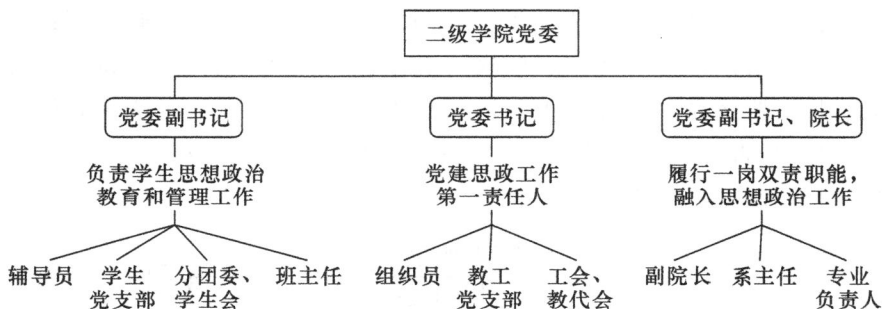

图 5.3 高校二级学院党委组织架构

二、党委领导下的校长负责制在高校实践中的问题

目前,党委领导下的校长负责制是高校的根本领导制度这一共识毋庸置疑,这一制度在实践过程中起到了良好的作用,保证了我国高等学校社会主义办学方向,推动了中国特色现代大学制度的构建,为高等教育的快速发展和高等学校的持续稳定提供了根本保证。但是,党委领导下的校长负责制在一些高校的实践过程中还存在一些问题值得关注。

(一)从高校内部看

一是党委会与校长办公会之间的决策边界不够清晰。对党委与行政之间哪些事项由党委会决策,哪些由校长办公会决策,在《意见》《条例》中规定得较具原则性,还不够具体。为了解决这个问题,2019 年,中组部、教育部党组联合下发了《关于普通高等学校党委常务委员会会议和校长办公会议(校务委员会议)议事规则示范文本的通知》,对两个会分别决策、审议什么事项作出了相对具体的规定,特别是明确"三重一大"事项必须由党委会讨论决定,给予各高校指导,但党委会和校长办公会各自审议或审定的事项依然存在诸多重合部分,如《关于坚持和完善普通高等学校党委领导下的校长负责制的实施意见》规定党委的职责包括"讨论决定事关学校改革发展稳定及教学、科研、行政管理中的重大事项和基本管理制度",同时又规定"校长是学校的法定代表人,在学校党委领导下,贯彻党的教育方针,组织实施学校党委有关决议,行使高等教育法等规定的各项职权,全面负责教学、科研、行政管理工作"。在规定较具原则性的情况下,党委和行政之间如何来确定一个个具体决策的边界问题?在实践中这是个难点,这取决于书记和校长的判断,也考验领导智慧和水平。如果执行效果不佳,容易出现两种情况:一是搞不清由哪个会议决策的,把所有议题都交给党委决策,这就容易导致党委会与校长办公会议事内容高度重合,党委会成了议事机构;二是一些重大议题经由校长办公会讨论后再递交党委会讨论,由于人员的高度重合性,以至于党委会往往是形式上过一下,党委会对重大事项决策把关的作用没有发挥到位。有高校为了解决重复讨论、效率不高等问题,遇到党委会与校长办公会议题重合的情况,实行党委成员集体列席旁听校长办公会审议过程的做法,此举是否妥当还存在争议。

二是不同制度之间对校长的职责界定不够统一。2021年发布的《中国共产党普通高等学校基层组织工作条例》在《意见》基础上进一步明确了党委对高校工作的全面领导,支持校长按照《中华人民共和国高等教育法》履职,同时提出"高校党委应当坚持党管干部原则,按照干部管理权限对学校干部实行统一管理……选拔任用学校中层管理人员,由高校党委及其组织部门按照有关规定进行分析研判和动议、民主推荐、考察,充分听取有关方面意见,经高校党委(常委会)集体讨论决定,按照规定程序办理"[①]。这与《关于坚持和完善普通高等学校党委领导下的校长负责制的实施意见》中校长"按照国家法律和干部选拔任用工作有关规定,推荐副校长人选,任免内部组织机构的负责人",《中华人民共和国高等教育法》规定"高等学校的校长全面负责本学校的教学、科学研究和其他行政管理工作""拟订内部组织

---

① 中共中央印发《中国共产党普通高等学校基层组织工作条例》[EB/OL].(2021-04-22)[2024-12-06].https://www.chinacourt.org.

机构的设置方案,推荐副校长人选,任免内部组织机构的负责人"①等内容不够统一。对这个问题,不同的人有不同的理解,在实践过程中易产生以哪个为准的疑惑。有学者认为党委对干部有领导权,自然遵循《条例》,但也有人认为校长作为法人代表就应该按照法律赋予的职责行使权利并承担责任,如果既不具备相应权利,又要承担责任,则不符合责权利统一原则。

三是党委依法决策、民主决策水平仍需提升。民主集中制是我们党的根本组织原则和领导制度。决策民主性不足可从决策前和决策中两方面来考量。教育部规定,"三重一大"事项决策前应当听取专家意见或听证,征求学术委员会意见,但听取的次数、规则并不明确,缺乏法定的征求民主意见和程序,听不听、听多少、怎么听的主观随意性或惯性较大,由此易导致意见听取不足、民主集中制不够民主、集中不够科学、集体领导贯彻不到位等问题,容易出现主观主义、经验主义、"一言堂"等情况,在一定程度上降低了依法决策、民主决策水平。从决策中看,党委讨论议题的顺序、表态的次序、是否需要无记名票决,党委书记作为主持人有哪几条红线等虽然已经成为一种常识,但不同高校对此的理解和执行程度不尽相同,还存在主要领导过早表态,末位表态顺序执行不规范,重大事项讨论不充分等情况。此外,普通师生参与学校民主管理、决策、评价的渠道不足、质量不高,师生列席党委会参与研究涉及自身重大利益的做法还不普遍。

四是集体领导和个人分工制落实效果不如人意。党委领导下的校长负责制是集体领导与分工负责的工作机制,但在实践中,容易出现属于个人分工范畴内可以决策的事项推给集体领导决策以逃避风险,或者借集体领导之名不尊重分管领导意图而过多干涉个人分工事项的情况。前者往往是"不论大事小事,通通上会了事",因为一方面集体决策可以大大减轻个人的责任,另一方面也让一部分"什么都要过问"的主要领导觉得可控、放心,后者则是部分主要领导将党委领导下的校长负责制理解为党委书记负责制,工作艺术不够,对分管领导工作不够放心或不满意,总想亲自插手推动。

通过上述分析可见,党委领导与校长自主办学之间的关系处理是一个需要在实践中不断完善把握的难题,并非一个文件、一个制度就能解决的。有资深高校领导就提出党委领导下校长负责制的实施需要诸多制度性的安排,倘若未能理清议事清单、规程、边界,则容易产生问题,目前存在党委书

---

①　中华人民共和国高等教育法[EB/OL].(2021-07-30)[2024-12-06].http://www.moe.gov.cn.

记与校长之间关系处理"三分之一和谐,三分之一相安无事,三分之一摩擦不断"的现象,和谐与否往往取决于书记、校长的个人魅力和能力。

(二)从高校外部看

党委领导下的校长负责制既强调党委的核心地位,又强调校长的法人地位,其中法人是与外界处理各类关系、开展各类交往活动的重要身份。从高校外部关系看,政府与大学在关系问题上并没有很好理顺,高校法人地位作用发挥还有较大空间。

一是大学法人制度还不完善。现代大学制度的核心是现代大学法人制度,我国公立大学法人制度演进经历了从"没有法人地位"到"事业单位法人"再到"公益二类事业单位法人"的总体发展阶段。《中华人民共和国民法典》第三章第八十七条对"法人"的规定,"为公益目的或者其他非营利目的成立,不向出资人、设立人或者会员分配所取得利润的法人,为非营利法人",大学属于非营利法人。《国务院办公厅关于印发分类推进事业单位改革配套文件的通知》(国办发〔2011〕37号),要求按照社会功能,将现有事业单位划分为承担行政职能、从事生产经营活动和从事公益服务三个类别,其中承担高等教育的法人划归为公益二类法人事业单位。有学者认为,"目前我国高等学校出现的诸多乱象,归根结底是一种制度性危机,更准确而言,是大学法人制度的缺位或不健全而衍射出的全面危机"[①]。不论是《中华人民共和国民法典》还是《国务院办公厅关于印发分类推进事业单位改革配套文件的通知》,对事业单位法人的类型界定比较宽泛,对他们的权力、义务、运行规则等也不够细致,主要还是侧重在营利法人的界定上,对大学校长对内职责较多,但对其对外关系处理的责权界定模糊。《教育法》《高等教育法》虽然明确了不同权利主体的权利和义务,但是对大学内外部权力主体的具体法律职责和义务提法过于原则性,对大学与教师、学生的法律关系如何界定不够清晰,尤其是在政府与大学的关系处理,大学内部的规章制度的法律效力及纠纷等方面存在一些疑惑,难以对学校法人组织形式、成员、机构、权利、运行机制做出规定。

大学虽然是公益二类法人,但在一些时候显示出事业单位特性,一些时候又显示出行政单位特性。"一方面,在组织形态上,很多法律法规授予事

① 解德渤.公立大学法人制度70年(1949-2019):历史考察、现实审视与改革走向[J].清华大学教育研究,2019,40(4):46-54.

业单位从事公共服务,行使公共权力,有些事业单位实际上成为一类特殊的行政主体;另一方面,人们坚持事业单位和企业以及国家行政机关的区别,习惯于将事业单位(除非获得法律法规授权)排除在行政主体之外。在司法体系问题上,面对事业单位与其利用者、所有者之间关系的特殊性,人们无法将他们都纳入普通民事诉讼;同时,事业单位和其成员之间的诉讼又被排除在行政诉讼之外,此类争议成为法治的真空地带。"①也有学者认为"世界公立大学的公法人属性比私法人属性更占优势,它在公法意义上是一个人格独立的个体,意味着政府部门不得肆意干预高校办学,具有权力膨胀本能的政府力量受到法律的有效遏制,最终捍卫大学自治的传统。然而,我国公立大学的私法人属性远超其公法人属性,从而独立身份主要在私法意义上成立,政府权力可以直接介入高校管理的方方面面"②。

二是政府与大学的关系处理还需理顺。校长履行法人治理职责的核心在于完善政府与学校的关系,争取更多的办学自主权。法治化是现代大学自主办学的必然趋势,它要求政府尊重高等教育规律,让大学作为一个独立的法人组织在政策和法律的框架内实现自主决策、自我管理,政府要对大学的权力、义务进行制度性的安排,改变传统的行政管理模式和思维方式。在实践过程中,高校常在事业单位和行政单位之间来回切换,比如在布置行政任务的时候,一些政府领导并不将高校作为一个特殊的法人来对待,而是将其作为一个行政机构或部门来看待,一些政府部门召集会议,动不动就要求学校主要领导参加,一些地方部门甚至将某一些条线工作纳入对高校的考核排名;而在资源分配、政策制定等一些问题上,大学又成为一个事业单位,较少参与其中。在对高校的巡视巡察过程中,一些巡视人员因自身专业和经历的局限性,对高校人才培养、意识形态、学科建设等规律了解不足,容易用力过猛或抓不住主要矛盾,易导致整改过头或用力不对,引起基层师生不满。

三是大学财政投入机制较为单一。大学作为公益法人的特点决定了其财政投入机制主要依赖于财政拨款,其市场化运作的空间极小。目前财政对教育的投入体制有部、省、市三类,部属重点院校的"吸金能力"是一般院

---

① 李福华.大学治理的理论基础与组织架构[M].北京:教育科学出版社,2008:57.
② 解德渤.公立大学法人制度 70 年(1949—2019):历史考察、现实审视与改革走向[J].清华大学教育研究,2019,40(4):46-54.

校无法比拟的，它们在品牌效应之下获得更加充裕的教育资源，相比之下，大批高职高专院校和地方本科院校很可能或正在面临着生存困顿，高等教育系统中的等级观念进一步被强化，从而"改名""升级"的内心冲动始终难以抑制，一旦计划失败，很可能出现高等教育领域的"马太效应"。因此，大学法人主体的规范化、制度化要求是高校依法治校，提升高校治理能力和治理水平的重要前提，也是提升高等教育整体水平的题中之义。

三、高校党委领导下的校长负责制的完善路径

（一）进一步理顺党委领导与校长负责之间的关系

高质量执行党委领导下的校长负责制要充分考虑大学的特殊性——兼具政治和学术的二重性，既正确理解党委的领导核心作用，又尊重校长的行政空间。

一要确保党委发挥领导核心作用。《意见》规定"高校党的委员会是学校的领导核心，履行党政等规定的各项职责，把握学校发展方向，决定学校重大问题，监督重大决议执行情况，支持校长依法独立负责地行使职权，保证以人才培养为中心的各项任务完成"，说明党委的任务就是管方向、管全局、管干部、管人才、管党建、管稳定。党委具有十项基本职能，党委书记主持党委全面工作，要协调班子成员，督促检查党委决议贯彻落实，主动协调党委和校长的关系，支持校长依法开展工作，校长则要执行好党委的决策，这就明确了党委是领导核心，这一点不能含糊。

二要支持校长依法治校、按教育规律办校。有高校领导提到，"书记看格局，校长讲规矩是实践好党委领导下的校长负责制的艺术"。《意见》和《中华人民共和国高等教育法》规定"校长是学校的法定代表人，在学校党委领导下，贯彻党的教育方针，组织实施学校党委有关决议，行使高等教育法等规定的各项职权，全面负责教学、科研、行政管理工作"。因此校长要在自己的职权范围之内贯彻执行好党委的决策意图，又能独立开展工作。党委书记要充分尊重高校校长依法行政的权利，既把稳方向、全局，又给予校长履职的空间，支持校长遵循教育规律、高校建设规律办事。

三要选优配强党委书记和校长。在调研中，很多高校领导一致认为党委领导下的校长负责制落实如何关键看两个：制度设计和人。"人"主要指党委书记和校长如何认识这个领导制度，在实践过程中怎样沟通，起很关键

的作用,而其中书记又是主要方面,因此,按照"政治家、教育家"的要求选优配强党委书记和校长是十分必要的。最理想的自然是党委书记和校长既是教育家又是政治家,因为他们既了解高校,又懂得沟通协调,心胸和智慧都较为成熟。其中党委书记哪怕不了解高等教育规律,也要具备政治家的格局和眼光,方能处理好与校长的关系,而校长首先需要是懂高等教育的行家里手,方能在高校较为科学地开展工作。

(二)进一步完善相关制度机制

制度机制的完善应分高校内外部两个体系,从高校内部可从五个方面着手。

一要完善决策议事规则。要进一步完善高校的《章程》和党委会、校长办公会议事规则,进一步明晰党委会、校长办公会的议事与决策清单,这是党委决策权和校长执行权划分清晰的核心。党委应该支持校长在法定和职责范围之内的工作,原则上不应干涉在该清单以外的事项。该清单应当具体、明确,尽量避免使用"其他""重要"等边界模糊的表述,在涉及具体资金、规模等情况时,应当设置金额范围等客观标准。由于决策清单关系重大,因此需规定决策清单制定、调整的程序以及例外事项。党委与校长办公会决策清单的制定完善有一个过程,涉及清单以外但应该由党委会来决策的,应该经书记与校长充分沟通,征询分管领导意见后提出。同时也要完善党委集体领导和个人分工负责的职权界定和民主决策过程的规定,避免个人分工执行不到位、责任上交,集体领导不到位、民主集中制执行质量不高等问题。

二要完善学校领导工作分工。中层管理和基层行为是否协同很大程度上取决于上层领导的分工是否科学、协作是否顺畅,不同体系之间出现条线过于独立缺乏协同合作的现象不仅难以实现 $1+1>2$ 的理想效果,反而容易出现"$1+1<2$"的结果。当前高校党委领导主要体现在队伍、组织和宣传思想文化方面,经费、人事等管理涉及不多,育人工作主管部门手中的政策和资源有限,协调工作难度较大。如副书记如果只分管学生工作,与教学、人事、组织、后勤等之间的协调难度就较大,但如果同时分管宣传思想工作就更有利于育人,或者分管组织或人事的领导也分管学生工作,分管教学、科研的副校长也可以分管一部分安全稳定和群团工作,就可以很好地降低沟通协调成本。

三要完善沟通机制。在制度确立的情况下，关键在于人。中央不可能对所有高校的所有问题都考虑到位，怎么落实还要看各个学校怎样因地制宜、灵活运用。党委领导下的校长负责制能否落实好，主要还是看书记与校长之间的沟通是否坦诚、到位，看书记、校长与党委、行政班子成员，以及班子成员之间的沟通是否到位。目前，党委书记和校长定期沟通已经成为省内诸多高校的固定动作，起到了很好的效果，可以作为一个制度确定下来。同时，党委书记、校长和两套班子成员之间也应形成定期、不定期的沟通机制，定期谈思想、谈思路、谈不足，这是对个人分工负责部分工作的深入了解、鞭策、提醒，也能增进班子感情；不定期的则是对一些决策事项要进行充分沟通，以增进了解，形成共识，提升工作效率。

四要完善民主决策和政务公开制度。党委领导下的校长负责制要坚持决策的民主性和科学性。《教育部关于进一步加强高等学校法治工作的意见》提出"完善党委领导下的校长负责制为核心的学校领导体制和治理体制，推进决策、管理的科学化、民主化、法治化"，建立"学校权责清单""重大决策全面落实师生参与、专家论证、风险评估、合法性审查和集体讨论决定的程序要求"，还要探索"法治工作机构负责人参与学校决策会议并发表法律意见的机制"；[①]《条例》则要求"坚持民主集中制，完善发展党内民主和实行正确集中的相关制度"。高校党委、行政实行民主决策，首先对涉及学校发展改革和师生切身利益的政策应当采用民主协商的制度，通过提出议题、讨论辩论、反复修改、专家论证、合法性审查、风险评估、集体决策等方式凝聚共识、科学决策；其次要充分发挥教代会、学术委员会、学代会、校友会等组织的作用，将其作为决策过程中的主要协商主体；再次要建立党委与行政之间的民主协商制度，对一些存在分歧的事项，应当通过辩论讨论、专家论证、广泛调研等方式进行协商，并最终进行集体决策；最后要进行政务公开，对涉及人才培养、学科建设、师生切身利益的事项和人财物收支情况进行公开公示，接受广大师生的监督。

五要完善督察机制。党委领导下的校长负责制要求校长执行党委的决策，党委书记有权及时了解、督察、质询决策的执行情况，以确保党的教育方针得到真正落实，防止党委决策在执行过程中出现偏差。实行这样的制度

① 教育部关于进一步加强高等学校法治工作的意见[EB/OL].（2020-07-15）[2024-12-06].http://www.gov.cn,2020-07-28.

应从四方面考虑：一是督察的内容必须是党委决策清单中的重大事项；二是党委应通过牵头制定考核评价制度来规范行政的运行，将立德树人的根本任务体现在各项管理制度和考核制度中；三是督查的主题和次数应该明确，避免随意性；四是督察的形式既可以是专项性质的，也可以是常态性的，纳入对部门学院的日常内部巡视巡察范围。

从高校外部看，党委政府也应从两方面完善制度。

政府与高校之间的关系如何处理也是国内学界研究的一个重点，有学者认为我国现代大学法人制度改革中不得不面对一种悖论："改革必须由政府领导和推动，但改革必须首先改革政府。"①学者们重点研究高校依法自主办学、大学自治，希望重塑政府、市场与大学的关系，希望政府在给高校提供足够的办学资源和政策的基础上不要过多干涉，给予大学较多的事权空间。

一要完善大学法人制度。法人制度是为保护法人权益所做出的系列制度安排，大学法人制度是一种通过赋予高等学校以独立的法律人格，使其能够自主地培养专门人才、开展学术研究和为社会提供教育公共服务，并最终实现教育公共利益的法律主体制度。因此，大学法人制度的核心任务在于明晰大学的权利义务，根本旨归是保护学术组织。就制度结构而言，法律地位是大学法人制度的基本前提，治理结构、人事制度、财产制度是其制度核心，而投入机制、评价制度以及监督机制则属于其制度延伸。唯有合理的法律秩序才能给予大学一条有序而广阔的发展通道，从而使各个主体各安其位、各尽其责。

确立大学多元化的法人身份是我国公立大学法人制度改革的前提与核心。"事业单位法人"是我国公立高校统一的法律标识，但单一的法人身份已经在事实上制约着不同类型公立高校的发展前景，其直接后果就是公立高校内部生态不佳。给予大学多重法人身份，可以为获取经费难度较大的高校提供更多的发展可能性，特别是地方高校、高职高专类院校的发展，倘若无法有稳定且强大的输血，很难保证大学办学的长期性。确立大学多元法人身份在之江实验室已经有所尝试，但关键在于，主体身份多元的情况下，政府相应的管理体制还没有跟上，因此，需要同步更新法律和管理体制。

二要制定"三张清单"。首先要拿出政府"权力清单"，明确政府"该做什么"，做到"法无授权不可为"。制定这个清单的原因在于，一些政府领导往

---

① 张应强.新中国大学制度建设的艰难选择[J].清华大学教育研究,2012,33(6):25-35.

往以一种"经济思维"来看待高等教育,希望能够计算"投入产出比",但高校的特点在于既不能用行政命令去要求他的毕业生一定留在本地就业,也不能按照经济主体的特点去计算收益。因此,要在高等教育"静待花开"与"教育质量评价"和教育投入产出比之间寻找一个恰当的平衡点,根据职能和特点,系统性确定不同层级、不同部门的权力清单。其次是政府责任清单,主要指政府要努力调整对高等教育领域的 GDP 思维,为高校提供良好的政策支持,为高校人才培养提供资源保障,等等。最后是负面清单,指政府不应该做的事,给予高校"法无禁止皆可为"的自由空间,主要指禁止干涉法律规定的高校自主权。在列出三张清单的同时,党委、政府还要提升巡视巡察、评估评价与监督考核等手段的作用,关注参与巡视、评估、考核人员的政治智慧和专业化水平,进一步提升巡视巡察、评估、考核的信度和效度。

(三)加强党对高校思想政治工作的领导

坚持和完善党委领导下的校长负责制就要进一步加强党对高校思想政治工作的领导,不仅要加强思想、组织、人才、队伍等方面的领导,也要加强对高校资金、制度、管理等资源的统筹协调力度。

第一,加强党委、政府对高校思政工作的领导力量。近年来个别省份教育部门决策失误情况频发,高校问题较多,原因也是多方面的。一是党委行政决策程序不到位,对一些涉及师生和学校发展切身利益的重大事项决策较为随意;二是党委、政府一些领导缺乏高校经历,对高校办学规律把握不准,易于以行政命令代替办学规律;三是分管教育的领导多为民主党派,在政府领导中排名靠后,其统筹协调资源的能力相对较弱,对推动高校思想政治工作和办学发展力度不足。加强党对高校思想政治工作的领导首先需要加强党委、政府对高校思政工作的领导力量,要实行党委和政府主要领导,或副书记、常务副省长分管的体制,教育厅厅长应由了解、熟悉高校办学规律的领导担任,以有效应对上述不足。可喜的是,已经有一些省份开始实行党政主要领导抓高校思想政治工作的做法。

第二,发挥院系党组织的作用。院系党组织是执行党委决策的基层组织,是链接党委与广大师生最直接的纽带,他们的战斗力和作用发挥如何直接决定党的教育方针落实成效。二级学院是基层教学研究为主的组织,党组织如何发挥融入、服务、引领的功能是关键点,也是难点。目前高校党建从学校、学院到系,存在"上热、中温、下凉"的现状,基层党组织战斗堡垒作用、先锋作用发挥还参差不齐。2018年,中组部和教育部联合印发《高校党建工作重点任务》,明确指出院系党建工作(干部任用、党员队伍建设)由党组织会议研究决定,涉及办学方向、教师队伍建设、师生员工切身利益等重大事项由党组织会议研究再提交党政联席会议决定。2021年,中共中央印发的《中国共产党普通高等学校基层组织工作条例》规定高校院系党组织通过党政联席会议讨论和决定本单位重要事项。但在实际操作过程中,院系党组织会议与党政联席会议存在职责范围不清晰、会议制度不规范、组织体系不健全、书记院长认识不够统一等情况。二级院系党组织是高校党委的延伸,要明确党组织会议与党政联席会议的议事范围、边界,党组织的决策、监督范围,注重党政联席会议等决策程序的规范性、民主性、科学性。

第三,加强专职思想政治工作队伍建设。高校思想政治工作队伍的工作范围涵盖了课堂内外两个重要阵地,其重要性不言而喻。加强党对高校思想政治工作的领导,就要牢牢抓住这支队伍,提高他们的战斗力和工作水平。通过多年的努力,高校思想政治工作队伍得到逐步壮大,专业化、职业化水平不断提升,为高校思想政治工作作出了长足的贡献,但是也要看到与新时期高校思想政治工作的要求还有一定差距,部分辅导员将思想政治工作当作一份谋生的职业,理想信念模糊、敬业精神缺乏,针对大学生思想行为特点的研究和应对能力不足。加强思想政治工作队伍的建设,一要建立思想政治工作队伍职业化的完整通道,给予辅导员从初级到高级的职级晋升路径,让有育人情怀的辅导员留得下来;二要建立思想政治工作队伍专业化的扶持路径,让优秀的人才能够脱颖而出,推动思想政治教育学科在理论与实践的互动中提升科学化水平;三要建立提升思想政治工作队伍业务水平的培养体系,让积极进取的辅导员有专业的支撑。

(四)充分发挥学术组织的作用

高校首先是一个学术性组织,因此必然存在着学术权力。在完善党委领导的校长负责制下发挥学术组织的作用,基于三方面的考虑:一是高校思想政治工作有其特殊规律,二是高校思想政治工作早已融入人才培养全过程,需要依赖学术权力的支持,三是中央对高校治理体系建设和依法治校提出了明确要求,发挥学术组织的作用也是完善高校内部治理体系的重要内容。

2020年8月,教育部发布《关于进一步加强高等学校法治工作的意见》,

提出要完善"以学术委员会为核心的学术治理体系,尊重学术自由、健全学术规范,保障学术委员会按照学校章程统筹行使学术事务的决策、审议、评定和咨询等职权,充分发挥其在学科建设、学术评价、学术发展和学风建设等方面的重要作用"①。《意见》不仅针对高校自主办学,更对高校思想政治工作过程中的一些问题提出了要求,如思想政治教育课程内容安排、教学方式、考核评价方式的合理性与科学性,教师对学术自由与意识形态立场的判断等,不能仅凭借一言堂、经验主义的判断,应当听取在这个方面的学术意见。强化学术组织在高校思想政治工作中的作用,可从以下几个方面考虑。

首先,制定学校学术委员会的决策制度。《国家中长期教育改革和发展规划纲要(2010—2020年)》提出要"充分发挥学术委员会在学科建设、学术评价、学术发展中的重要作用","探索教授治学的有效途径,充分发挥教授在教学、学术研究和学校管理中的作用"。② 2014年教育部《高等学校学术委员会规程》对推进高校学术委员会的独立性提出了具体要求,认为学术委员会应该"是学校最高的学术机构,统筹行使学术事务的决策、审议、评定和咨询等职权",明确学校在处理"教学科研成果、人才培养质量评价标准及考核办法""学位授予标准及细则,学历教育培养标准、教学计划方案、招生标准办法""教师职务聘任的学术标准与办法""学术评价、争议处理规则,学术道德规范"等内容时需要递交学术委员会审议或直接由学术委员会作出决定。③ 从实际操作来看,《规程》赋予学术委员会的职责并没有真正聚集到学术委员会,尤其是在一些高校教师职务聘任学术标准、学历教育培养标准、学位评定标准、招生标准等分别由教师专业技术职务评聘委员会、教学委员会、学位评定委员会、招生工作领导小组等议事机构决定。因此,高校首先要修改高等学校《章程》和各项规章制度,规范各类议事机构的权限和程序,以切实发挥学术委员会的作用。

其次,规范学术委员会的权力范围和运行机制。《规程》规定学术委员会的决策事项需要区分直接认定和审议后递交校长办公会、党委会事项,因

① 教育部关于进一步加强高等学校法治工作的意见[EB/OL].(2020-07-15)[2024-12-06].http://www.moe.gov.cn.
② 国家中长期教育改革和发展规划纲要(2010—2020年)[EB/OL].(2010-07-29)[2024-12-06].https://www.gov.cn.
③ 高等学校学术委员会规程(中华人民共和国教育部令第35号)[EB/OL].(2014-01-29)[2024-12-06].http://www.moe.gov.cn.

为学术不可能完全独立于政治的需要,也不可能脱离行政资源的支持,因此需要对其决策的不同事项进行界定,并规定其程序,避免学术视角的狭隘性,尤其是涉及意识形态、教师职务评聘的条件、毕业标准方案的制定等方面内容必须体现党的意志。学术委员会的组成也应考虑去行政化,也即党委书记一般不参加,校长、部门负责人和院系领导可以参加但比例不应超过三分之一到二分之一,应该主要由资深教授组成,既保证学术的独立性,又不脱离我国高校体制的实际。学术委员会比例应该扩大,并设立专门的管理机构,以确保其正常运行,避免因直接挂靠管理部门后,使行政管理部门成为实际行使学术委员会大半职能的议事机构。

最后,建立高校思想政治工作界别学术委员会。高校思想政治工作本身是一个复杂的系统,既涉及课程也涉及管理、服务工作,也关涉政治、行政和学术三个方面内容。其中,学术性内容的判断与评价具有专业性,不应与行政权力直接重合,需要有一个相对专业且独立的机构来进行判断分析和咨询,成立高校思想政治教育界别学术委员会,隶属于高校学术委员会正出于此。该界别学术委员会应该由思想政治教育、哲学社会科学领域的教授组成,学校党委领导、党群部门负责人可以参加但不能超过人数的四分之一,以保障其相对独立性。要区分高校思想政治工作过程中应当交由学术委员会进行判断决策的范围,其中包括意识形态的鉴别,思想政治教育学科与专业的设置培养评价和教育教学方法,"课程思政"的方法与评价,思想政治教育质量的评价等等。高校要做到这一点还有一个前提,也即政府与高校的关系要在一个真正"放管服"的治理体系中,政府与高校之间也有一张"权责清单",在高校自主办学清单以内的事项,原则上政府不应干预。

第三节　建立多元主体参与育人的工作机制

习近平在庆祝中国共产党成立 100 周年大会上的重要讲话中指出"要践行以人民为中心的发展思想,发展全过程人民民主"[①]。全过程人民民主一是强调民主为了人民,民主依靠人民,二是突出全过程,从选举、决策、管理到监督,人民都是参与其中的。多元主体参与育人是高校全过程人民民

① 本书编写组.深入学习习近平总书记"七一"重要讲话精神[M].北京:人民出版社,2021:16.

主的充分体现,是实现全员育人的主要途径。但多元主体参与育人并不是所有人都一拥而上、不分彼此,必须要实现党的领导和多元参与、依法治校的有机统一,要在坚持党委领导的前提下,构建起完善的多元主体参与育人的工作机制。

一、扩大学生参与育人工作的渠道和平台

有学者认为学生参与民主管理的实践有助于"培养大学生的自主实践能力与创业能力,塑造大学生的职业精神与职业能力,优化高校内部治理格局,实现现代大学教育理念"[①]。建立有效的学生民主参与机制既是高校治理民主化、科学化的需要,也是推进高校实现内涵式发展,确保高校教育质量稳步提升的需要。对于学生而言,既能更好地保障自身的合法权益,也能强化自我教育、自我管理的主体意识和能力。

教育部《普通高等学校学生管理规定》(2017)明确"学校应当建立和完善学生参与管理的组织形式,支持和保障学生依法、依章程参与学校管理","学校应当建立健全学生代表大会制度,为学生会、研究生会等开展活动提供必要条件,支持其在学生管理中发挥作用"。[②]《规定》虽然保障了学生参与学校管理的权利,但由于缺乏具体可操作的条文,学生参与管理的广度和深度不足。高校部分管理人员和教师对于学生参与学校管理缺乏足够的信任和重视,学生参与学校管理的数量和质量不尽如人意,有些流于形式,如学代会是最能代表学生参与学校事务管理的机构,但在实践中未能发挥理想的效果。调查显示,"对学代会职权规定的学校不多,只有 8 所,在参与学校管理,讨论学校与学生利益相关的重大事项方面,只有个别开明的高校考虑顾及学生民主参与和利益保障。议事规则方面,相关规定比较简略,只有12 所提及闭会期间的运行机制,6 所提及会议召开频次,3 所提及代表产生方式"[③]。学代会的民主管理作用不明显,学生反映的问题能够得到解决或回应的不多,学生参与学校民主管理、决策、评价的机会虽然有但数量不足、效果不理想。当然,大量学生通过在学生组织中担任学生干部的方式参与

① 陈豫岚.治理理论视域下学生参与高校管理的现实困境与实践路径[J].湖北师范大学学报(哲学社会科学版),2022,42(6):141-145.

② 普通高等学校学生管理规定(中华人民共和国教育部令第 41 号)[EB/OL].(2017-02-04)[2024-12-06].http://www.moe.gov.cn.

③ 张衡,黄洁.治理变革:基于高校章程文本研究的综述[J].高等教育评论,2021,9(1):138-155.

学校思想政治工作,在自我管理、自我教育、自我服务方面发挥了重要作用,但是对于大多数普通学生来说机会并不多。

完善学生民主参与育人的工作机制,可从以下六方面入手。

第一,明确学生参与管理的范围。高校治理可分为教学、行政、后勤等三大内容,学生参与的程度也应当根据涉及学生切身利益的大小进行划分。行政管理方面,学校可以引导学生参与了解事关学校发展的决策、办学目标的制定等——比如列席旁听校党委会或校长办公会的一些议题,增强学生的主体地位,培养学生参与的积极性和主动性,提高学生的责任感。教学方面如教学评估、教学方案、课程设置、奖励机制等内容都与学生息息相关,可以提高学生参与的比重,让教师意识到学生参与的重要性和严肃性,提高教学的针对性和有效性。后勤与学生切身利益紧密联系,也应尊重学生主体参与的地位,扩大学生的发言权、选择权和监督权,提高学生的满意度。

第二,增加学生参与渠道。目前学生参与的渠道主要集中在学代会、学生会和学生社团,参与的学生数量有限,而且学生会与学生社团的职能也存在较大局限。因此,首先应当构建多元化的学生参与平台,依据学生的特点和层次,在学生会和学生社团之外搭建具有广泛参与性的其他渠道,比如校内的一些议事机构、管理部门日常工作、网络意见平台等,扩大参与群体的覆盖面。其次应当丰富并加强各平台的功能,确保参与的学生对学校事务具备合理的发言权和建议权,以确保各平台的权威性和有效性,从而有效激发学生广泛参与的积极性。尤其要切实发挥学代会、团代会反映学生意见,参与学校治理的作用,要给予学代会、团代会等表决涉及学生切身利益的相关决议的权利,以及学校回应、解决这些意见的制度性安排。

第三,提升学生的参与意识和参与能力。要使学生成为合格的参与主体,离不开学生自主参与意识的提高。高校管理者应当鼓励学生主动参与学校治理,对学生尝试性的参与行为进行鼓励,提高学生主动参与的积极性和自信心。同时,应当制定行之有效的教育方案,对学生的自主参与进行有计划的培训,逐步提高学生的参与能力。

第四,完善学生参与学校公共事务的制度。完善的制度是学生有效参与得以实现的根本保障。学生参与的权利应当通过制度的形式确定下来,成为学校管理制度的重要部分。高校可以依据《普通高等学校学生管理规定》等制度,在校党委的领导下不断扩充学生参与管理的渠道,将学生参与的途径、方式、职能、权利等以制度的形式固定下来,切实保障学生参与学校管理的合法权益。如将学生代表列席学校党代会、教代会、党委会、校长办公会,学校定期听取学生意见并解决问题作为制度固定下来,重视学代会、团代会的提案,建立问题解决、意见反馈和满意度评价的制度机制,评价结果纳入相关部门考核体系。

第五,加强学生党员和党支部的先锋模范作用。学生党员是高校学生中最优秀的群体,学生党支部具有天然的组织优势,要发挥他们的作用,将党建优势转化为思想政治工作优势。要加强学生党员对马克思主义理论的深刻认识和对思想政治工作规律的把握,激发他们参与育人的信心和动力,支持学生党员参与学校管理决策事务。要将学生党支部的工作纳入思想政治工作考核体系,为学生党员、党支部发挥作用搭建平台,有针对性地引导党员学生融入学科、教学、学生管理、后勤服务等教育管理服务工作。

第六,扩大学生组织的覆盖范围。一直以来,进入团委、学生会、社团管理委员会等都是学生参与社会工作、提升综合素养、加快社会化进程的重要途径,相当多的学生在这个过程中锻炼了自身能力,并让自己一生受益无穷。虽然一些高校出现团学干部官僚主义习气严重的不良风气,但不能将这些问题的原因归结到学生干部数量太多上,而是要看到学生组织是学生实现自我管理、自我教育、自我服务的最佳路径,让更多的学生参与到这样的社会交往实践中去,这有利于他们的成长,可以说是利大于弊,关键在于我们怎样提升管理水平。激励是思想政治教育的重要手段,学生干部出现问题不能简单"一刀切",要解决学生干部官僚习气的问题,一方面学校教师和学生组织管理部门要加强管理,教育引导好学生,不能简单地一砍了之,另一方面要适当区分不同类别的学生干部,也要用各种方式激励,让更多学生在参与社会工作、管理服务学生、参与学校治理的过程中切实提升成长获得感。

二、完善普通教师参与治理的育人机制

有学者认为"教师是大学办学的主体;教师是人才培养质量的决定者;教师是优良学风的酿造者;教师是学校声誉的建树者"[①],扩大、完善教师参与学校管理的育人工作机制是高校教育过程中的重要一环。教师除了履行教育教学的本职以外,对学校的发展计划和管理事项享有建议权和监督权,

---

① 眭依凡.大学校长的教育理念与治校[M].北京:人民教育出版社,2001:136.

应当充分重视普通教师在学校管理过程中的意见表达权,吸纳他们合理的建议,及时调整完善学校的育人工作计划、组织和实施策略。以教代会为例,教育部《关于进一步加强高等学校法治工作的意见》明确提出要"积极发挥教职工代表大会制度、学生代表大会制度的作用,保障师生依法、依学校章程有序参与学校管理。探索建立师生代表参与学校决策的机制,激励师生关心学校改革发展"①。教代会是教师参与民主管理和监督学校运行的平台和载体,也是维护教师合法权益的制度保障,是教师意见表达的民主渠道。当前,教代会面临职权不清晰、职能发挥难、制度不健全和民主化不到位等问题,"教代会制度涉及职责权限不明确,清华大学等 12 所高校没有对教代会作出规定,24 所高校趋同性较高,且不同高校做法不同,有些只有听取和建议权,有些则只有审议权"。"对议事规则中的召开频次、表决方式明确的不多。对教代会权力保障机制设计不多,仅有个别高校提及学校对教代会提出的不予采纳的建议要做出说明"。② 从现实操作情况看,涉及教代会通过的重大事项的草拟机构和讨论机构主要是行政管理部门,且多为原则性内容,即使有疑问或不同意见,由于很多代表前期并不了解这些制度,因此很难提出问题,或即使有建议也较难被采纳。

治理视域下的全员育人必须提高普通教师的参与度,消除"无效参与",更好强化教师对思政工作的责任感、自豪感、归属感。

首先,要提高普通教师的参与水平。普通教师作为施教主体,主要负责教学科研等工作,对于教学之外的治理事务没有足够的认识,认为与自己关系不大或没有兴趣,另一方面多数教师对高校日常治理认知不足,贸然参与学校治理会带来治理的混乱与低效,从而导致"无效参与"。因此,有必要对普通教师进行培训,提高他们对参与学校治理的认识水平,让教师意识到自身的工作不仅仅局限于教学和科研,参与学校治理也是自身的本职工作之一,增强他们参与学校治理的能力,避免"无效参与"或"过度参与"。

其次,要扩大普通教师的参与渠道。学校应当为教师参与治理提供通畅的渠道,使普通教师能够有效参与学校治理。一要完善教代会制度,明确

---

① 教育部关于进一步加强高等学校法治工作的意见[EB/OL].(2020-07-15)[2024-12-06].http://www.moe.gov.cn.

② 王颖,潘茜.教师组织沉默的产生机制:组织信任与心理授权的中介作用[J].教育研究,2014,35(4):106-115.

教代会的具体职权范围,赋予其在涉及教师切身利益事项的重大决策和制度设计过程中表达意见、提出建议、进行表决的权利。教代会应有自己的常设机构,并独立行使权力,对全体代表负责,涉及"三重一大"的事项,必须听取教代会代表的意见,并列出需要举行教师听证会的事项。二要拓宽其他参与的途径,给予教师更多的参与平台,方便教师参与学校日常治理。教代会代表应有常态参与学校重大决策和民主管理学校事务的渠道,比如学校可以通过网络平台设立教师信箱,持续收取教师对于学校治理的意见和建议,并及时反馈各项针对性的信息,以充分尊重教师的治理权利,使普通教师与高校行政人员共同治理学校。

最后,要营造师生共同参与的文化氛围。良好的文化氛围是有效参与的重要基础,有研究表明在充满信任和安全感的组织氛围中,组织成员更容易发生"组织公民性行为",员工自发自觉地在规定职责以外全心全意为组织发展思考、工作、发声。因此,一个有着良好参与文化氛围的高校,普通教师更具有主人翁意识,教师参与管理的主动性和创造性也更强。营造良好的文化氛围,要促进高校行政人员与普通教师之间相互尊重、相互理解和信任,教师要尊重行政人员日常治理的权利和职能,行政人员也要尊重和理解普通教师参与高校日常治理的权利和行为,双方相互配合、共同参与治理是形成良好氛围的基础。要充分发挥学校工会的作用,拉近教师与行政人员之间的距离,增进双方之间的沟通交流。

三、建立校外主体参与育人的机制

学生所处的各类社会环境会通过网络、生活等多种途径以直接或间接的方式影响大学生的现实认知、道德水平、价值取向、思想观念,校外育人主体的育人功能重要性日益显现。当前,外部利益相关者参与高校治理的做法并不普遍,特别是家长、校友、用人单位、第三方机构的参与尤少。近年来政府对高校的决策影响以巡视、评估、考核为主,如领导班子政治巡视、大学教学水平评估、专业认证、毕业生质量跟踪调查等,虽然不能直接影响决策,但也发挥了较好的作用。党委、政府天然具备育人职责且拥有诸多育人资源,企业事业单位等对高校人才培养质量有直接的感受,对完善育人目标、计划、过程、评价标准具有一定话语权,因此必须重视校外主体的力量,建立起校外主体广泛参与的育人机制,做到学校—社会共同发力的良好格局。

首先,党委、政府要进一步调动社会资源服务育人。一是完善育人政策,健全育人制度,将地方博物馆、科技馆、纪念馆、爱国主义教育基地、乡村振兴示范区、脱贫攻坚示范点、青年文明号、企业等进行资源整合,建立它们与高校间的育人合作机制,为思想政治工作搭建"社会大资源平台";二是将红色革命基地、博物馆、党史馆、历史陵园等单位的研究员、讲解员、优秀志愿者、劳动模范、英雄人物等纳入育人师资人才库,建立他们参与思想政治理论课教学的长效机制,搭建"社会大师资平台";三要将高校思想政治教育质量纳入巡视巡察、意识形态检查、大学评价、教学质量评价、毕业生质量跟踪调查等各类检查中,并逐步建立清单化、制度化的工作机制,科学指导高校思想政治工作;四要理顺高校的投入机制和管理体制,加大政府对高校人才培养的投入,防止因为高校管理归属问题导致投入不足,影响人才培养质量。

其次,深化学校与企业的协同育人机制。企业是高校应用型人才的主要去向,企业能够为育人提供丰富的载体和有效的平台,为高校提升人才培养质量提供有价值的意见。企业具备参与高校育人的能力和价值,应鼓励有良好组织文化的企业参与到育人工作中来。高校应与企业建立合作培养人才的工作机制,为学生提供理论联系实际的机会和平台,鼓励学生将自身所学知识转化为实践能力,进一步提高学生认识世界、改造世界的能力。学生通过企业实践,深入了解感受优秀的企业文化,检验专业所学,锤炼个人素养。此外,企业通过对学生的训练、考查、评估,掌握了高校思想政治教育和人才培养质量第一手的信息,可以在毕业生质量跟踪调查、制订专业培养目标计划、参与教学实践、提供师资力量等方面参与高校管理,形成校企合作共同推动育人的良性互动机制。

再次,建立校友参与育人的工作机制。校友是不可忽略的育人主体,他们是高校思想政治教育的亲身经历者,拥有较大的发言权。经过较长时间的社会化后,校友对高校思想政治教育和专业学习有了更深的领悟和体验,也能提出更为客观、理性和建设性的意见建议。校友更贴近学生的所思所想,对在校大学生也更有共情能力和说服力。一位校友表示自己特别希望能参与母校的工作,可以通过建立校友资源共享平台分享自己的行业资源、实习机会、就业信息等,帮助学弟学妹更好地规划职业发展。因此,校友在提供职业指导和实习就业机会、举办讲座论坛交流、参与学校管理决策、设立奖助学金等方面具有天然的优势。要用好校友资源,建立与优秀校友沟通交流的顺畅渠道,让他们参与思想政治工作,特别是在入学、毕业、实践、科研、就业等环节给予在校生更多指导，可以建立优秀校友参与学校各类思政讲堂的工作机制，通过优秀校友分享经验心得，与在校大学生结对等形式，在校友真情实感的流露中引导大学生把爱国情、强国志、报国行统一起来。同时要发挥好校友对人才培养目标计划制订、实施等方面的意见表达机制，要让他们能够参与育人过程，发挥其评价反馈等作用，形成共同关心支持参与在校大学生成长的育人工作机制。

最后，建立家长参与育人的工作机制。首先需要明确的是，学校教育虽然也强调因材施教，但主要还是共性教育，而家庭是个性化的教育，发挥好家庭本身具备的育人功能就是对自己孩子最好的教育。长期以来，家长参与高校思想政治工作的深度和广度都不够，由于缺乏稳定的沟通机制和参与平台，多数家长在开学、毕业、期末派发成绩的时候与学校有一些联系，更多的家长是在学生遇到困难或突发事件的时候与学校有些互动，而这些互动多数是不愉快的。由于不同家庭的文化程度、社会经历、思想观念等差异性较大，家庭教育的理念、方法、水平等也存在较大差异，学校教育需要家长共同配合来应对学生个体的教育。一方面，高校要建立定期沟通互动的机制和载体，及时向家长传递学校的办学理念、人才培养方案、职业规划、学生在校总体表现等，听取家长对学校的意见建议并及时改进；另一方面，政府和媒体要承担起育人职责，在全社会持之以恒地大力宣传家长的育人职责，宣传普及家庭教育的理念、方法，提升家庭的育人意识和能力水平。

第五章 以学生成长获得感为起点的全过程育人治理

对思想政治教育过程的有效控制绝对不是简单通过对育人过程的监管实现的,而是要通过对育人主体行为的正确引导和结果反馈来实现。全过程育人需要通过对育人规律科学把握的确定性来对抗思想政治教育过程中的不确定性,聚焦人的行为动机和需要,建立以学生成长获得感为导向的综合评价制度,以保持育人主体的价值观念与利益的一致性。

第一节 学生成长获得感的内涵与生成机制

2015 年,中央全面深化改革领导小组第十次会议上首次提出"获得感"这一概念,此后"提高人民群众获得感"成为中国共产党治国理政的重要理念,也成为学术研究的热点。

一、学生成长获得感的基本内涵

有学者认为"获得感(sense of gain)是一个本土性非常强的'中国概念',在国外尚不存在直接的概念对应"[①]。学界对获得感形成了一些定义,一般认为获得感包括客观层面的获得和主观层面的感受两个方面维度,"其中客观层面的获得感包括物质和精神利益,主观感受则与收获感、满足感、成就感和幸福感相关联"[②]。学生成长获得感,顾名思义指学生在大学学习

---

① 曹现强,李烁.获得感的时代内涵与国外经验借鉴[J].人民论坛·学术前沿,2017(2):18-28.

② 张卫伟.论人民"获得感"的生成:逻辑规制、现实困境与破解之道——学习习近平关于人民获得感的重要论述[J].社会主义研究,2018(6):8-15.

生活过程中达成的物质、精神、情感、能力、素质等方面期待的程度,以及由此产生的心理感受和情感体验。

学生成长获得感有主观和客观两个方面的衡量标准。主观方面指学生自我目标的达成或需要满足带来的愉悦心理体验,如组织协调能力、学术研究能力、语言表达能力等得到提升并受到鼓励,学生能够明显感受到自我综合素养的提升,并从中体会到个人成长的成就感和满足感。客观方面指学生在物质、精神等方面实现可视化的占有。物质方面的占有指学生对学校学习资源、发展平台、服务设施、管理水平的占有感、使用率,优质的资源、良好的发展机会、现代化的服务设施与管理水平都能带来良好的获得感甚至优越感。精神方面的可视化占有指学生通过自身的努力获得各种公开承认的荣誉,如奖学金、优秀学生、优秀毕业生等称号,这些具有普遍公认度的荣誉能带来学生强烈的成就感和获得感。可见,学生成长获得感的实现既源于外在提供的条件,也源于学生自我的实践。

"获得感"是一种相对主观的感受,如何将"学生成长获得感"外化为衡量教育质量的标准十分重要。根据学生成长获得感的内涵和生成逻辑,其评价维度应从内外部两方面进行设计。内部评价维度指以学生学习效果为核心的感受,外部评价主要指学校提供的软硬件基础、环境和提供给学生的发展平台、教育教学水平以及学生对此的感受。

外部评价维度也可以分客观条件和主观感受两个方面。客观条件包括:一是学校以硬件设施、育人资金投入等为核心的办学条件;二是师资力量;三是生活服务条件,包括宿舍、食堂、教室环境;四是发展平台与环境,包括参加学术活动、学科竞赛、境内外交流、校外拓展机会,文化活动层次与丰富性;五是制度与管理文化环境是否公平公正公开,是否围绕人才培养核心等。主观感受指学生对这些方面的评价以及毕业生对母校的满意度。

内部评价维度同样如此,分为客观和主观两部分。客观维度主要指可视化的学生成就指标:一是在校生的学风,包括学习态度、学习效果,如学科竞赛参与率、获奖率及获奖层次、升学率、创业率等等;二是毕业生就业层次,包括就业率、就业质量、社会评价等。主观维度主要指对学生成就感的评价,包括学生自我成长获得感评价、用人单位对毕业生满意度评价、毕业生对母校满意度评价、教师对学生成就评价等四个维度。

二、学生成长获得感的生成机制

学生成长获得感的生成来源于外部和内部两个方面。外部生成机制是指能够提供学生生存发展的物质条件、制度机制保障和公平公正的环境(一般由学校的办学条件、办学水平、大学文化、硬件设施等决定,学生在校期间可以轻松获得),学生由此产生对外部环境的满意感。外部机制遵循的是"提供—获得"的生成逻辑,也即无法提供上述条件或条件不足以符合学生成就期待的教育资源供给者,难以让学生产生获得感。外部生成机制符合人的生存发展需要,"当人们还不能使自己的吃喝住穿在质和量方面得到充分保证的时候,人们就根本不能获得解放"[①]。"00后"大学生成长于改革开放取得巨大成就时期,对物质条件、制度环境、资源平台的期待必然远远高于过去任何一代大学生,倘若大学难以提供相应的外部条件,学生也难以从中有获得感。

内部生成机制指学生个体借助学校提供的各类资源,通过自身的学习实践活动实现自身素养的成长和发展——如专业知识结构、可迁移能力、意志力、审美力的提升,并由此产生的成就感、满足感。内部获得感遵循的是"劳动—获得"的逻辑,也即获得感的产生取决于学生在校期间付出足够的劳动和努力并产生相应的成果。这也符合马克思主义关于劳动的观点:劳动的本质是人自由自觉的对象化活动,人在劳动的过程中生成自身、确证自身,"人是自己劳动的结果"。可见,学生成长获得感的有无、大小取决于学校和学生双方,两者互为依存,缺一不可。

学生成长获得感的评价主体应该是与思想政治教育密切相关者,既要考虑学生的评价,也应包含其他评价。利益相关者理论认为,大学是一个典型的利益相关组织,存在不同层次的利益相关者:"第一层次是教师、学生、管理人员;第二层次是校友和财政拨款者;第三层次是与学校有契约关系的当事人;第四层次是当地社区和公众等。"[②]学生是人才培养的核心利益相关者,学生成长获得感的评价主体毋庸置疑是学生,因为没有人比学生更清楚"我的感受",其他人无法替代学生的评价。在校生、毕业生和校友都可以对教育条件、教育质量进行评价,也可以对教师教学水平及自我成就感进行评

---

① 马克思恩格斯文集:第一卷[M].北京:人民出版社,2009:527.
② 李福华.大学治理的理论基础与组织架构[M].北京:教育科学出版社,2008:85.

价,但评价主体不能仅限于学生。受到知识结构、视野、环境以及情绪情感等多方面的影响,学生的主观感受也有一定的局限性,所以还需要采纳直接与学生成长关联的教师、辅导员、班主任的评价,以正确处理好学生评价与其他评价的关系。

大学的重要使命是为党和国家培养人才,近年来,高校巡视、本科教学水平评估、专业建设评估以及毕业生质量跟踪调查等第三方评价的重要性日益凸显,将高校落实立德树人根本任务纳入巡视巡察、评估、调查的范围,但学生主观感受评价的比例设置还不高,学生主体性不够凸显,应扩大学生主体获得感的评价比重,并考查学校是否将此作为评价教师和管理部门业绩的重要依据。

三、学生成长获得感提出的正当性

"获得感"与"以人民为中心"的思想是一致的。《中共中央关于坚持和完善中国特色社会主义制度　推进国家治理体系和治理能力现代化若干重大问题的决定》提出我国国家制度和国家治理体系的显著优势之一就是以人民为中心。① 习近平指出"为人民谋幸福、为民族谋复兴是新发展理念的'根'和'魂'"②,"以人民为中心的发展思想,不是一个抽象的、玄奥的概念,不能只停留在口头上、止步于思想环节,而要体现在经济社会发展各个环节。要坚持人民主体地位,顺应人民群众对美好生活的向往,不断实现好、维护好、发展好最广大人民根本利益,做到发展为了人民、发展依靠人民、发展成果由人民共享。只有坚持以人民为中心的发展思想,坚持发展为了人民、发展依靠人民、发展成果由人民共享,才会有正确的发展观、现代化观"③。

可见,以人民为中心就要尊重人民的需要,维护人民的根本利益,满足他们对美好生活的向往,治理视域下"三全育人"建设也要抓住学生成长获

---

① 中共中央关于坚持和完善中国特色社会主义制度　推进国家治理体系和治理能力现代化若干重大问题的决定[EB/OL]. (2019-11-05)[2024-12-06]. https://www.gov.cn.

② 习近平. 在省部级主要领导干部学习贯彻党的十八届五中全会精神专题研讨班上的讲话[N]. 人民日报,2016-05-10(1).

③ 习近平在省部级主要领导干部学习贯彻党的十九届五中全会精神专题研讨班开班式上发表重要讲话　强调深入学习坚决贯彻党的十九届五中全会精神　确保全面建设社会主义现代化国家开好局[N].人民日报,2021-01-12(1).

得感这个关键点。"全过程育人"就是要建立贯穿式育人链条,将思想政治工作融入学生成长全过程,建立以学生成长获得感为核心的评价体系就是链接各个节点的"关键环节",将所有人的思想统一到提升学生成长获得感这一育人目标上来,逐步实现理念相通、利益分配原则一致、行为同步的目标,真正实现对思想政治教育过程的有效控制。

高校思想政治教育的科学发展观同样应树立以学生为中心的理念,将提升学生成长发展的获得感作为我们工作的出发点和度量衡,这既是高校内涵式发展和教育评价改革的需要,也是对当前高校教育评价中学生成长发展指标显示度不全面、不科学的回应,因此有其现实的生成逻辑。

一是人才高质量发展要求与育人模式相对滞后之间的矛盾。当前,坚持立德树人根本任务,提升人才培养质量,日益成为衡量高校办学水平的尺度,这也是高等教育实现内涵式发展的核心要求。2018年,教育部发布《坚持以本为本 推进四个回归 加快建设高水平本科教育》,提出要"把人才培养的质量和效果作为检验一切工作的根本标准",意味着高校的育人模式、资源配置方式、课堂教学模式、师生关系、评价体系都要进行相应的调整。各个高校在这方面做了许多努力,一些高校尝试做了一些改革,但从本科高校巡视反馈结果、教育部本科教学水平评估、专业认证以及毕业生质量跟踪调查等第三方信息看,育人模式还有待改进。如信息时代人类知识获取渠道和方式发生了根本转变,颠覆了传统的"教—学"关系,教师的角色从知识传播者向学习活动的设计者、指导者转变,师生之间更倾向于学习伙伴、学习共同体的关系,教师如果只会做知识的搬运工,必将逐渐丧失其在课堂中的地位和作用,教师必须及时转变角色,关注学生信息获取习惯和学习需要,调整自身的教育教学方法,提升教育的有效性。

二是教育质量评价改革成为必然趋势与现有评价制度滞后之间的矛盾。2018年,教育部发布《普通高等学校本科专业类教学质量国家标准》,提出要"推动本科教学从'教得好'向'学得好'转变"。2020年10月,中共中央、国务院印发《深化新时代教育评价改革总体方案》,提出要"破除五唯"(唯论文、唯帽子、唯职称、唯学历、唯奖项),树立科学的教育发展观,完善立德树人体制机制,扭转不科学的教育评价导向,"把立德树人的成效作为改革学校评价的根本标准"[①],对学校、教师和学生个人的评价进行改革成为教育改革的方向和趋势。目前政府对大学的评价、学校对部门业绩的考核、教师个体的考核、学科专业的考核主要集中在论文、项目、奖项等指标上,对能够反映学生培养质量的核心指标研究不足,考核的显示度不够,对学生的评价指标单一,多元性、灵活性、针对性不足。如本科生的评价方式以课堂教学成绩为主,课堂教学成绩则以考试为主,而考试又以记忆性的内容为主,对学生综合素质的培养考核明显不足。一些学校为了片面追求考试的客观公正性,将部分思想政治理论课考核模式确定为"教考分离",导致这些课程成为应试教育,学生更加失去学习的兴趣。窥一斑而见全豹,科学完善的学生评价体系还有待建立。

三是学生成长发展要求不断提升与学校教育培养训练不足的矛盾。高校人才培养质量问题一直受到国家和社会的关切,以学生为中心、关注学生的获得感、产出导向是近年来教育部专业认证和社会第三方评价的重要方向,也是《深化新时代教育评价改革总体方案》的基本精神。当前,一方面高校毕业生总数连年创新高,但与就业岗位需求的匹配度不高,人才培养的目标达成度、社会适应度和结果满意度不够理想,学生科研水平和能力还较欠缺,创新意识和能力有待提升;另一方面高校人才培养方案对学生专业知识体系以外的能力培养不足,存在通识教育不完善、综合能力训练不系统等问题。以浙江省某普通本科高校毕业质量跟踪调查结果为例,毕业生最希望母校改进的三项工作分别是:学生科研能力训练、提高专业课程教学质量和学术批判性思维能力训练,三条建议与该校学风的客观现实相符,说明学生作为人才培养的主体对自身成长发展有明确的期待,他们有权利也有能力对四年的在校学习生活带来的成长和在校期间的学习生活感受进行评价。从近年来教育部对大学生思想动态滚动调查结果看,我国高校大学生主流积极向上、价值观正确,即便存在个别学生评价失之偏颇,只要数据量足够、评价结构科学,这些个案并不会影响总体结果,反倒是要避免管理者只关注不合理的个案而忽略了学生整体意见的情况。

四是学生对校园生活幸福感的追求与保障服务不到位之间的矛盾。前文已经提到,高校学生主体已进入"00后时代",这一代学生有三个主要特点：一是他们在改革开放取得较大成就以后成长起来，物质条件优渥，多数没有吃过苦，甚至不知道生活上的苦具体表现形式是怎样的；二是相当一部分学生在中小学阶段经历了良好的学校教育和综合素质训练，文艺、体育才能突出；三是他们与互联网的推广普及同步，视野开阔、知识面广，有较强的去权威化意识和平等观念，对传统的教育方式"无感"或"钝感"，擅长用网络来表达自己的意见或不满。"00后"学生群体对校园生活的多样化和高品质的追求明显高于"70后""80后"，他们认为大学学习发展与高质量的生活服务条件可以并存，两者并不矛盾。目前，高校为学生提供的学习生活保障和服务水平与他们的要求之间还存在差距，一些高校的硬件设施陈旧，呈现出"大学不如中学、中学不如小学"的现象。

五是师生主观上职责明晰与客观上行为偏离之间的矛盾。教师的职责是教书育人，学生的本职是学习成长，从主观上来说，师生都清楚自身的使命，但在行动上存在偏离。从学生主体看，多数学生渴望通过四年学习获得成长，但存在大学生活的目标不够清晰、规划不够明确、学习主动性不够、学习的毅力不足等问题。从教师主体看，围绕学生、提升教学质量应该成为教师的天职和主业，但很多教师清晰自身职责却难以将主要精力投入到学生身上。中央将教师思想政治教育、师德师风建设作为高校思想政治工作的重要内容，但教师面对当下科研导向、指标导向的考核评价方式也颇感无奈，相当部分教师疲于应付，师生关系疏离现象较为普遍。

以"学生成长获得感"作为全体育人主体共同的导向，就是要打破体系壁垒，建立融通教学、科研、日常管理、生活服务等体系的评价激励机制，将学生的学业、思想政治评价从教师转向"教师＋学生"，转变为"学生＋教师＋社会第三方评价＋用人单位评价"的模式，评价结果与全体教师评价结果和学院考核分配挂钩，与学科专业建设的资源分配挂钩，这是破解当前不同育人主体、不同育人体系之间宏观目标一致、中观指标脱节、微观行为不同的关键所在。

第二节　建立体系融通的师生综合评价体系

大学生在与周围环境互动交往的过程中形成自己相对固定的思想、观念和行为方式，这种交往不会仅限于课堂，因此育人的范围也不可能限于课堂,与此对应的是学生评价也应在更广范围内展开。当前不论是对教师还是学生的评价都还没有做到观照学生成长的全生命周期,比如教师评价中的教学、科研、育人虽然都有表现,但相互之间的关系还没有理顺,各自的标准还无法以学生成长的结果来衡量,学生评价还主要停留在课堂评价、学业评价,课外综合评价的重要性虽然日益显现,但与教学、科研之间的机制还有待理顺,需要对师生评价制度进行改革完善,以最大限度调动师生育人的积极性。

一、建立体系融通评价制度的紧迫性

建立体系融通的评价制度,就要打破传统的一二三课堂(另有第四、第五课堂一说)的体系。学术界对分为几类课堂有一些不同的提法,但归根结底高校的课堂都可以归结为一二三课堂:第一课堂指纳入学校教学计划的课程,学生通过规定课时的学习并完成考试就可以获得相应的成绩;第二课堂指学生参加的各类社团、兴趣小组等,学生通过共同的兴趣爱好形成学生团体,参加各类活动或完成任务,一些社团组织得力,能够让学生得到平时无法在课堂上得到的锻炼;第三课堂指各类校内外社会实践或志愿服务活动,如通过参与社会调查来加深对社会的了解。有一些学者将出国交流、网络学习列为第四、第五课堂,但实际上出国交流属于教学安排,网络学习是自我提升,严格意义上并不能单独成为一种课堂,应根据其内容和形式归入一二三课堂。

当前我们提"课程思政",重点是要求不同学科背景的教师在课堂教学过程中融入育人元素,但在当前高校思想政治教育手段与场景多元化的情况下,"课程思政"的外延不该单指第一课堂,还应包含二三课堂,对教师评价也相应地包含课堂教学质量、课外社团指导、竞赛辅导以及与学生育人相关的所有工作。课堂教学是显性课程,而二三课堂是隐性课程,都包含了育人元素,尤其隐性课程由于具有较强的实践性,往往更需要教师的专业指导。比如"挑战杯"学科竞赛、大学生职业生涯规划、社会调查等,没有专业教师的指导,学生很难取得好的成绩;比如现在的志愿服务越发强调专业性,缺乏专业知识的指导固然可以从事志愿服务工作,但大学生不能仅做献爱心等这类志愿服务。打破体系壁垒,建立体系融通的考核制度,就要将"课程思政"的外延延伸到二三课堂,这主要基于四方面考虑。

一是由高校思想政治教育目标的融合特性决定的。高校思想政治教育目标早已经跳出原来的政治教育,而是拓展为与人才培养相互融合的政治、道德、专业、素质等全方位的教育,这就必须打破教学、科研、学生工作、社会活动等体系之间的壁垒,通过一二三课堂融合来综合实现。我国高校思想政治教育目标主要围绕培养"劳动者""接班人"展开,这两个总目标要求培养"又红又专"的合格建设者和可靠接班人,思想政治素质、道德水平、专业知识结构、心理健康、人文素养、思维方式以及体育美育等素质要求都被纳入其中。思想政治教育不是片面的"政治教育",而是"成人教育",是培养一个具有正确的政治品格、道德水平,精湛的专业知识、良好的体魄、健全的心理等素养,将来能够成为一个对社会发展有用、自力更生、自我愉悦的人,能够将个人价值与社会价值相统一的人。

清华大学校长梅贻琦先生坚持"通识教育",就是基于"成人"的教育理念提出的。在梅贻琦先生看来,通识教育是为了学生在日常生活中可能遇到的各种实践问题准备的,要训练学生的思想观念、思维方式、行为方式和处世态度等可迁移的能力。一个通专结合的人治理社会可以启发民智,即"新民",但如果一个人只专不通还身居要位,那往往无法很好解决实践中方方面面的问题,因为一旦离开他擅长的某个专业领域他就束手无策,这样的人当政就是"扰民"。打破体系壁垒,关注学生成长获得感也正是基于这样的考虑提出的。

二是由当前思想政治工作的实践规律决定的。当前高校思想政治工作已经要求"课程思政"跳出"课堂教学"。学生个体所受到的影响既来自其所处环境的各个方面,又会受到不同对象的家庭环境、个性、经济条件、个人经历、教育方式等多种因素的交叉影响,呈现高度不确定性和复杂的拓扑反应的特征。学生成长获得感来源不仅包括课堂教学,还包括非教学活动安排。建立一二三课堂协同育人机制,就是要重塑管理者对人才培养目标和规律的认知,调整教育方案和评价制度。

高校一些管理者甚至是教务部门将"以教学为中心"与"以人才培养为中心"混淆,将教学等同于人才培养,将人才培养的内容限于专业知识体系的传授,将学生的成长范围限定在教学及与教学相关的活动中,这种认识是非常狭隘的。不仅应让教师关注第一课堂,将更多的第一课堂打造为"金课",还要拓展第一课堂的外延,将更多的学生通过二三课堂的实践锻炼加深对知识的理解,促进正确的人生观、价值观的形成,这是提升学生成长获得感的重要路径。

三是由当前的知识传播方式决定的。信息时代知识传播方式决定了教师角色必须延伸到二三课堂。信息时代人类知识获取渠道和方式发生了转变,颠覆了传统的"教一学"关系,"知识"成为唾手可得的东西,学生可以通过互联网和人工智能获取到绝大部分信息,仅以知识传播为主要任务的课堂教学的价值和作用受到削弱,教师的角色由知识传播者向学习活动的设计者、指导者转变,师生之间更倾向于学习伙伴、学习共同体的关系。教师在传统教育模式下的知识权威性受到了严重的挑战,"知识"已经不再是教师的独特资源,"传道授业解惑"的教师天然职责中后两者权威性已经受到严重削弱。教师与学生一起学习,教会学生学习的方法、思维的方式,陪同他们运用知识去实践、体验、巩固,进而提升学生发现问题、分析问题、解决问题的能力,这应该成为教师的主要任务。也就是说,教师必须围绕学生发展需要和成长规律,倘若教育不能延伸至二三课堂,那么教师的作用将更加式微。

四是由当下师生关系决定的。当前师生关系日渐疏离,需要通过扩大、加深教师与学生的交往来改善。师生关系是思想政治教育中最为重要的一对关系,师生关系对学生的世界观、人生观、价值观起着至关重要的作用。当前,高校教师"上课拎着包来,下课拎包就走"成为普遍现象,倘若教师仅仅与学生在课堂上接触,学生与教师交流的机会则极其有限,必然大大降低教育效果。因此,教师的影响力需要通过二三课堂中的互动来实现,让学生在与教师的密切接触中真正感受到教师深厚的学养和人格魅力,提升教育的说服力。

二、改革教师的评价激励制度

制度在价值观念塑造方面的作用巨大,制度就是指挥棒,教师的个体行为主要受到评价制度这个指挥棒的影响,指挥棒突出什么,资源分配配置什么,教师就做什么。而制度设计者的价值观则塑造了制度。当前我们谈构建"三全育人"大格局,建设"十大育人体系",看似已经大刀阔斧进行改革,但实际上如果不解决人事评价制度以什么为核心的问题,就难以真正实现"三全育人"。建立以学生成长获得感为导向的综合评价制度,引导教师将主要精力投入到育人工作中去,就要打破教学、科研、学生工作的体系壁垒,将评价的核心聚焦到人才培养上,聚焦学生成长获得感,以此引导教师的行为同向同行。

第一,建立育人过程性与结果性并重的评价模式。专任教师在学生知识结构体系建构和能力素质提升过程中扮演重要角色。专任教师的育人职责体现在两个方面：一是传授学生知识，训练学生思维，提升学生能力；二是在与学生开展教学和指导的过程中将正确的思想道德观念、思维方式、意志品质等传递给学生。可见，专任教师的育人元素兼具"智育"和"德育"两个部分，其发挥育人功能的渠道不仅包括课堂教学，还包括二三课堂，育人成效的表现形式应该包括"过程性"和"结果性"两个方面。

"过程性"指教师是否履行了应有的育人职责。如在"智育"方面，是否将知识传授、思维训练、能力提升三方面的功能融入其中，具体表现形式就是课堂教学的内容设计、学生成绩考核方式和二三课堂的指导行为；在"德育"方面，是否有意识将思想政治教育的元素融入其中，具体表现形式就是通过言传身教或教学设计或因地制宜、就地取材开展教育。"结果性"指教师履行育人职责的效果，如在"智育"方面，学生的学习效果如何，学生是否既习得了知识，又习得了解决实际问题的能力和相应的思维方式，这种评价的方式不能简单用某一张试卷来解决，而是要通过定性和定量相结合的考核方式来进行。如第一课堂考核要通过试卷、任务、学生自我评价和第三方评价来进行，二三课堂的内容则要根据教师指导学生的成就显示度来评价，如竞赛、评优、社会评价等一系列指标；在"德育"方面，确实很难用一些显性的指标来评价，否则容易陷入功利化的不良导向，但可以设置"底线"与"天线"，结合主客观量化指标、定性指标结合的方式来进行。

第二，打破教学、科研、学生工作体系壁垒。过去不论是教师还是部门、学院，专业的业绩评价主要分为三个部分——教学业绩、科研业绩、学生工作业绩，三者之间各有标准，并不融合，即使有所换算也是优先重点保障科研，归根结底是各自评价标准不一致。如一些教师认为科研项目、论文发表层次就代表了学校实力和教师实力，而这种实力就是育人的资源，但实际上教师的科研成果能否与育人成果画上等号？并不一定。科研成果怎样让学生有感知还需要融通科研与教学转化过程、科研与育人转化过程。目前，科研业绩是评价教师水平和收入的核心指标，教学业绩似乎成为相当部分教师的保底功能。诸多高校对教师的育人工作量仅要求青年教师"有担任班主任或辅导员工作1年以上经历"，以此作为教师在繁忙时间中抽出精力做些育人工作的底线性规定，而具有高级职称的教师只要完成极少部分工作量即可。有教师认为，教师科研实力强了，为学校获得声誉、提高地位，也是人才培养的重要内容，但实际上科研、教学与学生工作三者之间各有标准、自成体系，教师的科研成果如果不能转化为学生能够获得的内容，那么科研只是教师研究水平的评价指标，不是教师育人成就的评价指标。从这个意义上说，没有三者之间的融通，仅仅从事科研的教师是研究员，并不具备教师的职能。

建立打破教学、科研、学生工作体系壁垒的教师评价制度，要将学生成长获得感作为教师成果认定、绩效考核、职称评审的评价指标，将科研业绩在教学、育人业绩之间搭建贯通的桥梁，将原来聚焦过程性、项目化的教学评价内容转变为与学生成长直接相关的育人成果内容，教师科研业绩评价要从原来的论文、项目等内容转变为考察论文、项目等科研成果及其转化为教学资源的比例（如科研成果转化为课程、讲座、报告的比例），转化为指导学生学科竞赛或科学研究、综合素质训练的实际行动和效果。要改革原有的评价考核标准，将教师的教学成果评价、育人过程性评价聚焦到育人业绩的结果性评价上来，育人业绩要聚焦学生成长获得感的客观标准和学生主观感受。

学生成长获得感有主客观两个维度的标准。在客观方面，首先，学生成长有客观衡量的业绩，包括课堂学业成绩、课外学科竞赛、研究项目、社会实践以及各类与学生综合素养提升相关的内容，这些都应该纳入教师的评价体系。其次，学生的成长还包括就业率、升学率、获奖率、行为表现、社会声誉等内容，这些指标难以成为教师个体的评价衡量内容，但应该作为二级学院、系部的集体业绩评价标准。学生在校期间感受到的学校资源提供条件和服务也应该作为相关管理部门的考核评价指标。主观方面，学生成长获得感的自我评价应该与教师课堂教学业绩和学院、专业、学科建设业绩、管理部门业绩、辅导员业绩挂钩。

第三，扩大评价主体。2018年，教育部印发《新时代高校思想政治理论课教学工作基本要求》，针对思政理论课教师考核评价提出要"建立健全多元评价机制，采用教师自评、学生评价、同行评价、督导评价、社会评价等多种方式，对教师教学质量进行综合评价"。这是一个大胆的创新，应该推广到更大范围教师层面，将教师的业绩分为课堂教学业绩和非课堂教学业绩。课堂教学业绩评价要从督导评价、学生评价的范围扩大到校领导、中层干部、辅导员、教师和学生。学生的作用主要是对课堂学习的获得感进行评价，其他人员则是通过对教师教学的观察对其教学水平进行评价。其中，学生成长获得感的评价在教学过程的考核评比中占比应该是主要的。非课堂教学业绩则需要根据不同教师对育人对象的主客观评价给出考核意见。此外,目前教育部的要求主要针对教师队伍,而教师队伍主要依据部门、学院给出的考核办法调整个人行为,部门与学院管理者如何开展工作又与学校的总体评价制度密切相关,他们会在学校办学理念和评价制度的基础上各自设计制度体系,因此,根源还是要从学校顶层设计开始,调整针对部门、学院、专业建设的评价考核标准。

第四,注重评价结果的运用。针对教师、学院、部门等个人和集体的评价制度是否能够起作用,关键在评价结果如何运用。共同体的核心是价值观和利益的一致,如果考核结果不能与教师的根本利益挂钩,那一切都是空谈。教师评价考核结果必须与教师、学院、部门的资源分配方式结合起来,与学科、专业建设的投入配比挂起钩来,方能触动大学中所有人。要推动根据育人业绩导向将学术成果转化为教学资源、项目化的学生研究实践资源的育人行为,鼓励教师从第一课堂延伸到二三课堂,评价结果与教师的年终考核、岗位聘任、职称评审、绩效分配、评优评奖挂钩,这是教师评价制度的核心和关键。

三、建立人才培养质量的第三方评价制度

招生、培养与就业密不可分、相互影响,综合展现了学校的人才培养质量与办学实力,高校应做实校内自我评价,用好第三方评价,通过毕业生质量跟踪调查和在校生满意度反馈,科学合理地调整专业设置、招生计划、培养方案、管理制度和服务理念。第三方评价是上级主管部门组织的专业性较强的评价,包括毕业生质量跟踪调查、教育部专业认证和本科教学工作水平评估、校领导班子巡视等,其结论相对更为全面、系统、客观,应将其与招生、培养、就业等环节相结合,建立动态反馈机制,不断调整完善育人模式。

思想政治教育治理要坚持党委领导下的校长负责制,积极支持多元主体参与育人,引入第三方评价是为了对高校人才培养质量进行更加客观、全面的评估。思想政治教育治理强调系统化、闭环管理的思维,在高校教育评估领域,系统论已经广泛应用,形成了教育评估的 OBE(outcome based education)教育理念。OBE 理念又称"成果导向教育、能力导向教育、目标导向教育或需求导向教育",是一种以教育质量结果为导向,坚持"产出导向、反向设计"的理念制定、调整、检验人才培养方案和课程训练体系的教育理念。OBE 理念被认为是目前教育理论的正确发展方向,在国内也得到了广

泛的运用，特别是在高校教育评估领域已经成为主要的指导思想。

OBE 的基本实施理念包括以下几个方面。一是教学设计和教学实施的目标是学生通过教育过程最后所取得的学习成果，强调四个问题：我们想让学生取得的学习成果是什么？我们为什么要让学生取得这样的学习成果？我们如何有效地帮助学生取得这些学习成果？我们如何知道学生已经取得了这些学习成果？二是成果导向，教育应该能够衡量学生能做什么，而不是让学生知道什么，前者是传统教育无法做到的。三是清楚聚焦，即课程设计与教学要清楚地聚焦在学生在完成学习过程后能达成的最终学习成果，并让学生将他们的学习目标聚焦在这些学习成果上。教师必须清楚地阐述并致力于帮助学生发展知识、能力和境界，使他们能够达成预期成果。

OBE 理念强调的是以学生成长的结果为导向，同时关注学生自身的获得感，它与传统教育最大的不同在于从教师中心转移到学生中心，从教学过程为主转向以教育结果为主，强调思维而不是强调知识，强调运用而不是强调记忆，突出团队合作而不是单兵作战。在 OBE 理念下，教师的任务、角色都将发生重大的变化，倘若没有一个强有力的评价制度和运行体系进行反向促进，很难让教师走出原本的舒适区。虽然 OBE 理念诞生初衷是为了检验专业教育的有用性，但其结果导向、闭环管理的理念在中国高等教育评估体系中进行了优化，增加了思想政治素养、心理素质、道德水平、实践能力、综合能力等非教学因素，也充分体现了我国高等教育立德树人的根本任务。可以看到，OBE 理念认为脱离大学生的根本利益——学业、成长、就业等与自我价值实现密切相关的内容，很难让教育起到良好的效果。

OBE 理念运用较多的场合包括教育部对高校的教学水平评估、高校专业认证、教育主管部门委托第三方开展的毕业生就业质量跟踪调查等，这些评价都重点包含了毕业生的就业质量、用人单位评价、毕业生毕业当年及一年和三年后的自我评价、对母校的满意度评价等。可以说这些在推动高校逐步树立产出导向理念方面起到了积极作用，但实际的推进情况并不理想。OBE 理念的实施涉及的是教育评价的总体改革，涉及教师角色的颠覆和教育难度的增加，更是对人才培养方案制定、学校教育教学资源扩大、教育管理水平提升等一系列重大问题的调整与改革。可以说，OBE 理念触动了现有高校教育教学的模式，需要从关注教师的工作过程转变为关注学生的发展结果。在这一理念下，如何有效架起教师已有的教学成果、研究成果、工作模式与学生成长获得感之间的桥梁，是对管理者勇气、魄力、能力、水平的挑战,也是对教师教育教学水平实现质的提升和工作方式转变的挑战。

　　"全过程育人"治理需要通过关注学生的成长获得感,建立第三方对人才培养质量的评价制度,以加强结果反馈与思想政治教育目标一致性、有效性的考量来强化思想政治教育过程科学性的把握。

　　首先,教育目标和内容要突破"专业教育"的单一视角。第三方评价的内容不只针对教学成果,而是对学生的综合评价,但不同的评价主体侧重点又不一样,因此高校一方面要坚持党的教育方针,突出自身的办学特点,另一方面专业培养要倡导博雅教育、通识教育,扩大学生的社会适应能力,更要适应新时代的高校人才培养目标,跳出"专业教育"的视角,关注知识与思维、能力与道德、心理与生理的关系和相关的综合素质要求。具体来说,教育目标和内容设置过程可以关注三方面:一要将与学生就业质量相关的标志性结果纳入人才培养目标,包括就业率、升学率、用人单位评价、竞赛获奖率、薪资水平等;二要将学生自我成长的获得感、满意度作为衡量学校人才培养目标达成度的重要标准,也就是要考查学生在学习过程中获得的融入内心深处并终身受益的心路历程、体会以及对自我表现的评价;三要考察知识的综合运用能力以及在这个过程中表现出来的政治品格、价值观念、道德素养、情绪情感、意志品格、心理素质、身体素质,以及各种可迁移能力。

　　其次,要树立系统思维,进行闭环管理。"思想政治工作就像撒盐",而招生、培养与就业就像一个厨房中的不同角色,招生负责买菜,就业负责端菜,教学部门则是大厨,学工部门是二厨,买菜和卖菜的人都需要考虑大厨的要求,而大厨也要重视顾客的意见。人才培养是一项系统工程,学科、教学、学工等多个子系统各自发挥其职责,但社会分工的不同和子系统之间的不同运作机制和利益分配方式导致不同系统间产生了体系性隔阂,如果没有良好的机制进行协调,就会出现学校的政策无法落实甚至"相互打架"的情况,从而偏离政策初衷。招生、培养与就业是密不可分、相互牵制影响的关系,要打通三者之间的壁垒关键在于通过对毕业生质量跟踪调查,依据在校生满意度的评价反馈结果,科学调整专业设置、招生计划、培养方案、管理制度和服务理念,并不断对阶段性成果进行评价反馈,建立"就业—招生—培养—就业"的动态调整机制,也即人才培养的"闭环",实现评价结果与学科专业设置、招生规模、培养方案调整、培养过程调整之间的动态联系。

　　最后,确立参与评价主体。除了学校自我评估以外,应该参与到教育质量评价中来的主体包括学生评价、上级主管部门组织的专业性较强的评价、行业协会评价、用人单位评价、毕业生评价及校友评价等，也可以选择一部分有代表性的家长进行评价，以充分体现人才培养过程中利益相关者的意见表达。与这些主体相对应的评价内容包括：自我获得感评价、对教师和学校的评价、教育部专业认证和本科教学水平评估、校领导班子巡视巡察、行业对专业的评价和毕业生质量的评价、毕业生和校友对母校满意度评价等。由于不同评价主体所处的立场不同、感受不同，高校领导层要对各主体的评价进行深入细致的分析研究，有针对性地融入人才培养方案制定和人才培养过程，特别是第三方评价对学生思想道德、心理素质、综合素养等较为主观的评价方面，学校尤其要注意判别背后的原因，不能简单划归为学生工作或某个条线的责任。

四、建立一二三课堂协同的学生评价制度

以学生成长获得感为起点的"全过程育人"治理不仅要对教师评价制度进行改革，也要对学生评价制度进行改革。当前，高校对学生的评价形成了较为完整的体系，主要包括课堂教学评价、二三课堂综合素质评价以及各类奖惩制度，在教育引导学生方面发挥了重要作用，但教师对学生的评价内容对学生是否真正具备运用知识解决问题的能力考察不足，多为书面测试且以知识考查为主，对学生学业成绩的评价由教师单方面做出，评价主体、评价方式、评价维度较为单一。学生在一二三课堂中的表现评价由不同部门进行，部门相互之间还未形成协同贯通机制，虽然一些评优制度会综合考虑各方面的表现，但仅作为一种结果呈现，在实现"1＋1＞2"的育人效果方面还欠缺应有的设计。

"三全育人"理念需要观照人的全面发展，要充分调动、发挥学生的主观能动性参与育人过程，实现自我管理、自我教育、自我服务的功能。学生综合评价既需要教师对学生进行专业的评价，也需要学生对自我是否投入足够的精力习得应有的知识、具备相应的能力素质做出评估。建立贯通一二三课堂的学生综合评价机制，可归为教学课程的考核评价方式、思想政治理论课的评价方式、学生课外综合素质评价方式三类。

首先，课堂教学评价要以项目化形式向二三课堂延伸。当前学生发展日益要求高校改变以知识传授为主的教学方式和考查记忆、知识点为主的教育评价方式，代之以项目化、任务性的方式开展教学和评价。课堂教学方式要延伸到二三课堂的观念已经得到了较为普遍的共识，但如何延伸、谁来

组织、谁来评价等问题还没有得到很好解决,这就涉及教学工作与学生工作之间协同的问题。建立项目化的二三课堂教学任务,由班主任、辅导员或辅导员助理等担任组织者,由教师或行业协会、企业从业人员、政府工作人员等担任二三课堂的评价者、指导者,可以较好解决这个问题。

其次,思想政治理论课评价也要向二三课堂延伸。思想政治理论课除了传统的理论教学外,还要教会学生运用马克思主义的思想、观点、方法去发现问题、分析问题、解决问题,这才是让学生终身受益的。灌输固然是重要的思想政治教育方式,但如果能够建立与实践结合的考核评价方式,就可以达到更好的教育效果。如思想政治理论课安排社会调查、社会实践、志愿服务等任务,由辅导员或班主任担任课外教师,完成情况与课程考核挂钩,形成学生的综合表现,可以增加学生思考的主动性,扩大学生的视野,加深学生对理论的理解与认知。学生工作管理者也要转变方式,一方面要发挥学生工作的组织优势、宣传优势、队伍优势,与教学线共同做好各类项目化教育的组织发动等工作,另一方面也要从过去的更多关注"做了"转变为关注"做到"和"做好"。考查学生管理工作的标准也要根据教育目标的调整而做出相应的调整,与教学工作共同在提升学生实践动手能力、科学思维方式等方面发挥更大的作用。

最后,加强学生课外综合素质评价。综合素质评价是对学生大学期间课外实践活动的综合表现评价,具有至关重要的作用,其评价应作为学生学业评价的重要补充。很多学生通过担任学生干部、从事志愿服务、参与社团活动、从事科研和参加学科竞赛等充分锻炼和展示了能力,一些学生虽然没有获得重要的奖项,但学科竞赛经历十分宝贵,可以说这些经历给学生提供了一个课堂教学无法提供的环境和平台,扩大了学生社会交往的范围,丰富了学生的社会生活。这种实践已经成为思想政治工作的重要组成部分,也成为大学生训练可迁移能力的重要环节。当前很多高校都开展学生综合素质评价,但高校对这种评价的运用并不相同,多数学校将综合素质评价与学生评优评奖挂钩,但评价主要是学生工作部门在主导,评价结果的权威性、认同度和运用率还不足。学校应加强顶层设计,提升课外综合素质评价的地位和作用,将其作为人才培养目标的一部分确立下来,纳入学生个人综合素质评定范围,作为一个单独的成绩留存下来,并将其与部分评优挂钩,或设置单独的激励政策,其结果还应与部门、学院、专业人才培养质量评价、绩效考核挂钩,以调动学院管理者和教师的积极性。

第三节　建立全过程管理服务育人评价体系

"全过程育人"治理中管理服务者的作用不容忽视,管理者通过制度或非制度性的管理将大学理念、大学精神贯彻执行下去,在潜移默化中影响师生;服务者通过为学生提供日常学习生活的保障,在关心人、帮助人、服务人的过程中教育人、引导人。管理服务人员的育人行为与课堂教学育人行为相比具有隐蔽性、渗透性、强制性,因此更要关注他们行为过程的可控性,强调以学生成长获得感为起点强化管理服务人员评价显得尤为重要。

一、改革完善管理人员评价制度

不论是党委、政府部门还是高校,多数管理人员并不直接与师生面对面接触,但他们制定制度的初衷和理念、执行制度的方式和结果,他们的管理服务风格和水平,直接对大学人的认知、情感和行为产生影响,并逐渐对大学文化产生深远的影响,继而固化为一种风气,持续不断地影响思想政治教育效果。倘若管理人员毫无育人意识和服务意识,官僚主义、形式主义习气严重,出现"门难进、脸难看、事难办"的情况,那么这必定是一个不会将老师和学生放在心上的学校,学校的育人氛围也不会好,师生的满意度和幸福感必然不高,因此建立以学生成长获得感为导向的管理人员评价制度十分必要。

首先,要细化、明确衡量管理人员育人质量的要素和标准。考察管理人员育人质量的要素除了管理风格、管理水平和服务质量、工作效率,还包括根据人才培养目标科学制定相关管理制度、运行机制的能力和表现,这些对教师和学生行为产生重要影响,也直接关系到师生的切身利益。不同管理部门的管理人员考核共同点有四:一是否树立了以提升学生成长获得感为目标的职业价值观念;二是否清晰学校人才培养目标的具体内容及其与自身的关系;三能否为师生提供一个公平公正公开的制度体系;四管理行为能否让师生满意。以教务部门为例,需要考察其管理人员的服务态度,是否根据提升人才培养质量的目标制定合理的制度和方案,同时能根据师生反馈意见、第三方评价意见及时做出调整、修正;学生处、团委等部门要考察其是否能够制定科学合理、公平公正的学生管理制度,执行过程中是否做到公开公正,能否营造有利于学生成长的校园文化氛围等;财务部门、人事部门则要考察是否按照人才培养的要求配置人财物等资源,设立正确的考核评价方式,确保学校在人才培养的软硬件设施方面满足学生的需要;组织部门则要考察是否能够真正将一心为公、关心学校发展的干部选拔到重要岗位上来等。这类要素标准的评价需要采用定性分析和定量分析相结合的方式来进行。

其次,运用信息化手段提升工作作风、工作效率。管理人员的工作效率不仅是学校管理水平的体现,也是思想政治教育治理的重要内容,需要充分重视提升管理人员的工作效率,加强其服务意识和管理水平。要利用考核评估、信息化手段重塑管理工作流程,制定工作标准,建立评价反馈机制,用规范化、标准化的方式对他们的工作内容、工作成效进行管理,同时通过师生评价来进行反馈,形成工作闭环,以此改进管理人员的工作作风、提升工作效率。比如浙江省数字化改革就是通过提升机关部门的管理服务效率来提升治理效能,从而提升了政府形象,提升了人民群众对党和政府的信任感、满意度。一些高校也陆续推出了服务集成改革,为师生提供了便利。

最后,扩大评价主体。谁掌握评价权,谁就有话语权。当前高校管理部门的人员评价主要包括领导评价、部门同事评价、干部互评、教师评价,但总体上机关管理人员鲜有让普通教师和学生参与评价,一些二级学院管理人员由普通教师评价,但并不普遍,应将与管理部门有业务互动的其他部门、与师生密切接触的部门普通教师、管理人员也纳入评价主体,如让学工部门、一线学生工作者、普通师生参与评价,此举有利于对管理人员正确行使行政管理权进行监督,并引导他们进一步树立以学生为中心的理念。在第三方评价体系中,也应加入对管理人员行使育人职责情况的评价细则,并对他们的管理质量和水平进行有针对性的评估与分析,以此来考察学校在育人方面的理念和整体水平。

二、改革完善后勤服务人员评价制度

改革完善后勤服务人员评价制度是全过程育人治理的重要一环,也是对当前大学生思想行为特点的回应。"十四五"期间,高校学生主体全部进入"05后时代",他们是在改革开放取得较大成就以后成长起来的一代,物质条件比较优渥,他们认为大学生活中良好的发展与高质量的生活服务条件可以并存,两者并不矛盾,拒绝接受"学习不是来享受"的观点。在这样的情况下,学生对寝室管理、食堂餐饮、实验条件、图书资料等方面的资源和服务期待自然较高。

后勤管理与服务部门掌握着学校的资产管理和生活服务资源,他们如何对教学设施进行分配,是否给学生提供足够的学习空间和良好的学习环境,对学生的幸福感、获得感产生直接影响。如后勤服务公司是否能够提供环境舒适的宿舍,高效及时、温馨的物业管理,美味丰富的餐饮服务,都直接影响到师生的幸福感。根据前文的分析,学生成长获得感的来源包括学校的办学水平以及能够让学生直接获得的教学、实践资源条件和生活设施条件,改革完善后勤服务人员的评价制度,在"05 后"学生全面进入大学时代的背景下已迫在眉睫。

首先,要正确认识高校后勤服务的作用,提高后勤服务育人意识。高校后勤公司虽然是一种经济组织,但与其他以追求经济利益为第一要务的经济组织不同,它具有实现公共教育目标的天然职责,追求经济利益不是其最终目标,当经济利益和社会效益发生矛盾时,高校后勤公司必须首先保证社会效益而非经济效益。高校后勤服务人员应当提高自身的育人意识,充分认识到后勤服务人员也和高校教师、其他管理人员一样具有育人职责。高校后勤服务单位不是单纯的商业机构,应当摒弃"后勤是一门生意""搞后勤的就是商人"这种意识,摒弃"你付钱,我服务"这种错误观点。后勤服务的领导者要充分认识并重视后勤服务的育人属性,从协同育人的角度出发,设计和制定后勤服务制度,注重培育和提高后勤服务人员的育人意识,强化后勤育人属性,并将育人意识外化为服务意识和服务质量,提高师生的满意度。

其次,要科学设置后勤服务考核评价体系。要根据服务种类、服务质量、满意度等要素科学设计后勤服务人员的考核指标体系。要完善考核周期,优化奖惩机制,依据考核评价指标完善后勤服务社会化组织的准入与淘汰机制,调动后勤育人的积极性。要提高考核的民主化水平,后勤管理与服务人员的评价,过去很少有学生和教师打分,但从其工作性质来看,服务行业应该由其服务对象给出评价,因此对他们的考核至少包含四类服务对象:师生满意度评价、第三方评价——教学评估、政治巡视和毕业生满意度评价。当然,考虑到后勤管理和服务人员的工作较大程度上受到学校现有资源的限制,因此还需要由学校领导以及与人才培养密切相关的部门作出评价,如教务处、学生处、宣传部、团委等部门都应参与到评价中来。

三、建立对部门和学院的集体考核评价制度

目前不论是国家行政层面还是学术研究,针对教育评价改革的着眼点主要在教师评价和学生评价两方面,对部门、学院的整体评价改革涉猎不多,但教师和学生评价改革背后的指挥棒是部门利益和学院利益,因为教师与学生的评价主要由学校相关职能部门制定,对部门的考核如果不进行改革,部门就不会制定相应的制度来调整教师的考核,那么单独针对教师、管理和服务人员的考核也将遇到阻力,甚至成为无用功。再则学院的利益与教师的利益也并不完全一致,学院要考虑整体发展,倘若学校考核学院的指标不以人才培养为核心,则学院制定的绩效分配方案必然不会与教师育人评价挂钩,那么教育评价改革也就无法真正落实。因此,在开展教职员工个体评价制度改革的同时,须同步考虑部门与学院利益与教师利益的一致性,以学生成长获得感为基础,针对部门、学院设计集体性的考核评价制度。只有将集体利益与个体利益都归集到学生成长获得感上来,才能真正实现人财物等资源围绕育人,教职员工行为围绕育人,思想政治教育效果才会得到提升,也才能实现宏观目标、中观管理和微观行为的一致性。强化部门和学院围绕育人的集体考核还有利于发挥部门、学院的主观能动性,他们将根据各自学科专业的特点来制定更有针对性、更细致、更有创新性的管理办法,可以达到事半功倍的效果。

针对部门的考核,也可以从三方面着手。一要进一步明确细化党务、行政管理部门的育人职责,确定其主要表现形式和标准,将其纳入年度考核指标任务。二要建立部门与部门之间的联动考核机制。育人工作并不是一个部门能够完成的,而是需要多部门共同执行,为了实现协同育人的成效,应当确定同一个任务在不同部门的职能分工和考核占比,如学生学风建设,应该梳理教务处、学生处、学院、后勤管理等部门的职责,并根据他们不同的职责分工占比纳入各自的年度考核指标。三是针对管理部门的考核需注意考察其是否正确处理行政权力与思想政治教育规律之间的关系,规定管理部门不得滥用行政权力实施违反教育规律的行为,也就是要对管理部门的管理水平进行考核。

针对学院的考核,也可以从三方面着手。一要梳理二级学院的育人任务,一般学院有较强的自主权,可以从教学、科研、学生工作、管理服务等多个维度进行设计,并制定体系之间相互贯通、互认积分的制度。二要制定以

学院为单位的集体考核评价制度，将细化的教学、科研、育人折合成积分计入其中，根据学院师生规模、整体实力规定其基本合格线、年度重点任务，并据此下拨绩效考核经费。三要考核学院是否制定了以学生成长获得感为基础的教师评价激励制度和分配方案，考察学院在完成人才培养方面的成果和学生满意度等。如浙江省某些高校在这方面已经迈出了大胆的改革步伐，通过拆解学校发展和育人指标，再根据不同学院的师生规模和能力，设计有针对性的整体考核指标，其中与学生成长发展密切相关的育人指标均以结果性而非过程性指标体现，所有指标完成质量与学院绩效考核直接挂钩。在这样的模式下，学院、部门的领导者、管理者和教师均齐心协力做好育人工作，实现了个人利益、集体利益和育人之间的一致性，可以说提供了一个较好的实践样本。

第四节　完善对各级党委政府和高校的评价

高校"三全育人"的治理不仅需要调整高校内部评价体系，更需要重点关注对各级党委、政府科学履职能力的评价，以及对高校的科学评价，其核心是各级党委、政府如何从政策、资源、资金、考核、监督、协调等方面科学施政，我们怎么评价一所大学的好坏，我们对人才的认定采用什么标准，这对高校的办学行为、教师的教育行为都有着深刻的影响，决定高校及其员工以何种方式来衡量、实现自己的价值。《深化新时代教育评价改革总体方案》（2020）提出要完善立德树人体制机制，扭转不科学的教育评价导向，坚决克服唯分数、唯升学、唯文凭、唯论文、唯帽子的顽瘴痼疾，提高教育治理能力和水平，加快建设教育现代化、建设教育强国、办好人民满意的教育。《方案》还提出要经过 5 年至 10 年的努力，各级党委和政府科学履职水平明显提升，各级各类学校立德树人落实机制更加完善，引导教师潜心育人的评价制度更加健全，促进学生全面发展的评价办法更加多元，社会选人用人方式更加科学，到 2035 年基本形成富有时代特征、彰显中国特色、体现世界水平的教育评价体系[①]。建立对各级党委、政府科学履职能力的考核评价制度，

---

① 中共中央　国务院印发《深化新时代教育评价改革总体方案》[EB/OL].（2020-10-13）[2025-3-28]. http://www.gov.cn.

完善对高校落实立德树人根本任务的考核办法,是高校"三全育人"治理的重要一环。

一、完善对各级党委、政府科学履职的评价

各级党委、政府手中掌握着政策、资金等资源以及考核评价等手段,是否能够科学履职直接影响高校落实为党育人、为国育才任务的实效,对党委、政府推动立德树人的科学履职能力进行考核是确保教育方针有效落实的关键环节。前文提到,目前地方党委、政府为推动立德树人做了大量工作,在政策、制度、监督、投入等方面各地都有一些好的做法,但一些地方也存在短视、功利的做法,推动地方党委、政府立德树人的科学履职水平考核,可从四方面考虑完善。

一是加强政策制定与执行考核。国务院教育督导委员会办公室每年开展对省级人民政府履行教育职责的评价,其他各级政府也形成了教育履职能力评价机制和细则,尤其对推进"三全育人"机制作为重要内容,但对如何推进"三全育人"机制不够明确。党的二十届三中全会提出教育科技人才一体化发展,地方党委、政府与高校的联系将日益紧密,且已经超出教育履职范畴,更趋向与经济社会发展融合的综合履职范畴,因此建议将推动高校落实立德树人举措和成效纳入对各级党委、政府履职的评价,以更好发挥党委、政府统筹协调资源的意识和优势。

二是加强对资源投入与保障考核。大学作为公益法人的特点,也决定了其财政投入机制主要依赖于财政拨款,其市场化运作的空间极小。目前财政对教育的投入体制有部、省、市三类,此种模式很可能出现高等教育领域的"马太效应",非常不利于高等教育整体发展的目标,因此,要建立由省级以上人民政府统一调配大学投入的制度。此外,高校办学是一项需要持续投入且很难用经济思维去衡量的事业,如果不能加强对地方各级党委、政府对高校育人的资源投入与保障的考核,很难保证投入的可持续性,比如对地方考核指标中有图书馆、体育馆等要求,有些地方哪怕人口总量不足也不愿意与高校合作建设、共享此类公共设施,甚至有些地方政府对高等教育投入比较吝啬,但对耗巨资建设各类场馆却乐此不疲,而后者往往门可罗雀,成为花架子、政绩工程。要改变这种情况,就要加强对各级地方党委、政府对高校的资源投入与保障的考核,在教学、生活、实验等硬件建设方面给予投入,在思政教育创新方面给予激励政策,在人才资源保障上,考核其是否

制定具有吸引力的人才引进政策，为高层次教育人才提供补贴、子女入学便利等。

三是进行政策执行与协调的考核。要考核地方各级党委、政府对党中央、国务院关于教育的政策制度和精神的贯彻落实情况，考核其是否制定贴合本地实际、切实推动高校立德树人的政策法规，对政策执行不力、进度严重滞后的单位和责任人进行追责。要监督各级地方党委、政府各部门间的协同配合情况，以及他们与高校之间的协同合作情况，重点考察其在意识形态、师德师风、网络舆情、资源整合等方面的做法和成效。比如在当前网络意识形态斗争形势日趋严峻的形势下，仅靠高校自身已经难以应对，必须依靠地方的资源统筹展开工作。比如在人才培养方面，在教育科技人才一体化推进的要求下，只有地方党委、政府具备发挥统筹协调高校、企业、政府三者关系的能力。

四是加强对营造良好教育生态的考核。教育牵扯着千家万户的心，营造良好的教育生态环境，引导积极的社会舆论，是各级地方党委、政府需要关心的事。比如当前一些舆论对高校评价过于功利化，要求有投入就要有产出，一些公众认为高校应该是保姆式教育，一旦大学生出现非正常死亡就是学校的责任，还有一些公众将师德师风泛化为所有个人道德行为，将非教育教学过程中的行为也认定为师德师风问题，以及对人才、成绩的评价单一化、片面化等，这些问题需要各级地方党委、政府通过主流媒体宣传等方式积极引导社会舆论树立正确的教育观。要考核其对校内外各类育人资源的整合能力，比如推动大中小学思政一体化建设，推动爱国主义教育基地建设、企业实践基地与高校深度合作，为学生提供多元的实践育人平台，为高校学生心理健康、就业等提供服务、创造良好的外部条件等。

二、完善对高校的综合评价

高校"三全育人"的治理关键在于育人主体的价值观念和行为方式，而高校是育人的最直接主体，高校领导者的行为方式受高校综合实力评价的直接影响，而综合实力的评价又直接与对人才的评价相关。长期以来，高校综合实力的评价离不开论文、项目、"帽子"、奖项等，而对人才的认定标准也基本围绕这些展开。虽然国家层面开展的本科教学水平评估、学科评估等都包含了人才培养质量、思想政治教育质量等内容，秉持产出导向的理念，但由于其社会影响力不及一些社会性评价，故后者往往为一些普通高校所重视。这些机构如软科中国大学排名、QS 世界大学排名、校友会大学排名等,这些排名虽然包括思想政治教育、人才培养等内容,但核心还是项目、平台、奖项,侧重于科研成果,如论文发表数量和引用率,但对教学质量、学生体验和就业质量的考量不足,且社会性评价可能受经济利益因素干扰,对指标体系设置和排名的科学性、公正性产生影响。此外,在学科建设评价、硕士博士点申报等过程中,对项目层次、论文发表、获奖的要求更高,诸多育人成果难以作为学科建设成果,这就使得一些希望快速发展的高校会集中有限的资源鼓励教师去争取项目、获奖、发表论文,育人效果如何则很难顾及。

对大学的评价是一个难题,但学术评价的不科学指标限制了大学的发展,束缚了大学教师的手脚,影响育人的质量。要改革功利化、不科学的评价,把立德树人成效作为根本标准对高校实行分类评价,根据不同类型高校的特点进行科学定位,确立分类评价指标体系成为现实所需。虽然教育主管部门从未公开承认对高校有排名,但实际上各类学科排名、学位点建设、综合考核、人才认定等都包含了评价,且可量化的指标集中表现为项目、奖项、称号、论文等内容。如果没有分类评价,则这种事实上存在的评价标准就成为所有高校的指挥棒,这种统一标准的弊端是没有考虑不同高校办学实力和办学特色,不利于高校的因地制宜、特色发展,而对项目、论文、奖项的比拼也弱化了高校对育人的重视程度。对高校的分类如研究型、教学研究型、教学型、应用型,本专科院校等多属于层级分类,相对而言综合型或医学、农科、师范等分类更具有学科特点,因而综合学科特性制定其评价体系更能激发高校优势,尤其要突出考察高校立德树人实效,将教师教书育人的实绩、人才培养的实绩作为根本标准。如在科技创新的背景下,理工科院校自然具备优势,而师范院校则很难有所突破,根据院校学科特点明确其办学定位和目标,并据此展开评价更符合高校实际和学科发展规律,也可以防止在一套标准之下院校之间的盲目竞争,造成资源的浪费。

实行高校分类评价,突出立德树人实效在高校评价中的核心地位,将有力引导高校改革人才评价标准,改革教师绩效考核、职称评审制度,改革教育教学方式和学生评价方式,将教师的精力引导到潜心育人上来,将管理服务人员的注意力聚焦到更好服务师生、提升育人文化氛围上来,也必将有效推动对高校"三全育人"治理。

第六章 以环境文化为起点的全方位育人治理

全方位育人既包含了有组织、有计划的思想政治教育过程中的各类资源服务育人，也包含了有意识、有目的、有计划地选择、利用、改造、创造适宜学生成长的育人环境，前者主要结合"全过程育人"的治理来实现，后者则需要通过对可见、可感知的重要场景、环境的把握来对育人行为进行治理。环境对人的思想政治素养的形成发展有着重要的影响，其中对学生影响最大的包括校园环境、文化环境和网络环境。

第一节　加强校园物理环境育人的治理

高校校园物理环境是大学文化和校园精神的重要载体，也是师生学习生活的主要场景，能对师生产生直接、持续、无声的影响。

一、高校校园物理环境建设的重要价值

校园物理环境文化是指在大学中能被人们感觉到的诸多有形实体提供的功能和营造出来的感觉、氛围，它是大学文化的物质基础，包括一草一木在内的校园环境，教学楼、图书馆、宿舍楼等建筑以及各类人文景观等有形载体。

一个让人流连忘返的大学环境能让师生视其为精神家园，对培育学生的审美情操具有非常重要的作用。世界上众多名校都非常重视对历史文化建筑的保护，他们力争使校园里的每一堵墙、每一块砖都能向学生传达美的意境。早在欧洲文艺复兴时期，人文主义教育家们就十分重视学校环境的建设。意大利著名教育家维多里诺认为良好的学校环境有助于学生的学

习。夸美纽斯在代表作《大教学论》中讲道:"学校的本身应当是一个快意的场所,教室清洁明亮,饰以地图、图表和伟人照片,并有可供游戏、散步的空地,可供观赏的花园,使学生来到学校就感到快乐。"①《美国大学教育——现状、经验、问题和对策》一书引述卡内基教学基金促进会《从中学过渡到大学的调查(1984—1985)》材料:"当我们问学生在参观大学校园过程中什么对他们影响最大时,占压倒多数的人提到校园建筑、树木、小道、保养得很好的草坪。在访问校园中最有影响的是校园的外表。"②

创办于1810年的德国洪堡大学,其最初的校址为海因里希王子宫,是普鲁士国王腓特烈二世为其弟弟亨利王子修建的宫殿。美国斯坦福大学校园面积达3300多公顷,校园草地是美国私立高校中面积最大的之一。麻省理工学院校园面积不足60公顷,坐落在马萨诸塞州剑桥小镇的查尔斯河边,河水湛蓝清澈,波光粼粼,两岸树木掩映,校园内红砖尖顶的房屋,古堡式钟楼,显得古风犹存,红砖铺就的人行道被赞誉为"通往知识之宫的红地毯"。

无独有偶,我国古代也十分重视校园环境。东汉文学家蔡邕在他的《明堂月令论》中就对我国历史上早期的大学"辟雍"的环境进行了描述,说"取其四面周水,圜如璧,而曰辟雍"。③清朝学者纪昀在其主编的《历代职官表·国子监表》中讲道:"周人立辟雍于中,而以四代之学环建于外:南为成均,北为上庠,东为东序,西为瞽宗,是为五学。"④中国近代教育家蔡元培提出"五育并举",特别强调美育,他认为"且各级学校,于课程外,尚当有种种关于美育之设备。例如,学校所在之环境有山水可赏者,校之周围,设清旷之园林。而校舍之建筑,器具之形式,造像摄影之点缀,学生成绩品之陈列,不但此等物品之本身,美的程度不同;而陈列之位置与组织之系统,亦大有关系也"⑤。

古今中外无不重视大学的校园环境文化建设,概略基于以下三方面考虑:

---

①　夸美纽斯.大教学论[M].傅任敢译.北京:人民教育出版社,1984:104.
②　博耶(Boyer).美国大学教育——现状、经验、问题和对策[M].复旦大学高等教育研究所译.上海:复旦大学出版社,1988:31.
③　蔡邕.明堂月令论·汉魏遗书抄·经翼二集[M].具体年份不详.
④　马金城,杨筱.浅析加强校园环境建设的重要性[J].高等教育研究,1999(5):91-92.
⑤　蔡元培.美育与人生[M].济南:山东文艺出版社,2019:224.

　　首先,校园环境是国家主流意识形态的物质表达。古今中外,大学校园环境中的建筑与整体内容总是掌握在一个国家的统治阶级手中,不仅要满足其提出的教育功能要求,也要反映一个社会的主流意识形态。以建筑为核心的大学校园环境代表了一个国家与地方的实力和远见,也代表了他们的执政理念和办学思想,因而是一个地方的文化地标。就如中国古代总是要将皇宫修建得恢宏壮丽,以彰显最高权力的威严,不同宗教场所也用建筑物来表达他们的思想,大学校园环境也承载了这样的政治与文化重任。

　　其次,良好的校园环境是高校人才培养的基础。"桃李不言,下自成蹊",大学校园环境承担着润物无声的教育功能,是中国共产党领导下社会主义大学承担立德树人根本任务的外在表现。好的校园环境往往能将人类文明进步的成果、美的感受通过物质形态充分展现出来,追求自然生态、人文环境与个体感受三者的完美结合,能够让人对自然环境产生良好感官体验,能够让人对建筑设计、校园小品、文化作品等布局产生良好的心灵触动,让人在感受到美的同时沉下心来治学。师生在校园中开展的教学、研讨、交流、文化艺术、体育活动等都是教育的重要内容,良好的校园环境为教育活动和师生交往提供了物质条件和纽带。

　　最后,良好的校园环境符合大学生思想形成发展规律。大学生处在思想观念形成的关键期,他们思维活跃、求知欲强,容易受到周围环境的影响,大学想要培养怎样的学生就要塑造相应的校园环境。杜威认为"青少年在连续的和进步的社会生活中所必须具有的态度和倾向的发展,不能通过信念、情感和知识的直接传授发生,它要通过环境的中介发生"[①]。苏霍姆林斯基曾说过"要让校园里的每一面墙都会说话",指的就是校园环境对人的潜移默化的教育作用。高校物质文化环境是高校办学理念与大学精神的外化载体,其审美品位、功能、风格、质量以及传递的文化信息能够产生较强的育人功能,具有教育性、实用性、人文性、传承性等特点,呈现了倡导主流的导向功能、润物无声的教育功能、益智怡情的审美功能和正向积极的鼓励功能。

---

　　① 杜威.民主主义与教育[M].王承绪译.北京:人民教育出版社,2021:28.

二、校园物理环境建设要坚持教育性与需求性的统一

"人创造环境,同样,环境也创造人。"①校园物理环境建设的治理要坚持教育性与需求性的统一。坚持教育性指校园环境的设计与建设不能忽略其承担的育人功能,这是由高校天然的政治属性和教育属性决定的。目前多元化的全球文化格局给高校的物质文化建设带来活力,同时也受到外来文化冲击的困扰,高校物质文化建设要注重中国传统文化和地方历史文化的保护,将党的教育方针、社会主义核心价值观融入其中。坚持需求性指校园环境的设计者与建设者要站在使用者的立场考虑问题,充分考虑大学师生需要具备何种功能的楼宇、实验室、图书馆、教室,什么样的一草一木和布局能产生美感,怎样的运动场、道路环境能让户外活动更加方便高效等问题。

教育性和需求性两者并不矛盾,因为思想政治教育既有自上而下的属性,也具有立足师生思想行为特点的规律性要求,只有两者高度契合才能真正发挥作用。校园环境文化建设坚持教育性和需求性的统一,可以从两个方面来考虑。

一是校园建筑空间与户外空间设计要讲究人文性,符合师生思想行为特点和需求。讲究人文性是指学校领导者、管理层、设计者要深入了解师生的所思所想,并对未来社会发展带来的需求变化预留空间,用人性化的功能设计、高水平的审美品位、高质量的楼宇建筑和科学化的整体布局来提升校园环境的整体形象,既能达到教育熏陶的目的,也能满足师生学习、生活、交往活动的各类需求。当前的大学生对物理环境的质量、功能和品位要求超越了过去几代人,再用过去的"读书就需要吃苦"这样的提法已经难以得到学生和家长的认同。建筑、小品、坡地、绿化乃至空气、阳光和水等构成的校园空间环境是高校师生日常学习、生活、工作、交流的场所,从学生活动特点出发可将校园环境分为学习场所、生活场所和文体休闲场所,从活动空间看又可以分为室内空间和室外空间。校园建筑物主要提供室内活动所需,大学生最主要的室内活动场所包括教室、实验室、图书馆、宿舍、食堂、体育馆、文化活动中心,这些构成了大学生在校期间的主要室内活动范围。

学习空间方面,教室、图书馆、实验室等学习硬件设施需要满足四个条件:整洁舒适、有文化气息、现代化、足够的学习资源。整洁舒适是让人能沉

---

① 马克思恩格斯文集:第一卷[M].北京:人民出版社,2009:545.

下心来学习的前提条件。除了外观舒适外,课桌椅与投影的质量和清晰度、是否提供温度调节设备、教室空气是否清新、周围有无噪声干扰、垃圾是否能够及时清运等都是影响整洁舒适环境的重要因素,也从一个侧面反映了学校的管理水平。一个桌椅破烂,学生稍微调整一下坐姿就要发出"吱呀"声的教室无法让学生集中精力听课,一间在夏天 40 摄氏度高温中只能吹着风扇、开着窗户、话筒含混不清、幻灯片投影模糊的教室,如何要求学生克服心理的烦躁来学习呢? 图书馆是学校办学实力、办学水平的集中体现,是学校的地标性建筑,图书馆应该为师生提供足够的学习空间和学习资源。

生活空间方面,宿舍、食堂等生活硬件设施也需要满足四个条件:质量好、空间大、功能全、服务好。比如长三角地区新建的高校宿舍普遍是四人间,拥有独立卫生间、单独衣柜、空调,在物业管理方面还推出了智能化管家,学生能够及时通过手机获取停电停水等生活信息,也可以通过手机直接报修、缴费,十分人性化,学生既体验了改革发展的成果,享受了科技日新月异带来的便利,也感受到了学校管理服务的质量,满意度自然不会低。再如食堂是否具备大流量接待学生用餐能力,能否长时段提供足够丰富的菜式等,也都直接影响学生的获得感和幸福感。

文体休闲空间方面,体育馆、剧场、大学生活动中心等场所应该是校园内最有设计感、最有活力的,这些场所的建设应该符合三个条件:空间足够、功能多元、专业性。这些场所是大学内有组织的文化体育活动的主要举办场所,需要满足大规模活动需求,满足各类学生社团和兴趣小组活动需要,加之文体活动的特殊性,必须提供专业的空间设计与配套硬件设施,防止因专业性不足的设计和施工影响专业教学和公共文体活动质量。

在园区规划的功能分区上也要主次分明、全面兼顾。如教学区、生活区、自然景观区的比例分配,涉及古建筑的校区的古迹维护等方面,都要树立大局意识、长远意识和整体意识,坚持可持续发展和绿色生产生活方式。在高校物质文化建设中还应植入绿色环保理念,树立校园绿色安全意识,不仅有利于培养高校主体绿色环保意识,还有利于提升高校主体道德文化素养。

二是校园物理环境要讲究渗透性,要符合思想政治教育的规律。除了建筑物和硬件配套设施外,大学物理环境中可用于思想政治教育的至少有三套系统:景观系统、文化系统和宣传系统。首先是景观系统,大学校园中除了教学、研讨、实验等活动外,多数师生交往活动都需要依赖良好的建筑功能和户外条件,如草坪、道路,一些学者认为草坪、植物、景观、道路等户外空间对大学生成长发挥着重要作用,如克莱尔·库珀·马库斯(Clare Cooper Marcus)等人在《人性场所——城市开放空间导则》一书中提到"每个人大多数受教育的机会都发生在户外,并与他所选修的课程关系不大,只有当校园公共艺术具备能够激发好奇心,促进师生在进行学术研究的同时也参与艺术、感悟文化时,它所营造的校园氛围才具有真正的、最广泛意义上的教育内涵"①。

一些高校的室外活动物理空间并不受重视,"一些设计师把户外空间仅仅设计成观赏品,或是作为表达设计者某种思想的象征物,其思路仍是唯建筑化的,导致其手段往往求助于几何构图的虚假视觉效果,没有从使用者、从人的角度真正考虑过,不知作为大学校园环境主体的现实的人如何感知、评价和使用这些空间"②。户外空间不能沦为设计师的个人发挥,也不能成为建设人员将其作为简单的市政园艺进行施工。比如中国美院的校园里有一截火车头吸引了众多情侣拍摄婚纱照,浙江大学利用马路两旁的绿化带种植油菜花等等,这些用心的做法让学生印象深刻,也颇能让学生对这所学校的教育理念产生好感。

校园环境中的文化系统主要指校园的标识系统、导视系统,以及路名、楼宇名等内容。标识系统是大学办学理念和大学精神的最直观表达,可以衍生出诸多产品,包括宣传标语、建筑小品等。导视系统是对学校功能布局结构和标识系统的引导,路名、楼宇名则最能体现出学校教育思想、办学特色和历史文化。如浙江湖州师范学院将君子"三不朽"和中华传统哲学思想"明体达用"作为路名,将每一幢宿舍楼用古典文学名进行命名,让人不自觉思考古人的哲理和智慧,感受古典文化的美感。校园物理环境中的宣传系统主要指校园内运用宣传窗、横幅、海报等阵地或手段对重大活动、典型事迹和榜样人物进行宣传、推广等,其特点是内容可变性强、能吸引眼球。这一系统的政治性和教育性是最强的,需要坚持正确的政治方向,既关注教育意义也要追求传播效果,力求准确、精练、优美,避免低俗化、庸俗化表达。

---

① 克莱尔·库伯·马库斯,卡洛琳·弗朗西斯.人性场所——城市开放空间导则[M].俞孔坚,孙鹏,王志芳译.北京:中国建筑工业出版社,2001:165.

② 赵玫,高巍.呼唤积极参与的人性户外空间——清华大学校园广场空间环境行为调查与评价[J].华中建筑,2006(9):51-54.

三、校园物理环境建设要坚持立足校本特色与辐射周边相统一

校史是学校发展的一条重要脉络,既是对大学发展历史的回望和追溯,也是对大学人未来前行目标的鞭策和鼓励,它可以以静态陈列的方式供人观摩学习,也可以以无形的精神文化供人传承发扬,它是高校发展的根基,也是大学人受益无穷的精神之力。高校物理环境建设应该吸纳历史并重现历史,为物理文化环境增添历史文化底蕴的同时敦促高校追寻前人的脚步不断发展。目前一些高校在扩建和迁址过程中出现了文化断层的现象,原先的自然风光景色被科技感十足却缺乏韵味的教学楼取代,具有历史意义的路名被生硬的指示性名称代替。在任何高校的改建项目中,都不能忽视校史馆这一重要文化阵地的打造,建设极具代表意义的浓缩之地,囊括学贯古今的学科大家,创校以来的丰硕成果,都为开展场景育人工作提供了最佳素材,也为高校自身的文化建设添砖加瓦。回顾校史也极具参考借鉴价值,历史是文化的沉淀,校园的发展历程中包含了学校定位、办学宗旨、学科分类、专业设置等一系列重要依据,校园的发展规划必须在历史的基础上展开,只有在了解过去的前提下再行创新,才能找到适合高校未来发展的途径,不断升格自身文化品位。

此外,在高校竞争中借助校园建筑文化历史宣传自身办学特色和综合实力已经成为重要的手段。无论是招生宣传片中利用老校区的氛围感渲染,录取通知书上复刻微缩版的校园古建筑,还是各大网络平台竞相更新的反映校园底蕴的短视频,都不断刷新了学生群体和社会群体的关注度,有效提升了高校的知名度和美誉度,也直观反映了校园环境文化建设的成效。

校园物理环境文化建设要坚持立足校本特色与辐射周边相统一,注重将学校的历史与文化元素、办学理念融入实体建筑、服务体验、周边环境可以形成高校独有的校园环境,具体可从三方面考虑。

首先,在规划设计中要体现本校特色。目前校园的景观建设要求越来越高,国际高校先进的校园环境建设和建筑设计经验值得我们学习借鉴,但不能盲目复制,要结合高校学科门类特点,突出不同类型高校的办学特色。所有参与校园环境建设的部门和人员都要经过专业的学习培训,具备相应的专业素养,以提升校园环境建设的文化意蕴和审美品位。学校分管领导尤其要承担起相应责任,提升校园环境建设的育人意识,关注建设过程中的各项标准要求,为校园环境建设做好顶层设计。

其次,在实施过程中要彰显文化内涵。校园物理环境文化蕴含着丰富的文化资源,要时刻体现育人功能。环境建设要加强文化内涵,就是要丰富载体、创新形式,将隐性的大学精神和校园文化通过物理实体显现出来,将文化内涵自然过渡到实体环境中,令大学生全方位感受到大学想要传递的文化理念、价值观念和审美情趣。在校园环境建设中还要考虑到"氛围感"带给高校主体的影响,无论是优美静谧的读书环境还是校园基础场地的命名都会带来感化人心的力量,增强物质文化方面的思想内涵就是为高校主体提供源源不断的思想源泉。

最后,在协商沟通中辐射周边环境。社会环境也影响着校园精神文明建设,部分高校附近的商业环境质量参差不齐,不利于学生成长,其卫生状况、服务质量、商业环境等需要引起关注。政府部门应当主动作为,加大市场监管力度,完善治理规章制度,为大学生健康成长保驾护航。高校领导和责任部门应常态化走访排查周边营商环境和生活环境,及时和属地沟通协调,共同加强环境整治工作。同时也要发挥大学校园文化环境的优势向周边市民传递美,在条件允许的大学向市民开放校园、食堂等场所,让市民了解大学的特点,感受大学的文化气息。

第二节　加强高校文化环境育人的治理

高校文化育人环境是一个包括管理文化、服务文化、校园文化、师生交往文化为主的完整系统,是一所大学的校风、学风的综合反映,对学生具有重要的思想政治教育功能。一个以学生成长为中心、关心关爱学生、充满平等和谐开放氛围的校园文化对思想政治教育效果有极大的推动作用。

一、建设公正高效的管理文化环境

大学生在校园中从事各类交往活动以及在此过程中接触到的人、事、物及其传递给学生的感觉、知觉、情绪和情感等将直接影响他们对思想政治教育内容的认知。如思想政治理论课教育学生要将社会主义核心价值观牢记心头并指导自己的行动,倡导他们做爱国、敬业、诚信、友善的公民,但是如果学校对学生考试作弊、作业抄袭管理不严,评优评奖过程不够公平公正,这样的管理环境必定难以让学生认同课堂讲授的价值观,思想政治教育效果也将大打折扣。又如中国共产党是代表最广大人民群众的根本利益,根本宗旨是全心全意为人民服务,但是学校管理人员对待学生颐指气使,反映的问题迟迟得不到解决,领导干部较少深入师生一线听取意见,不了解师生实际情况,必将脱离师生,难以了解师生真实想法,在决策管理过程中也难以作出正确的判断,这样的形式主义、官僚主义工作作风也会让教育效果打折扣。

高校管理文化是广大学生感受社会公平正义、大学办学理念、大学管理人员办事效率最直观的窗口,良好的管理文化应该充分体现以学生发展为中心的理念,办事公平公正、高效透明,能向师生传递良好的价值观念和社会形象。高校管理文化环境的建设需要建立对管理人员和部门的考核制度,但仅依靠管理制度无法解决所有问题,还需要通过大学领导者与管理者的行为来引导人们的观念和行动。塑造良好的管理文化,可从三方面考虑:

首先,建好领导文化,做好顶层设计。学校领导所持的办学理念和价值观,以及他们在大学管理过程中展现出来的行为方式就是这所大学的领导文化。我国高校实行党委领导下的校长负责制,领导文化体现的是学校党委和校长们的集体意志。这种集体意志以文字、语言的形式传达给中层管理人员和普通师生,并通过成文的制度或不成文的规则来贯彻领导文化。因此,学校领导持有什么样的价值观和理念,它们是否清晰、明确,是否符合所在大学的实际,在顶层设计上是否以学生为中心等,对大学形成何种大学文化、实际培育出什么样的人产生直接作用。如果他们的行为方式与制度传达给师生的信息是一致的,无疑将会推动大学文化的形成和发展,反之,必将缺乏说服力、向心力,育人功能也就无从谈起。

建好领导文化应从两个方面着手。一是把人才培养放在首位,实现办学去功利化。大学领导者要将"育人"作为大学存在的第一要义,把关注人的发展作为教育活动的永恒主题,抓住大学人才培养这个主要的任务,正确处理好人才培养与教学、科研之间的有机关系,建设和谐的校园文化生态环境。二是放下身段参与师生活动。《论语》有云:"君子之德风,小人之德草,草上之风,必偃。"大学要树立平等的观念,首先从领导做起,不搞特殊化、特权化。校领导是进行学校历史文化传递的最佳人选,应与一线教师和学生保持密切联系,建立与师生交流的常态机制,进行"校领导—教师—学生"之间的学校历史文化故事的交流和传递,促进大学文化的传承。

其次,营造以人为本的制度文化环境,形成育人合力。大学文化通过规章制度来设立自己的评价标准和激励方式,进而使大学人的行为趋于同化,它将大学文化的核心——办学理念和价值观以文字的形式记录下来并予以贯彻,或通过管理行为让大学人共同遵守规则予以实施。制度文化的主要功能就是规范师生行为,影响具体行为,但制度和机制发挥作用的关键不仅体现在设计过程中,更在于执行过程,因为只有广大师生真正认同大学理念和价值观,并认同与此相关的制度文化,制度才能发挥有效作用,才能形成一所大学特有的良好的校园文化。如果一所大学的规章制度没有很好执行,说明他们不完全认同大学文化。如一些大学在推行学生体质提升计划过程中,将学生评优评奖与学生体质测试等级挂钩,不达到良好水平将不得参与评优评奖,学生体质并非一朝一夕能够提升,某些学校也并没有采取科学的方式来提升学生测试成绩,结果导致大范围的学生无法参与评优评奖,学校名额大量浪费,学生厌学情绪弥漫,甚至出现代考、作弊的现象。

制度文化环境建设要从三方面入手。一是要建立健全师生考核评价制度,引导教师专心教学科研,关爱学生成长,确保学生综合素质的全面发展。考核评价制度要针对不同群体进行精心设计,并对部门、学院、教学科研单位等进行系统性的设计,形成有机整体。针对学生考核应包括学术成绩、科技创新成果、社会实践、文体活动、思想道德等多个方面,不仅注重学生的学业表现,也要关注学生的综合能力和社会责任感等方面的评价内容。二是要建立上下互动的沟通反馈制度。管理者在制定规章制度时不能只关注自己的意愿和想法而忽视普通师生的意见和建议,必须树立治理思维,鼓励多元主体之间进行互动开放的沟通和反馈,让普通教师、学生、管理者、校外相关主体之间建立起真正的对话交流机制。开放性的沟通机制应该是双向的,不仅要让师生能够向管理者反映问题和提出建议,也要让管理者向师生传达解释政策,并认真听取师生、校友等主体的意见建议。管理者要及时反馈处理问题和建议,并接受对他们的评价。要注重管理流程和决策的公开透明性,让师生了解管理制度的实施过程和具体细节,涉及师生切身利益的,应该进行听证。要建立健全投诉和申诉机制,让师生有渠道表达自己的意见。三是培养学生自主意识和责任意识。管理制度的制定和执行,不仅要求学生遵守,更重要的是培养学生的自主意识和责任意识,要引导学生意识到遵守管理制度不仅是一种品德,更是一种社会责任。

最后,善于利用信息技术提高工作效率。正如前文提到的,思想政治教育呈现的是一种"散射结构""拓扑效应",要尽可能保证不同主体在正确的时间和环节做正确的事，并得到及时的反馈评价，保证思想政治教育管理者能够及时分析育人过程和结果的有效性、科学性，并做出相应的调整，这并不容易。数字技术的发展为提升管理水平提供了技术支撑，不论是在数据库的建设、管理系统的设计还是分析软件的开发上，技术层面已经不是问题，难点在于高校思想政治工作的流程如何设计，如何把不同主体的育人职责固定到一个科学、完整的流程上，以及如何选择思想政治教育活动的关键场景并实施评价反馈，这既是一个技术问题，也体现了思想政治教育管理者的智慧和水平。高校管理者要对信息技术服务育人作系统化的顶层设计和长远规划，真正解决思想政治工作中出现的不确定性、随意性等问题，避免"信息孤岛"或低端系统的设计形成"指尖上的形式主义"。

二、建设优质高效的服务文化环境

高校服务文化环境主要由高校后勤系统来完成，指在高校为保障教学、科研、育人。提供住宿、餐饮、实验室、教室、图书馆等服务保障的后勤机构，其职责包括校园基础硬件设施的维护与管理，信息化资料的安全储备更新，反馈平台的优化与拓展，校园文化软实力的建设与创新，师生生活服务的提供与优化。高校后勤服务系统担负着管理和服务育人的功能，具有隐性育人功能的特征，具有不可替代的作用和地位。具体可从三方面着手。

一要提高后勤职工的服务育人意识。高校需要加强后勤服务人员的专业化培训，提高服务人员的素质和能力。要组织相关的思想政治教育培训，提高他们对学校发展战略和育人目标的理解，让他们树立"后勤员工是没有讲台的教师"的理念，使他们更加积极主动地为学校的发展和育人工作服务。要加强对后勤服务工作人员的职业技能培训，除了管理服务的业务能力以外，还要对他们进行学生心理健康知识、大学生思想行为特点、学校学生管理制度、应急救护技能等知识的培训，提升他们服务育人的水平。

二要发挥后勤管理服务岗位的劳动育人功能。当前劳动教育在大学生思想政治教育过程中占据重要的地位，后勤系统可以在加强大学生劳动教育过程中发挥重要作用。当前虽然有一部分学生参与勤工俭学，但相当部分大学生较少参与社会劳动，高校后勤系统具备开展劳动教育的天然资源和条件，可以为大学生劳动教育提供便利。要将后勤系统纳入思想政治教育体系，发挥其资源优势，将公寓、食堂、教室、图书馆、校园楼宇等设施等都纳入劳动教育的场所范围。可将后勤系统作为勤工俭学、劳动实践的教学基地,建立后勤公寓管理委员会、伙食管理委员会等学生组织,鼓励、发动学生参与各类服务工作,也可通过各类顶岗实习、包干片区等形式让学生有计划、有步骤地参与到餐饮、物业等工作中来。

三要健全后勤服务育人的评价制度。高校后勤不仅具有营利特性,更是重要的管理服务机构。高校对后勤的考核要考虑其市场与公益的双重特性,将育人效果评价作为重要的考核内容。育人效果评价的主体应该是教师和学生,因为教师和学生是后勤的主要服务对象,大学生在校的学习和生活中大部分时间离不开后勤服务工作,从新生入学到毕业离校,从宿舍到课堂再到图书馆,从餐厅到校园再到实验室,几乎时时处处与后勤员工接触,教师从教室到实验室,从食堂到运动场,都少不了后勤员工的服务保障。因此,后勤服务育人的效果如何,普通教师和学生最有发言权,要通过提升管理效率、提供优质服务来赢得师生好评,建立与他们的评价密切相关的奖惩机制。

三、建设平等和谐的师生交往环境

保罗·弗莱雷的对话交往方式强调对话者之间的平等和尊重。哈贝马斯认为共识是建立在相互理解的基础上的,而相互理解则需要相互尊重和平等对待。高校平等和谐的交往环境是一个让所有成员都感到受尊重、被理解、被关心和被支持的文化环境,这个环境接纳和包容不同的观点和想法,师生可以在相互理解的基础上建立共识。"全方位育人"需要共同体成员相互理解、达成共识,构建平等和谐的交往环境,让师生产生良好的情感体验和共同记忆。平等和谐的交往环境包括平等和谐的师生关系、和谐的朋辈关系以及优良的领导文化三个方面。

首先,要构建师生之间平等和谐的交往环境。师生之间的平等和谐交往环境是指高校在教育教学和管理服务过程中坚持积极向上、开放包容、互相尊重、思想自由的原则,注重加强师生之间的沟通和互动,由此营造的教育环境氛围。自媒体时代,人机互动频率高于人与人的互动频率,人与人之间的亲密接触日益减少,师生关系日益淡漠,定期的师生面对面交流交往是一种用生命语言表达、为生命主体接受的活动,可以让学生和教师更加畅所欲言,也让学生更加丰富全面地感受到教师的人格魅力和丰厚学养。要建立定期师生交流机制和师生共建共治机制,如定期的读书会、沙龙,教师参与学生社团建设,学生代表参与学校决策等,让师生之间的互动不仅仅停留在交流和沟通的层面,更能够在共同治理的过程中实现。在这样的交往环境中,教师与学生之间的沟通互动可以帮助教师更好地了解学生的学习状况和思想动态,为教育教学改进提供有益的参考,也可以促进学生对知识的理解和掌握,加深对人生和世界的认知,与教师之间建立起互相信任、互相尊重、互相关爱的情感纽带。这种经由情感交流而产生的认同感能够促进学生对学校及其教育管理理念产生归属感和认同感,提升思想政治教育的实效。

其次,要构建朋辈之间的和谐交往环境。朋辈关系是指在大学校园中同学间的交往和互动关系,它是大学生活中不可或缺的重要组成部分,也是大学生的重要社会关系。朋辈关系的特点在于平等性和亲密性,即作为同龄、同地位交往关系的存在,具有相近的价值观以及类似的人生追求,容易和谐相处、彼此认同,由此相对更易产生相互影响、相互支持帮助。在这种关系中,同寝室、同班级、同学院、同爱好、同经历的个体之间易建立联系并施加相互影响,和谐良好的朋辈关系能对大学生的成长和发展起到积极的作用。构建高校和谐的朋辈交往环境应当做到三点。一要培养优秀的榜样人选。朋辈榜样与其他同学之间有更多的共同语言和类似的心理活动,他们日常生活中的具体言行可以给其他同学带来潜移默化的影响,因此要有意识地培养学生榜样个体和分类别的朋辈群体,同时注重良好宿舍文化的培育。二要做好特殊朋辈榜样的培训。一些带有助人性质的朋辈榜样需要提升助人水平,如心理朋辈、学业朋辈等就需要提升相应的业务能力。三要丰富朋辈交往的方式与载体,鼓励多元化的交往形式,如通过社团、志愿者活动等形式,拓展他们的交际圈子,通过线上线下多种渠道为学生提供交流平台和机会,如开展学术讲座、组织参观实践活动、举办学生论坛等,以学生喜闻乐见的传播方式宣讲优秀的朋辈榜样故事,促进学生之间的交流和互动,让优秀的朋辈潜移默化地带动影响其他学生。

最后,要构建领导与师生之间的平等和谐交往环境。高校领导文化是高校整体文化的重要组成部分,也是高校和谐发展的重要保障。高校领导应该关心学生的身心健康,为学生提供全方位的发展机会和资源,支持学生参与各类学术、文化、体育等活动,丰富学生的学习生活。要建立学校领导与师生之间良好的信息沟通机制,将现有联系制度落到实处(如"七个一联系制度"),与师生保持及时有效的沟通,了解师生的需求,及时采取措施解决问题。学校领导要鼓励师生参与学校各项事务的管理,充分尊重师生的意见和建议,让师生感受到校领导的务实作风和对师生的关心关爱,增强师生对学校的信任和认同。高校领导要营造平等、民主、和谐的领导风气,带头示范,与一线学生定期开展交流,营造良好的交往文化环境,还要倡导学校管理的开放性和多样性,支持教师和学生开展各种创新活动,不断推动学校管理的发展和进步。

四、构建数字化管理服务育人场景

数字化管理服务育人场景指通过建设数字化管理服务系统将各项与学生密切相关的工作全部集成到一个平台,同时将不同主体的育人职责、流程、要求固定在各自的环节上并加以评价、反馈、分析、调整的闭环管理体系,它对育人主体开展的育人行为进行全过程的管理,并能够让学生在线上接受学校为其提供的各类管理与服务过程中,感受到学校"以生为本"的办学理念、高效透明的管理文化。这一场景需要学生对其线上场景的体验进行打分,是管理评价制度的直观表现形式,是实现高校思想政治教育治理的重要手段,也是实现"全方位育人"的重要一环,可为高校思想政治工作的开展提供广阔的空间和机会。提出加强数字化育人场景建设主要基于三个方面的考虑。

一是可以提升思想政治工作的可控性。制度无法解决所有问题,制度的执行过程也需要部门、师生之间的沟通交流与协商。众所周知,沟通协商的交流过程隐含的是权力结构配置和资源占有的博弈,同时受到年龄、性别、资历、个性、魅力等复杂因素的影响,沟通的结果不确定性较大,易干扰因素较多。

使用数字化协同育人平台,利用技术将流程、时间和要求等相对固定的信息直接在平台上进行明确,每一个部门和个体的职责要求相对标准化地固定在某些场景中,可以省去大部分无效沟通或低效沟通环节,工作质量与效率将大大提升。

二是可提升"全方位育人"场景的显示度。当前数字化场景已经较为普及,无论是教师还是学生都希望从琐碎的事务性工作中解脱出来,使用数字手段提升效率已经是高校必须面对的现实。技术手段也解决了过去思想政治教育过程难以控制,各类场景难以监管评价的问题,通过技术手段将不同资源和要素有机连接起来,明确一些育人的关键场景和常用场景,用技术和平台的支撑推动思想政治教育效果的检验与反馈,不仅可以有效发挥重要场景的育人功能,也可以较为客观真实地获取不同育人主体工作的过程和结果,便于他们及时了解自身的工作成效并及时作出调整。

三是可提升思想政治工作的科学性与系统性。学校管理者精力有限,通过数字化平台建设就可以做到实时了解管理人员工作效率和师生反馈的意见,在某些方面甚至不需要师生直接反馈,因为数字化平台产生的数据本身就会"说话",从而可以准确描绘出不同部门、教师、学生群体的"画像",让管理者迅速找准问题,精准施策。当然,数字化协同育人平台的科学搭建对高校的办学理念、办学条件、管理水平是一个巨大的挑战,要求学校对不同育人主体的工作标准、程序、时限进行顶层设计并作出明确规定,协调好各方资源、利益,设计符合教育规律和实际情况的流程与标准,并能够让全体师生认同,并非易事。

构建思想政治工作数字化平台重点要实现两个功能。

一是科学设计思想政治工作流程,固定主体育人职能。运用数字技术赋能"全方位育人"治理,首先要梳理再造思想政治工作流程和不同育人主体的育人职责。要做到这一点,首先要以学生为中心,确定围绕他们开展的思想政治工作的内容和具体程序,其次要梳理教学、科研、实践、党建、后勤、管理等十大育人体系中不同主体在这个流程中的功能和职责,再次要对前两者的信息进行有效整合,将上述内容通过数字化的手段确立下来,设计一套基于统一数据库的流程引擎并集成到一个平台。

二是再现思想政治工作场景,评价反馈各主体育人实效。思想政治工作不应该停留在口头上,而是应该见人、见物、见事,因此,再造思想政治工作流程、固定育人主体职责的同时还需要将他们融入具体的任务场景,也即用数字软件技术将思想政治工作中的关键场景、必备场景显现出来,让相关育人主体能在一定范围内参与其中。在此基础上,通过线上的职能履行、办事过程和效果评价反馈育人主体的参与度、效果、效率等信息,从而及时调整思想政治工作的计划、组织、实施等工作。

这一环节的设计,既可以对所有参与者的行为方式、特点、效率进行共性和个性分析,也可以对受教育者的特点、感受评价进行全方位的分析,更可以对思想政治工作的全过程设计的科学性进行有效反馈和调整。高校思想政治教育治理的主导者还可以广泛加入社会大课堂的元素和社会第三方评价的元素。在掌握上述大量具有分析价值的数字资源基础上,高校可以对资源分配方式、人事评价制度、绩效分配制度等进行进一步的科学改革,从而通过"全方位育人"的数字化监测来反馈"全员育人""全过程育人"的效果。

第三节 加强互联网环境育人的治理

随着信息技术的发展和互联网的普及,网络化的社会生活已经成为当前社会个体的重要行为方式。当代大学生是"网络原住民",信息获取渠道网络化、生活方式网络化已经深度融入他们日常生活,"全方位育人"治理必须正视网络文化环境对大学生的影响力,不论是党委、政府还是高校,都要将网络文化环境建设作为思想政治工作的重要内容。

一、加强互联网环境建设的紧迫性

互联网突破了时间与空间的限制,以全新的方式表达着人类生活的发展。它内容丰富,涵盖政治、经济、文化、娱乐等多领域的信息,它以技术手段为依托,将各类信息传递到网线能够到达的地方,并以视、听、说、感等方式立体呈现在大众面前,极大地改变了人们的观念和行为,并对社会生产和生活产生了重要的影响。网络文化环境建设的紧迫性体现在以下三方面:

首先,资本运作平台与算法技术推荐形成"流量就是正义"的功利价值观。流量是互联网世界中媒体平台赖以生存的核心利益,只有不断维系高流量的关注度,保持每条信息的高阅览量、高评论数、高转发率,才能吸引广告投放,为背后的电商出货、推出付费内容等盈利模式打下基础,从而源源不断创造财富。流量就是财富,算法技术与资本平台的结合将这种底层逻辑演绎得淋漓尽致。资本平台的逐利特性决定了"流量为王"而非"内容为王"的经营之道,不管是高雅还是低俗,不论美的还是丑的、老的少的、正常或怪异的,只要能够吸引流量就是绝对的正义。这种"流量经济"既让一部分有才华、有能力的人成功了,也让很多人抛弃尊严、抛弃底线,想尽一切办法来吸引人们的注意力。网络世界把原本隐藏在现实世界阴暗角落的场景放大、传播出去,给社会造成了严重的不良影响,而这些信息的大行其道也让身处其中的年轻人产生诸多错觉,似乎怪异是个性、自由,颓废、反叛是天性等等。

其次,算法技术根据人们的认知习惯和偏好推送信息,造成"信息茧房"无处不在。当前算法推荐技术的应用实现了个性化、分众化的信息筛选与推送，人们只要打开相关应用，算法技术就会把它认为你想看到的东西推送给用户。算法技术反复运用这种逻辑推送给不同个体感兴趣的同类型内容，产生一个个"信息茧房"，使用户习惯于"被动投喂信息"，而逐渐丧失了"主动寻找信息"的意识和能力。可以说，算法推荐技术让一部分人变得"越来越懒""越来越无知"。在算法推荐技术的影响下，大学生在社交媒体平台上稍不注意就只能看到与自己喜好吻合、志趣相同的"圈友"的信息，从而产生了一种"所有人都跟我观点一致，我的观点是正确的"假象，一旦发现有不同声音就会产生强烈的情感排斥，这就容易加深不同社交圈层之间的隔阂。因此，在算法推荐技术的推波助澜下，大学生易丧失对各类信息的主动搜索、汇集、研判能力，或被舆论牵着鼻子走，或沉迷于短视频、网络小说，由此逐渐改变习惯，出现难以集中注意力、厌倦学习的问题。大学生正在缩小自己的信息获取范围和弱化主动探究的意识，并使社会圈层文化隔阂更深，这种网络文化环境不利于大学生正确思维方式的养成和良好社会心态的树立。

最后，生成式人工智能技术带来网络意识形态话语权的巨大挑战。媒介就是意识形态，谁控制了媒介谁就控制了意识形态话语权和主导权。随着国际形势的不断演变，西方敌对势力不断加大对中国的文化渗透，其中互联网世界成为敌对势力渗透的主战场，各类反社会主义、反马克思主义的社会思潮与我们的主流意识形态之间的交锋越发激烈，西方敌对势力争夺青年的形势日益严峻。

自 ChatGPT、SORA 诞生以来，国内的 Deep Seek、通义千问、智谱清言、豆包、Kimi 等生成式人工智能技术日益普及，其便利性、高效性、智能化特点给人带来了诸多惊喜，人机对话、深度互动模式成为当前流行的网络用户行为。这无疑让原本由党和国家的官方媒体占据主流意识形态话语创造者的空间受到了严重挤压，掌握人工智能技术的科技企业的专业技术人员和高管成为"虚拟人"背后的话语体系规则的主要制定者，模型训练需要的海量数据的丰富性、价值的多元性也压缩了主流意识形态的话语表达空间。随着社会的开放度、包容度的逐步提高，海量信息的飞速传播以及网络评论自由度的提升，在多元化的社会思潮中维护主流意识形态的话语权、掌握内容生产权已成为一个重要课题。"资本＋信息平台"的互联网信息传播方式和由此产生的信息舆论场对高校思想政治教育造成了巨大的干扰，互联网传播的即时性、广泛性、开放性特点将民众置于"日常文化冲击"的状态，资本和互联网的深度结合促进了西方自由主义、后现代主义的扩张。一些人鼓吹所谓的西方"民主",不进行理性思考和历史对比将其视为"真理";网络经济迎合人性中的弱点,使用碎片化、娱乐化的方式来传播信息,放大对传统的叛逆、对宏大叙事的反感、对道德教育的回避。传媒作为"第四权力",因其新闻选择的权力定位了政治应该包含什么内容,但人们碎片化的阅读习惯使其很难长期深入讨论某一政治议题或社会问题,因而往往是片面的深刻、短暂的热闹和情绪的狂欢。

在上述特征影响下的大学生,如果缺乏在海量信息中主动寻找、甄别信息的知识基础和辨别能力,容易陷入"被选择信息"的境地,从而导致部分人的"无思"——因为缺乏完整的知识体系和足够的真实信息,他们缺乏辨别真伪的基础,逐步丧失理性思考能力,由此"陷入轻微的、不断地相互冲突之中,不仅产生不了积极有效的方略,甚至无法形成任何有凝聚力的意见……个人原子化、社会碎片化,使人完全成为'被调整好的人',社会成为一个'被调整好的社会',国家成为'被调整好的国家',一切尽在掌握之中"①。这种"温水煮青蛙式"的冲击极易对意识形态领域造成颠覆性的破坏。高校需强化网络思想政治教育的价值引领,重视培养学生的媒介素养,党委、政府也要加大对舆论环境的治理,壮大主流舆论的声音,营造一个客观理性公正的信息舆论环境。

二、加强对网络文化环境的监管力度

党委、政府是清朗的网络文化环境建设的主体,应该做好引导和监管工作,构建科学监管的干预机制,利用疏堵结合的方式将危害社会信息安全的言论和行为阻隔在网络空间之外,着力提升网络治理能力现代化水平。

一要掌握生成式人工智能技术的主导权。拥有一支生成式人工智能技术国家队,不仅掌握了先进的科技,也掌握了意识形态话语权和内容生产权,也就具备了与西方敌对势力进行意识形态斗争的主动权。党委、政府要打通教育、科技和企业之间的协同开发,防止科技被资本绑架。要顺应人工智能大模型训练规律,扩大主流意识形态输出队伍,有层次、多维度地支持一批高质量的网络信息生产者,让更多理性、正向的人成为网络信息的创造者,扩大网络意识形态内容的供给量。同时,党委、政府要积极引导生成式

---

① 江涌.谁在操纵世界的意识[M].北京:社会科学文献出版社,2018:165.

人工智能大模型与主流媒体平台、国内大型文献数据库的对接，辅助网络意识形态话语内容的产出，将其作为话语传播的信息关键节点，扩大优秀传统文化、理性观点、正确信息的传播力、影响力。

二要加强对网络舆论的引导。网络舆情导向事关我国网络意识形态安全和网络文明的建设。和谐的网络社会是多元和包容的，但绝不是放任负面的声音成为主流，而是需要在负面声音出现时，依靠群众和主流媒体的宣传力量，探寻平等的对话机制，通过理性引导与辩论，化解各方分歧。网络舆论引导需要建立科学长效的监管引导机制和迅捷有效的共通互享机制，要在政府部门、主流媒体和学者、大众之间实现党中央最新政策和信息的实时沟通共享。比如"浙江宣传"公众号本着"说人话""切热点""有态度"的宣传作风，遵循"党管媒体"的基本原则，让宣传部门直面舆论第一现场，找准热点、剖析难点、制造沸点，成为舆论场的一线操盘手和运动员，迅速占据网络自媒体平台的重要地位，成为主流声音的旗手。

三要加强对算法技术的监管。在大数据迅速发展的背景下，市场化平台层出不穷，背后的算法技术和人工智能技术的研发使数据、算法、算力相辅相成，拥有核心算法技术的大企业平台可以通过技术手段获取用户信息，并依靠市场行情做出策略分析迅速抢占市场先机。因此算法技术为平台带来不菲的经济价值，但也引发了一系列价值判断问题，阻碍了平台之间的良性竞争，给网络环境带来了不良的导向。政府部门应当承担市场化平台算法的监管责任，要对算法技术的合法性和价值导向进行深入研究。算法虽然是一种技术，但其运行逻辑并非中立，存在技术上的发展风险、价值判断风险，当前还缺乏明确的监管职责和底层技术的责任归属，监管工作也面临认识偏差、制度缺位以及重心错位等困境。政府要遵循参与主体多元性、技术发展包容性、监管程序公正性三大核心原则，加大对资本平台和算法技术底层逻辑的监管，确保技术逻辑遵循正确的价值导向。同时，政府也要依靠技术手段加大对网络空间中各类平台的监督管理，建立全时段、全覆盖的动态监管机制。

四要加强对网络信息的监管。网络社会虽然是一个虚拟空间，但是现实社会突破了时空的延伸，其活动的主体是社会环境中真实存在的人，网络舆论环境同样需要完善的法律监管机制，要从信息发布、舆论产生、责任归属等多方面考虑。网络空间主体的身份具有虚拟性，相较于现实社会中的道德约束更为薄弱，可能导致人身攻击、人肉搜索等非法侵权问题。部分网络媒体也存在指向性、片面化发声的问题，极易形成巨大舆论带偏社会观点，甚至产生网络暴力。比如"胡鑫宇事件"中，一些网络自媒体为了博取流量，不顾事实真相尚未水落石出就危言耸听、大肆造谣，对社会安全与稳定造成了严重的影响，待事情水落石出无瓜可吃后，又为了蹭一波流量将矛头指向胡鑫宇母亲，展开毫无负担的网络暴力。政府要健全相关法律来规范网络空间行为，维护网络秩序，保护网络主体的合法诉求和应有权利，打击网络暴力，维护网民合法权益，真正实现网络舆论监督的最大价值。

三、加强网络文化环境的建设引导

加强网络文化生态环境的建设，应将营造自由、安全、正能量的网络文化环境作为"全方位育人"治理的重要方面，可以从政治引领、队伍建设、网络素养等方面进行引导。

首先，加强对网络舆论平台的政治引导。网络空间是重要的思想政治工作阵地。不论是党委、政府主导还是资本运作的网络平台，首先必须坚持正确的政治立场，承担应有的社会责任。政府主导的网络平台责无旁贷要坚决拥护党的领导，弘扬社会主义核心价值观，为青年一代健康成长营造一个风清气正的良好环境，要运用平台渠道呼吁社会关心关爱青年学生，为社会各界积极正确地参与育人做好各类宣传。政府要规范资本运作的网络平台的监管，后者不能仅遵循资本逐利的本性，也要承担起企业的社会责任，做"有所为有所不为"的企业，为青年一代树立"君子爱财，取之有道"的正确价值取向，向社会宣扬雅俗共赏的审美品位。

其次，要扩大主流话语的朋友圈。网络意识形态工作怎样才能发挥作用、入脑入心，从而在青年大学生中建立起信任或友好的关系，关键在于解决好"谁来发声""怎样发声"这两个问题。"浙江宣传"微信公众号重点解决了"怎么发声"的问题，可以说目前为止起到了良好的效果。而"谁来发声"同样重要，传统官媒的专业新闻人员固然需要摇旗呐喊，但还有很多很有影响力的大 V、自媒体账户，他们中的很多人将"铁肩担道义，妙笔著文章"作为自身的重要使命，旨在用媒体监督的力量和独立的思考来维护社会的公平正义。他们中的相当一部分人具备良好的流量吸引力和影响力，有部分账号将监督党委、政府作为自身职责，平时带有较强的批判性，面对这些账号，我们要本着包容合作的心态，只要政治立场、价值观没有问题，可以争取将他们纳入我们的思想政治工作朋友圈，充分发挥他们的作用。同时，要不断充实网评员队伍,重视优秀青年学生的发掘,让他们能自觉承担起正向舆论发声者的职责,在这个过程中培养他们思考问题、分析问题的能力。

最后,要加大对大学生网络文化素养的训练。加强网络文化环境建设不能仅从外部环境着手,还要关注网络行为的重要参与者——大学生。算法技术之所以能够造成"信息茧房",其中一个重要原因在于大学生媒介素养不足,主要表现在:网络消费缺乏理性和自制力,网络信息的认知判断缺乏分析能力,网络空间行为缺乏道德约束,缺乏利用网络传播规律为我所用的方法。尤其在 AI 技术大行其道、日新月异,深度伪造技术伦理问题日益突出的情况下,迫切需要训练大学生掌握网络媒介和传播学的基本常识,了解网络传播基本原理,了解互联网算法技术的基本逻辑,识破自身处于"信息茧房"的基本事实,从而实现破除被定义、被选择的"自我觉醒"。要开发设置专门的课程训练大学生善于使用 AI 而不依赖 AI,学会辨别各类良莠不齐、真假难辨的信息,做到不偏激、不盲从,保持自己独立的思考方式和正确的网络行为方式,鼓励大学生们利用互联网提供的便利条件提升自己主动搜索、利用、整合信息为我所用、自我提升的能力,将网络知识学习与教师答疑解惑结合起来,树立一种全新的学习方式,增长阅历,扩大眼界,完善人格,健全心态。也要鼓励大学生做正确价值观的网络传播者,用符合青年人的方式创作积极健康向上的作品,向社会传递正能量。

结　语

　　推动高校"三全育人"治理是高校落实立德树人根本任务的需要，是党和国家人才培养的需要。"三全育人"的实现需要高校内外部相关育人主体树立正确的育人观念，了解自身育人功能，掌握育人方法，并作出持续的、相对一致的、科学的育人行为。高校"三全育人"格局尚未形成的关键原因有三点：一是没有抓住"三全育人"是一个育人共同体的本质，没有从育人主体的价值观念、利益驱动和行为表现三者一致性的角度来思考阻碍"三全育人"的根源；二是未能从"三全育人"彰显的管理理念和运行机制来把握建设路径，没有从打破体系壁垒、改革评价制度等路径着手解决问题；三是未能充分立足学生成长发展需要，围绕学生成长的全过程、全方位来设计思想政治教育管理手段，或就高校谈高校，或就思政谈思政，从系统视角看待"三全育人"治理的考量不够。

　　通过研究可以发现，"三全育人"与思想政治教育治理理念在价值观念、受教育者视角、系统化思维等方面有诸多共通之处，用治理来观照"三全育人"可以更好地找准问题的关键所在，也更能抓住"三全育人共同体"的本质特征和运行规律，从而制定更加切实有效的实践路径。治理视域下高校"三全育人"建设要紧紧围绕其共同体的本质，通过明确育人职责体系、完善育人领导制度、扩大参与主体等手段提升"全员育人"的价值观念和责任意识；通过以学生成长获得感为起点的评价激励机制改革，打破体系间的隔阂与壁垒，构筑相对一致的利益基础，优化思想政治教育过程的科学性和可控性；通过加强对校园物理环境、文化环境和网络环境的建设提升全方位育人效果。

　　本书提出了一种较为理想的治理思路，在实际操作过程中，最为关键也是最大的难点在于如何设置科学合理的评价指标体系，这需要在实践中不断探索并及时进行调整。"三全育人"要改革评价制度是必然的，但破"五唯"重点在破"唯"这个范畴性定义，而不是破"五"这个具体内容，分数、升学、文凭、论文、荣誉也是育人结果的一部分，可以成为育人的重要支撑，但不能成为单一支撑而忽视受教育者的评价和感受。因此，治理视域下高校"三全育人"建设，不能急功近利、急于求成，一定要立足中国国情、师生思想行为特点和文化习惯，正视不同育人主体之间的差异性，借鉴世界上一些知名大学的成功做法，研究制定既科学又符合实际的具体管理制度和运行机制，要充分挖掘、研究受教育者视角的多维度育人指标，让考核评价的落脚点体现育人初心，充分调动育人主体的主观能动性，提升育人行为的科学性和育人结果的有效性。

参考文献

（一）著作类

[1] 马克思恩格斯全集：第一、二、三卷[M].北京：人民出版社,1995.

[2] 马克思恩格斯选集：第一至四卷[M].北京：人民出版社,2012.

[3] 马克思恩格斯文集：第一至十卷[M].北京：人民出版社,2009.

[4] 列宁选集：第一至四卷[M].北京：人民出版社,1995.

[5] 列宁全集：第三十一、第三十三、第三十四卷[M].北京：人民出版社,1985.

[6] 毛泽东选集：第一至四卷[M].北京：人民出版社,1991.

[7] 毛泽东著作选读（下册）[M].北京：人民出版社,1986.

[8] 毛泽东文集：第七卷、第八卷[M].北京：人民出版社,1999.

[9] 毛泽东传（第3册）[M].北京：中央文献出版社,1990.

[10] 邓小平文选：第一至二卷[M].北京：人民出版社,1994.

[11] 江泽民文选：第一至三卷[M].北京：人民出版社,2006.

[12] 胡锦涛文选：第一至三卷[M].北京：人民出版社,2016.

[13] 习近平.之江新语[M].杭州：浙江人民出版社,2007.

[14] 习近平谈治国理政：第一卷[M].北京：外文出版社,2018.

[15] 习近平谈治国理政：第二卷[M].北京：外文出版社,2017.

[16] 习近平谈治国理政：第三卷[M].北京：外文出版社,2020.

[17] 习近平谈治国理政：第四卷[M].北京：外文出版社,2022.

[18] 习近平.论教育[M].北京：中央文献出版社,2024.

[19] 习近平.在全国党校工作会议上的讲话[M].北京：人民出版社,2016.

[20] 中宣部.习近平总书记系列重要讲话读本[M].北京：人民出版社,2016.

[21] 习近平新时代中国特色社会主义思想学习纲要[M].北京:学习出版社,人民出版社,2019.

[22] 十二大以来重要文献选编(上)[M].北京:中央文献出版社,2011.

[23] 十四大以来重要文献选编(上)[M].北京:中央文献出版社,2011.

[24] 中共中央文献编辑委员会.毛泽东著作选读(下册)[M].北京:人民出版社,1986.

[25] 本书编写组.十八大报告辅导读本[M].北京:人民出版社,2012.

[26] 中国共产党第十八次全国代表大会文件汇编[M].北京:人民出版社,2012.

[27] 中国共产党第十九次全国代表大会文件汇编[M].北京:人民出版社,2017.

[28] 中国共产党第二十次全国代表大会文件汇编[M].北京:人民出版社,2022.

[29] 陈万柏,张耀灿等.思想政治教育学原理(第三版)[M].北京:高等教育出版社,2018.

[30] 陈学飞.美国高等教育发展史[M].成都:四川大学出版社,1989.

[31] 陈晓明等.意识形态建设理论的新发展[M].北京:社会科学文献出版社,2008.

[32] 冯刚,沈壮海.中华人民共和国学校德育编年史[M].北京:中国人民大学出版社,2010.

[33] 冯刚,高山等.新时代高校思想政治教育治理论[M].北京:中国社会科学出版社,2021.

[34] 国家教育发展研究中心组.发达国家教育改革的动向与趋势[M].北京:人民教育出版社,1996.

[35] 郭鹏飞.意识形态价值论[M].北京:人民出版社,2014.

[36] 眭依凡.大学校长的教育理念与治校[M].北京:人民教育出版社,2001.

[37] 韩延明.大学理念论纲[M].北京:人民教育出版社,2003.

[38] 教育部思想政治工作司组编.大学生思想政治教育与管理比较研究[M].北京:高等教育出版社,2010.

[39] 江涌.谁在操纵世界的意识[M].北京:社会科学文献出版社,2018.

[40] 乔戈.国家的伦理——从马克思回到黑格尔[M].桂林:广西师范大学

出版社,2014.

[41] 景枫,武占,武建敏,张振国.中国治理文化研究[M].北京:中国社会科学出版社,2012.

[42] 荆惠民.思想政治工作概论[M].北京:中国人民大学出版社,2007.

[43] 李福华.大学治理的理论基础与组织架构[M].北京:教育科学出版社,2008.

[44] 李合亮.解析与诠释:思想政治教育的基本问题研究[M].北京:人民出版社,2015.

[45] 李紫鹃.国家治理现代化的马克思主义源流[M].杭州:浙江人民出版社,2015.

[46] 刘同舫.马克思的哲学主题[M].北京:人民出版社,2007.

[47] 骆郁廷.当代大学生思想政治教育[M].北京:中国人民大学出版社,2010.

[48] 马建青.高校心理健康教育与思想政治教育结合 30 年的研究[M].杭州:浙江大学出版社.2017.

[49] 孟建,祁林.网络文化论纲[M].北京:新华出版社,2002.

[50] 邱柏生.高校思想政治教育的生态分析[M].上海:上海人民出版社,2009.

[51] 沈壮海.思想政治教育有效性研究[M].武汉:武汉大学出版社 ,2016.

[52] 苏守波.美国现代化进程中的公民教育[M].济南:山东人民出版社,2011.

[53] 孙宽平,滕世华.全球化与全球治理[M].长沙:湖南人民出版社,2003.

[54] 孙其昂.思想政治教育学前沿研究[M].北京:人民出版社,2013.

[55] 孙其昂.思想政治教育现代转型研究[M].北京:学习出版社,2015.

[56] 王树荫.中国共产党思想政治教育史[M].北京:中国人民大学出版社,2011.

[57] 王学俭.现代思想政治教育前沿问题研究[M].北京:人民出版社,2008.

[58] 王诗宗.治理理论及其中国适用性[M].杭州:浙江大学出版社,2008.

[59] 王新刚.反思与建构——思想政治教育基础理论发展研究[M].北京:知识产权出版社,2013.

[60] 吴潜涛.新时期思想政治教育史论[M].合肥:安徽人民出版社 ,2004.

[61] 吴式颖,任钟印.外国教育思想通史(第六卷)[M].长沙:湖南教育出版社,2000.

[62] 吴玉程.新时代高校思想政治工作"三全育人"探索[M].北京:知识产权出版社,2020.

[63] 项久雨.思想政治教育价值论[M].北京:中国社会科学出版社,2003.

[64] 邢晓红.构建与超越:思想政治教育现代性研究[M].北京:中国社会科学出版社,2014.

[65] 辛向阳.马克思主义视域下的国家治理[M].桂林:广西师范大学出版社,2014.

[66] 杨威.思想政治教育的社会学研究[M].北京:社会科学文献出版社,2014.

[67] 杨晓慧.社会主义核心价值体系融入大学生思想政治教育全过程的基本问题研究[M].北京:人民出版社,2011.

[68] 杨道建.新时代高校"三全育人"理论与实践[M].镇江:江苏大学出版社,2021.

[69] 俞家庆主编.中国特色社会主义教育理论研究[M].北京:中国人民大学出版社.2008.

[70] 袁贵仁.价值观的理论与实践——价值观若干问题的思考[M].北京:北京师范大学出版社,2006.

[71] 岳修峰.普通高等学校"三全育人"研究[M].北京:社会科学文献出版社,2019.

[72] 中国思想政治工作研究会,中宣部思想政治工作研究所.思想政治工作概论[M].北京:中国人民大学出版社,2007.

[73] 张伯苓.张伯苓教育论著选[M].北京:人民教育出版社,1997.

[74] 张维迎.大学的逻辑[M].北京:北京大学出版社,2004.

[75] 张耀灿等.思想政治教育学前沿[M].北京:人民出版社,2006.

[76] 张耀灿.现代思想政治教育学[M].北京:人民出版社,2006.

[77] 张再兴.网络思想政治教育研究[M].北京:经济科学出版社,2009.

[78] 张世欣.中国古代思想道德教育史[M].杭州:浙江大学出版社,2010.

[79] 赵志军,于广河,李晓元.思想政治教育管理学[M].北京:中国社会科学出版社,2009.

[80] 郑永廷.思想政治教育方法论[M].北京:高等教育出版社,2010.

[81] 周从标.全球化背景下思想政治教育创新研究[M].北京:中国社会科学出版社,2005.

[82] 周中之,石书臣.现代思想政治教育理论与实践探微[M].北京:人民出版社,2009.

(二)期刊类

[1] 包红梅.思想政治教育社会治理功能的科学内涵及其特性[J].学校党建与思想教育,2015(21).

[2] 鲍善冰,刘奋隆,俞士谦.全方位、全过程、全员化思想政治工作法[J].山西高等学校社会科学学报,1995(3).

[3] 蔡如军,金林南.试论现代社会的思想政治教育治理[J].思想理论教育,2018(1).

[4] 曹现强.获得感的时代内涵与国外经验借鉴[J].人民论坛·学术前沿,2017(2).

[5] 曹任何.合法性危机:治理兴起的原因分析[J].理论与改革,2006(2).

[6] 曾永平.现代思想政治教育工具性价值与目的性价值的辩证思考[J].思想政治教育研究,2010,26(3).

[7] 曾正滋.追寻"治理之道":以马克思"个人自主活动"价值观引领社会协商治理[J].广西社会科学,2020(2).

[8] 陈勇.新时代高校思想政治理论课维护国家意识形态安全的责任担当[J].思想理论教育导刊,2020(9).

[9] 陈敏,鲁力.论儒家文化的思想政治教育价值[J].理论学刊,2015(1).

[10] 陈豫岚.治理理论视域下学生参与高校管理的现实困境与实践路径[J].湖北师范大学学报(哲学社会科学版),2022,42(6).

[11] 陈亮、王彩波.国家治理现代化:理论诠释与实践路径[J].重庆社会科学,2014(9).

[12] 陈少岚.改革开放以来我党加强思想政治教育的历史经验[J].当代世界与社会主义,2001(1).

[13] 陈宗章.国家治理现代化视域下高校思想政治教育制度建设探究[J].思想教育研究,2021(1).

[14] 董泽芳,岳奎.完善大学治理结构的思考与建议[J].高等教育研究,2012,33(1).

[15] 杜奉瑛.思想政治教育社会管理功能发挥过程及规律论析[J].思想教育研究,2012(7).

[16] 方曦.大学生参与现代大学管理的实践探究[J].学校党建与思想教育,2017(14).

[17] 方涛.从"国家统治"到"国家治理"——马克思主义国家学说中国化的历史演进[J].中共天津市委党校学报,2014(4).

[18] 方芳.大学治理结构变迁中的权力配置、运行与监督[J].高校教育管理,2011,5(6).

[19] 冯刚.加强思想政治教育学科建设 努力推进思想政治教育实践创新[J].思想教育研究,2013(11).

[20] 冯刚.深化思想政治教育理论研究和实践创新 推动思想政治教育学科繁荣发展[J].思想教育研究,2015(2).

[21] 冯刚,成黎明.治理视域下高校思想政治工作体系构建的逻辑与路径[J].思想理论教育,2020(8).

[22] 冯刚,徐先艳.现代性视域中思想政治教育治理的生成逻辑、基本内涵及时代价值[J].教学与研究,2021(5).

[23] 冯刚.治理视域下高校思政队伍专业化建设的理论与实践[J].学校党建与思想教育,2020(9).

[24] 冯建军.西方公民教育思想的论争与弥合[J].教育科学研究,2013(9).

[25] 傅安洲.当代德国政治教育理论体系探析[J].比较教育研究,2007(5).

[26] 高国希.从国家治理视角看思想政治教育如何增进四种认同[J].马克思主义与现实,2021(6).

[27] 高歌,赵丽娜.构建"三全育人"新平台的实践探索[J].学校党建与思想教育,2019(20).

[28] 高秉雄,胡云.国家治理能力变量体系研究——基于国家能力变量研究的思考[J].社会主义研究,2017(2).

[29] 葛卫华.培育高校思想政治工作队伍大数据素养的有效路径[J].毛泽东邓小平理论研究,2017(7).

[30] 葛洪义.中国的地方治理与法治发展[J].政法论丛,2019(2).

[31] 龚怡祖.大学治理结构:现代大学制度的基石[J].教育研究,2009,30(6).

[32] 龚怡祖.漫说大学治理结构.[J]复旦教育论坛,2009,7(3).

[33] 顾钰民.深化对思想政治工作体系内涵认识与途径研究[J].思想教育

研究，2018(7).

[34] 顾海良.思想政治教育学科建设的新起点——学习习近平系列重要讲话中阐发的思想政治教育思想[J].教学与研究,2014(9).

[35] 郭秀丽.以人为本:现代思想政治教育的根本理念[J].思想政治教育研究,2008(4).

[36] 眭依凡.论大学学术权力和行政权力的协调[J].现代大学教育,2001(6).

[37] 郝立新.如何在依法治国总格局中推进依法治校[J].中国高等教育,2014(23).

[38] 邓晨光,郝忠彬.论思想政治教育功能的发挥及规律[J].黑龙江高教研究，2013,31(4).

[39] 郝文清.论思想政治教育的现代化功能[J].河海大学学报(哲学社会科学版),2003(2).

[40] 韩庆祥.人民共创共享思想——党中央治国理政新思想的系统阐发[J].中共中央党校学报，2016,20(1).

[41] 韩宪洲.善用"大思政课"健全立德树人落实机制[J].中国高等教育，2022(5).

[42] 韩喜平,王晓阳.论思政小课堂与社会大课堂的结合[J].思想理论教育,2019(10).

[43] 何云庵,张冀.戏谑狂欢中的隐性抵抗:网络青年意见表达的话语焦虑及其反思[J].思想教育研究，2019(5).

[44] 何志敏,卢黎歌.建立"宏观思想政治教育学"与"微观思想政治教育学"的思考[J].思想教育研究,2011(1).

[45] 何增科.理解国家治理及其现代化[J].马克思主义与现实,2014(1).

[46] 何少群,程东海.高校思想政治工作"三全育人"模式研究[J].教育理论与实践,2019,39(21).

[47] 胡树祥,谢玉进.大数据时代的网络思想政治教育[J].思想教育研究,2013(6).

[48] 胡守敏.新时代背景下高校"三全育人"研究[J].学校党建与思想教育,2019(14).

[49] 胡昌恩.论思想政治教育的功能、价值及其关系[J].探索,2006(3).

[50] 胡晶晶.思想政治教育目标转型研究:背景、现状与发展趋势[J].思想政治育研究,2013,29(5).

[51] 胡锐军.国家治理现代化的合法性回应[J].理论探索,2015(1).

[52] 胡凯.社会主义意识形态治理新时期的思想政治教育学科建设[J].思想理论教育,2015(4).

[53] 黄克剑."自由"范畴三题[J].哲学研究,2000(8).

[54] 黄蓉生.以马克思主义为指导:思想政治教育学科创新发展的根本遵循[J].思想教育研究,2016(6).

[55] 黄蓉生,颜叶甜.新中国70年党的思想政治教育的发展历程[J].马克思主义研究,2019(8).

[56] 贾海丽.经济利益多元化背景下思想政治教育功能的转型[J].当代世界与社会主义,2009(5).

[57] 教育部.教育部发布我国高等教育领域首个教学质量国家标准[J].中国高等教育,2018(Z1).

[58] 焦成举,张国镛.思想政治教育功能简论[J].教育探索,2006(2).

[59] 蒋广学,张勇.强化"全环境育人"理念推动网络思政教育创新[J].中国高等教育,2014(22).

[60] 江丕权,张凤莲.从美国几所著名大学看世界一流大学的成因[J].中国高教研究,1994(1).

[61] 金鑫.思想政治教育的社会治理功能[J].人民论坛,2017(29).

[62] 李洋,王辉.利益相关者理论的动态发展与启示[J].现代财经,2004(7).

[63] 李辽宁.思想政治教育意识形态功能的思考[J].理论探讨,2006(3).

[64] 李合亮.改革开放以来党的思想政治教育理论创新体系的构成及地位与价值[J].学校党建与思想教育(上半月),2008(10).

[65] 李辉.现代性语境下的思想政治教育主导性探析[J].思想政治教育研究,2009,25(4).

[66] 李春华.论构建现代思想政治教育评价体系的基本原则[J].学校党建与思想教育,2011(32).

[67] 李明强,王一方.多中心治理:内涵、逻辑和结构[J].中共四川省委省级机关党校学报,2013(6).

[68] 李桂霞.论实施高校后勤育人的有效途径[J].中国成人教育,2014(9).

[69] 李彦磊.公共治理思想在高校思想政治教育中的运用[J].人民论坛,2015(29).

[70] 李响.多中心治理:高校思想政治教育管理主体的解构与培育[J].学校

党建与思想教育,2016(1).

[71] 李阳杰.高校师生交往制度核心价值的回归——基于媒介视角[J].教育理论与实践,2017,37(27).

[72] 李昕.营造"三全育人"生态圈:高校思想政治工作"新三同"的理念与实践[J].中国高等教育,2020(17).

[73] 李洋.西方治理理论的缺陷与马克思治理思想的超越[J].哲学研究,2020(7).

[74] 李捷.从马克思恩格斯列宁到中国特色国家治理理论的跨越(之二)——毛泽东对新中国国家治理的贡献[J].毛泽东思想研究,2020,37(4).

[75] 梁家峰、吕素香.思想政治教育治理体系和治理能力现代化的三个维度[J].思想教育研究,2014(10).

[76] 梁伟,马俊,梅旭成.高校"三全育人"理念的内涵与实践[J].学校党建与思想教育,2020(4).

[77] 刘建军.马克思主义经典作家论思想政治教育的意义[J].西北师大学报(社会科学版),2020(2).

[78] 闵辉,夏雅敏,邓叶芬.高校依法治校的理论思考和路径选择[J].中国高等教育,2020(9).

[79] 陆军,丁凡琳.多元主体的城市社区治理能力评价——方法、框架与指标体系[J].中共中央党校(国家行政学院)学报,2019,23(3).

[80] 马建青,石变梅.30年来高校心理健康教育对思想政治教育的影响分析[J].学校党建与思想教育,2017(19).

[81] 马建青,陈曾燕.习近平关于青年社会责任重要论述的特点[J].中国高等教育,2016(20).

[82] 闵辉.大学治理现代化视域下高校学生工作新思考[J].思想理论教育,2016(1).

[83] 卢岚.社会治理视野下的思想政治教育若干问题研究[J].理论与改革,2016(1).

[84] 柳礼泉,周文斌.思想政治教育的政治性与文化性之关系解读[J].思想理论教育导刊,2013(9).

[85] 骆郁廷.思想政治教育的本质在于思想掌握群众[J].马克思主义研究,2012(9).

［86］闵辉.和谐校园语境下高校学生利益诉求表达机制研究［J］.现代教育管理,2011(11).

［87］罗洪铁.思想政治教育过程的构成要素再探［J］.学校党建与思想教育,2011(8).

［88］曲建武,谭丽萍.新时代大学生思想政治教育场域合力的三维构成［J］.思想教育研究,2022(6).

［89］沈壮海,刘灿.论新时代思想政治教育的高质量发展［J］.思想理论教育,2021(3).

［90］佘双好.论新时代思想政治教育发展的新使命［J］.思想理论教育,2018(5).

［91］秦在东,王昊.社会治理的理论创新及其对思想政治教育管理创新的启示［J］.湖北社会科学,2015(7).

［92］任鹏,孙雷.整体性治理视域下高校学生党建与思想政治理论课教学的良性互构［J］.思想教育研究,2014(4).

［93］欧阳剑波.中国传统文化、马克思主义、西方文化碰撞的当代审视［J］.青海社会科学,2011(6).

［94］盛跃明,孙其昂.思想政治教育的现代转型及其路径［J］.求实,2010(2).

［95］秦惠民.我国大学内部治理中的权力制衡与协调——对我国大学权力现象的解析［J］.中国高教研究,2009(8).

［96］邱柏生.试论思想政治教育工作的历史转型［J］.理论探讨,2009(3).

［97］宋志明.论儒学关于中华民族精神的培育理念［J］.广东社会科学,2007(2).

［98］舒立春.落实立德树人根本任务　推进"三全育人"综合改革［J］.思想政治工作研究,2021(8).

［99］王树荫.人的彻底解放与全面发展——中国共产党百年思想政治教育的价值导向［J］.马克思主义研究,2020(10).

［100］孙其昂,屈群苹,孙旭友.国家治理现代化背景下的政府形象构建［J］.东南大学学报(哲学社会科学版),2016,18(5).

［101］李月玲,王秀阁.从"新供给"视角看思想政治教育有效性［J］.理论导刊,2016(7).

［102］王民忠,闫华.高校思想政治教育运用大数据分析的多维路径［J］.思想理论教育,2016(5).

[103] 孙其昂,张宇.论思想政治教育与治理——基于"推进国家治理体系和治理能力现代化"[J].思想政治教育研究,2015,31(2).

[104] 田维亮,朱永兵.新时期思想政治教育价值取向变迁的人学探微[J].教育与教学研究,2012,26(6).

[105] 孙其昂.思想政治教育现代性及其转型[J].安徽师范大学学报(人文社会科学版),2012,40(3).

[106] 王宏波,陈红,刘瑜.坚持对校园文化正确引导[J].高校理论战线,2012(2).

[107] 孙其昂.论思想政治教育的现代转型——基于社会、历史、系统视野的考察[J].思想教育研究,2007(8).

[108] 王学俭,冯瑞芝.思想政治工作与我国国家治理的内在逻辑[J].旗帜,2022(2).

[109] 王东红,高雪.新时代高校管理育人:内涵、特征及优化路径[J].现代教育管理,2021(11).

[110] 王辉,陈文东.基于"育人共同体"的全员育人探究[J].思想教育研究,2021(4).

[111] 王学俭,阿剑波.思想政治教育治理现代化的内涵、特征与发展路径[J].思想理论教育,2020(2).

[112] 王艳平.高校"三全育人"的特征及其实施路径[J].思想理论教育,2019(9).

[113] 王习胜."三全育人"合理性的逻辑诠释[J].思想理论教育,2019(3).

[114] 王占仁.高校思想政治教育如何实现全程、全方位育人[J].教育研究,2017,38(8).

[115] 王莹.思想政治教育融入社会治理的着力点——一种基于社会治理现实的生成性视角[J].思想理论教育,2017(7).

[116] 王颖,潘茜.教师组织沉默的产生机制:组织信任与心理授权的中介作用[J].教育研究,2014,35(4).

[117] 王习胜.论思想政治教育学科建设中的意识形态问题[J].思想理论教育,2011(3).

[118] 徐建军,申双花.大学生网络社群思想政治教育探赜[J].思想教育研究,2020(5).

[119] 吴玉程.新时代高校落实"三全育人"的理论与实践探究[J].中国高等

教育,2018(Z2).

[120] 冯刚.互联网思维与思想政治教育创新发展[J].学校党建与思想教育,2018(3).

[121] 熊钰,林伯海.基于互联网思维的高校思想政治教育创新研究[J].学校党建与思想教育,2017(3).

[122] 项久雨.以人为本:思想政治教育主客体关系的马克思主义人学之维[J].教学与研究,2016(2).

[123] 徐艳国.思想政治教育治理体系和治理能力现代化探析[J].清华大学学报(哲学社会科学版),2014,29(3).

[124] 武东生.论马克思关于"思想政治教育"的主要思想[J].理论学刊,2014(3).

[125] 徐勇,吕楠.热话题与冷思考——关于国家治理体系和治理能力现代化的对话[J].当代世界与社会主义,2014(1).

[126] 吴永成,焦成举.思想政治教育价值研究:内涵、特性和取向[J].经济与社会发展,2012,10(3).

[127] 杨柱,龙献忠.论体制转型与政府、大学和社会关系的新向度[J].贵州大学学报(社会科学版),2007(2).

[128] 郁建兴,任杰.共同富裕的理论内涵与政策议程[J].政治学研究,2021(3).

[129] 郁建兴.社会治理共同体及其建设路径[J].公共管理评论,2019,1(3).

[130] 杨晓慧.高等教育"三全育人":理论意蕴、现实难题与实践路径[J].中国高等教育,2018(18).

[131] 杨威.思想政治教育:提升国家治理能力和国民素养的重要途径[J].思想教育研究,2015(12).

[132] 郁建兴,关爽.从社会管控到社会治理——当代中国国家与社会关系的新进展[J].探索与争鸣,2014,(12).

[133] 郁建兴,任泽涛.当代中国社会建设中的协同治理——一个分析框架[J].学术月刊,2012,44(8).

[134] 杨纳名.大学治理的必要与可能:治理理论的大学实践[J].河南师范大学学报(哲学社会科学版),2009,36(6).

[135] 张杨,高德毅.算法推荐时代高校网络思想政治教育面临的挑战与应对[J].思想理论教育,2021(7).

[136] 余嘉云."三全育人"的生态主义理论阐释与实践路径探索[J].南京师大学报(社会科学版),2021(1).

[137] 赵耀,王建新.论新时代高校"三全育人共同体"的内涵与建构——基于利益趋同、价值共同和行动协同的思考[J].中国矿业大学学报(社会科学版),2021,23(3).

[138] 宇文利,杨席宇.马克思恩格斯"人与环境"关系论及其思想政治教育应用[J].思想教育研究,2016(5).

[139] 赵安民,张瑞云.思想政治教育视野下网络舆论环境的优化[J].社科纵横,2012,27(12).

[140] 郁建兴,高翔.地方发展型政府的行为逻辑及制度基础[J].中国社会科学,2012(5).

[141] 张再兴.网络环境下高校德育创新发展的突破点[J].高校理论战线,2011(2).

[142] 郁建兴,王诗宗.治理理论的中国适用性[J].哲学研究,2010,(11).

[143] 赵玫,高巍.呼唤积极参与的人性户外空间——清华大学校园广场空间环境行为调查与评价[J].华中建筑,2006(9).

[144] 郁建兴,吕明再.治理:国家与市民社会关系理论的再出发[J].求是学刊,2003(4).

[145] 张庆玲.权力的博弈:大学治理中的"府学关系"模式分析——兼论我国大学治理"府学关系"权力结构的完善[J].现代教育管理,2022(5).

[146] 张彦,马亮亮.新时代网络空间道德建设的前提、特征与路径[J].思想理论教育,2021(8).

[147] 张应强,唐宇聪.大学治理的特殊性与我国大学治理体系现代化[J].清华大学教育研究,2020,41(3).

[148] 张彦.论培育时代新人的思想政治教育使命[J].思想理论教育导刊,2019(4).

[149] 张怀民,陈锐.治理视阈下高校思想教育管理的困境及其破解[J].学校党建与思想教育,2017,(14).

[150] 张静.增强思想政治教育管理者法治意识的意义与路径[J].湖北民族学院学报(哲学社会科学版),2016,34(6).

[151] 张莹.论思想政治教育的马克思主义学科属性[J].南方论刊,2016(2).

[152] 张怀民,卢岚.思想政治教育思维方式的现代转换[J].武汉理工大学学报(社会科学版),2008,21(6).

[153] 张廷.优化激励机制:实现高校全员育人的重要手段[J].思想教育研究,2012(10).

[154] 张克玉.校园环境对大学生思想政治教育工作的影响[J].内蒙古师范大学学报(教育科学版),2012,25(3).

[155] 张志旻,赵世奎,任之光,杜全生,韩智勇,周延泽,高瑞平.共同体的界定、内涵及其生成——共同体研究综述[J].科学学与科学技术管理,2010,31(10).

[156] 张衡,黄洁.治理变革:基于高校章程文本研究的综述[J].高等教育评论,2021,9(1).

[157] 张睿.协同论视域下高校"三全育人"实施的机理与路径[J].思想理论教育,2020(1).

[158] 张衡,眭依凡.大学内部治理体系:现实诉求与构建思路[J].高校教育管理,2019,13(3).

[159] 朱平.高校"三全育人"体系协同与长效机制的建构——以全员育人为中心的考察[J].思想理论教育,2019(2).

[160] 张卫伟.论人民"获得感"的生成:逻辑规制、现实困境与破解之道——学习习近平关于人民获得感的重要论述[J].社会主义研究,2018(6).

[161] 郑永廷,田雪梅.社会治理与思想政治教育的发展[J].思想理论教育,2017(6).

[162] 张忠.治理现代化背景下高校思想政治教育的话语调适[J].教育评论,2016(7).

[163] 祖嘉合.试论新中国成立以来思想政治教育模式的转变[J].马克思主义理论学科研究,2015,1(1).

[164] 朱家德.我国大学治理有效性的历史考察[J].中国高教研究,2014(7).

[165] 周光礼.中国公立研究型大学法人治理结构改革——基于华中科技大学的案例研究[J].中国人民大学教育学刊,2012(3).

[166] 郑敬斌,王立仁.改革开放以来思想政治教育发展的历史回顾与思考[J].兰州学刊,2011(6).

[167] 郑永廷,朱白薇.改革开放30年思想政治教育理论的丰富与发展[J].

思想理论教育导刊,2008(10).

[168] 朱平.思想政治教育要坚持"以人为本"[J].毛泽东邓小平理论研究,
　　　2004(6).

（三）网络报纸类

[1] 中共中央 国务院印发《深化新时代教育评价改革总体方案》[EB/OL].
　　 http://www.gov.cn/zhengce/2020-10/13/content_5551032.htm.

[2] 中共中央关于进一步加强和改进学校德育工作的若干意见[EB/OL].
　　 http://www.moe.edu.cn/edoas/website18/15/info3315.htm.

[3] 教育部等十三部门关于健全学校家庭社会协同育人机制的意见[EB/
　　 OL].http://www.moe.gov.cn/srcsite/A06/s3325/202301/t20230119
　　 _1039746.html.

[4] 教育部等11部门关于推进中小学生研学旅行的意见[EB/OL].http://
　　 www.moe.gov.cn/srcsite/A06/s3325/201612/t20161219_292354.
　　 html.

[5] 教育部党组关于印发《高校思想政治工作质量提升工程实施纲要》的通
　　 知[EB/OL].http://www.moe.gov.cn/srcsite/A12/s7060/201712/
　　 t20171206_320698.html.

[6] 教育部.新时代高校思想政治理论课教学工作基本要求[Z],2018-
　　 04-12.

[7] 习近平在省部级主要领导干部学习贯彻党的十九届五中全会精神专题
　　 研讨班开班式上发表重要讲话[N].人民日报,2021-01-12.

[8] 习近平.在中央党校建校80周年庆祝大会暨2013年春季学期开学典礼
　　 上的讲话[N].人民日报,2013-03-03.

[9] 习近平.胸怀大局把握大势着眼大事 努力把宣传思想工作做的更好
　　 [N].人民日报,2013-08-20.

[10] 习近平.完善和发展中国特色社会主义制度 推进国家治理体系和治理
　　　能力现代化[N].人民日报,2014-02-18.

[11] 习近平.在哲学社会科学工作座谈会上的讲话[N].人民日报,2016-
　　　05-19.

[12] 习近平.在庆祝中国共产党成立95周年大会上的讲话[N].人民日报,
　　　2016-07-02.

［13］习近平.敏锐抓住信息化发展历史机遇 自主创新推进网络强国建设［N］.人民日报,2018-04-22.

［14］薛亚玲.对借鉴西方文化的思考［N］.光明日报,2001-11-20.

［15］徐显明.从法律视角诠释高校自主办学［N］.中国教育报.2003-01-03.

［16］彭世峰.充分发挥思想政治教育功能［N］.山西党校报.2010-07-05.

［17］周夕根.努力提高网络思想政治教育功能［N］.解放军报.2012-10-28.

［18］江必新.推进国家治理体系和治理能力现代化［N］.光明日报.2013-11-15.

［19］王嘉让.努力推进国家治理体系和治理能力现代化［N］.陕西日报.2013-11-19.

［20］周少来.以治理现代化助推中国梦实现［N］.人民日报,2013-11-22.

［21］王浦劬.科学把握"国家治理"的含义［N］.光明日报,2013-12-29.

［22］娄淑华.马超.思政课的价值追问［N］.光明日报,2015-12-08.

［23］冯刚.推进新时代思想政治教育治理体系现代化［N］.中国教育报,2020-03-19.

［24］冯刚.构建新时代高校思想政治教育治理体系［N］.中国教育报,2021-09-13.

（四）学位论文类

［1］包红梅.思想政治教育的社会治理功能研究［D］.郑州:郑州大学,2016.

［2］高超杰.关于思想政治教育学科界定的理论思考［D］.长沙:中南大学,2014.

［3］李茜.中国高校后勤服务保障体制与运行机制研究［D］.南京:南京航空航天大学,2005.

［4］李辽宁.当代中国思想政治教育意识形态功能研究［D］.武汉:华中师范大学,2006.

［5］马超.思想政治教育方法论现代性研究［D］.长春:吉林大学,2014.

［6］马超.国家治理现代化视域下思想政治教育功能转换研究［D］.长春:吉林大学,2017.

［7］王洪波.思想政治教育管理的制度化研究［D］.哈尔滨:哈尔滨工程大学,2009.

［8］张丹平.高校后勤工作服务育人问题研究［D］.沈阳:沈阳航空航天大

学,2011.

[9] 巫阳朔.中美高校思想政治教育比较研究[D].北京:中共中央党校,2012.

[10] 肖俊."价值—结构—功能"分析框架下的中国公立大学治理现代化研究[D].武汉:武汉大学,2017.

（五）国外文献类

[1] 亚里士多德.政治学[M].吴寿彭译.北京:商务印书馆,1965.

[2] 安东尼·吉登斯.全球时代的民族国家[M].郭忠华译.南京:江苏人民出版社,2010.

[3] 阿奇·B.卡罗尔,安·K.巴克霍尔茨.企业与社会——伦理与利益相关者管理[M].黄煜平等译.北京:机械工业出版社,2004.

[4] 伯顿·R.克拉克.高等教育系统——学术组织的跨国研究[M].王承绪等译.杭州:杭州大学出版社,1994.

[5] 约翰·布鲁贝克.高等教育哲学[M].王承绪等译.杭州:浙江教育出版社,2001.

[6] 黑格尔.黑格尔著作集第 7 卷:法哲学原理[M].邓安庆译.北京.人民出版社,2016.

[7] 弗雷德里克·泰勒.科学管理原理[M].胡隆昶等译.北京:中国社会科学出版社,1984.

[8] 克拉克·科尔.大学的功用[M].陈学飞等译.南昌:江西教育出版社,1993.

[9] 克莱尔·库伯·马库斯,卡洛琳·弗朗西斯.人性场所——城市开放空间导则[M].俞孔坚、孙鹏、王志芳等译.北京:中国建筑工业出版社,2001.

[10] 詹姆斯·N.罗西瑙.没有政府的治理[M].张胜军.刘小林等译.南昌:江西人民出版社,2001.

[11] 米歇尔·兰德曼.哲学人类学[M].彭富春译.北京:中国工人出版社,1984.

[12] 让-皮埃尔·戈丹.何谓治理[M].钟震宇译.北京:社会科学文献出版社,2010.

[13] 约翰·范德格拉夫等编著.学术权力——七国高等教育管理体制比较

[M].王承绪等译.杭州:浙江教育出版社,2001.

[14] 约翰·杜威.民主主义与教育[M].王承绪译.北京:人民教育出版社,2001.

[15] 卡尔·雅斯贝尔斯.大学之理念[M].邱立波译.北京:商务印书馆,2022.

[16] 费迪南·滕尼斯.共同体与社会[M].张巍卓译.北京:商务印书馆,2019.

[17] 德里克·博克,曲铭峰.大学的治理[J].高等教育研究,2012,33(4).

[18] 格里·斯托克,华夏风.作为理论的治理:五个论点[J].国际社会科学杂志(中文版),1999(1).

[19] 鲍勃·杰索普,漆燕.治理的兴起及其失败的风险:以经济发展为例的论述[J].国际社会科学杂志(中文版),1999(1).

[20] 阿里·卡赞西吉尔,黄纪苏.治理和科学:治理社会与生产知识的市场式模式[J].国际社会科学杂志(中文版),1999(1).

[21] Adrianna J. Kezar. Understanding and Facilitating Organizational Change in the 21st Century: Recent Research and Conceptualizations [M]. San Francisco: Jossey-Bass Wiley Company, 2001.

[22] Burton R. Clark. The Higher Education System: Academic Organization in Cross-Nation Perspective[M]. Berkeley: University of California Press, 1983.

[23] Bob Jessop. The Future of the Capitalist State[M]. Cambridge: Polity Press, 2002.

[24] Bob Jessop. "Meta-governance". In The Sage Handbook of Governance [M]. Ed. Mark Bevir. London: Sage Publications Ltd, 2011.

[25] Dennis John Gayle, Bhoendradatt Tewarie, A. Quinton White Jr.. Governance in the Twenty-First-Century University: Approaches to Effective Leadership and Strategic Management [M]. ERIC Digest, 2003.

[26] Dietmar Braun, Francois-Xavier Merrien. Towards a New Model of Governance for Universities — A Comparative View[M]. London & Philadelphia: Jessica Kingsley Publishers, 1999.

[27] J. N. Rosenau. Governance without Government: Order and Change in World Politics [M]. Cambridge: Cambridge University Press, 1995.

[28] John David Millett. New Structures of Campus Power: Success and Failures of Emerging Forms of Institutional Governance [M]. San Francisco, CA: Jossey-Bass, 1978.

[29] Jan Kooiman. "Societal Governance: Models and Orders of Social Political Interaction". In Debating Governance: Authority, Steering, and Democracy[M]. Ed. Jon Pierre. Oxford, UK: Oxford University Press, 2000.

[30] Mark Bevir. The SAGE Handbook of Governance[M]. London: Sage Publications Ltd, 2011.

[31] Maurice Kogan. "Changing Relationship Between Government and Higher Education and the State". In Towards a New Model of Governance for Universities — A Comparative View [M]. Eds. Dietmar Braun, Francois-Xavier Merrien. London & Philadelphia: Jessica Kingsley Publishers, 1999.

[32] Michael Shattock. Managing Good Governance in Higher Education [M]. New York: Open University Press, 2006.

[33] R. M. MacIver. Community: A Sociological Study[M]. London: Macmillan and Co. Limited, 1920.

[34] Barbara Sporn. "Governance and Administration: Organizational and Structural Trends". In International Handbook of Higher Education [M]. Eds. James J. F. Forest, Philip G. Altbach. Netherlands: Springer, 2007.

[35] J. N. Rosenau. "Change, Complexity and Governance in a Globalizing Space". In Debating Governance: Authority, Steering, and Democracy[M]. Ed. Jon Pierre. Oxford, UK: Oxford University Press, 2000.

[36] Robert Birnbaum. How Academic Leadership Works: Understanding Success and Failure in the College Presidency[M]. San Francisco: Jossey-Bass, 1992.

［37］Paul Salipante. "Providing Continuity in Change: The Role of Tradition in Long-Term Adaptation". In Handbook of Organizational Design［M］. Eds. Paul C. Nystrom, William H. Starbuck. Oxford: Oxford University Press, 1981.

［38］Stephen Bell, Alex Hindmoor. Rethinking Governance: The Centrality of the State in Modern Society［M］. Cambridge: Cambridge University Press, 2009.

［39］Carnegie Commission on Higher Education. Governance of Higher Education: Six Priority Problems［M］. New York: McGraw-Hill, 1973.

［40］Patricia J. Gumport, Brian Pusser. University Restructuring: The Role of Economic and Political Contexts［M］. New York: Agathon, 1999.

［41］David F. J. Campbell, Elias G. Carayannis. Epistemic Governance in Higher Education: Quality Enhancement of Universities for Development［M］. New York: Springer, 2013.

［42］William G. Tierney. Competing Conceptions of Academic Governance: Negotiating the Perfect Storm［M］. Baltimore: The Johns Hopkins University Press, 2004.

［43］R. A. W. Rhodes. "The New Governance"［J］. Political Studies, 1996, 44(4).

［44］Mark Bevir. "Rethinking Governmentality: Towards Genealogies of Governance"［J］. European Journal of Social Theory, 2010, 13(4).

［45］Dietmar Braun. "Changing Governance Models in Higher Education: The Case of the New Managerialism"［J］. Swiss Political Science Review, 1999, 5(3).

［46］Demetri L. Morgan, Lucy A. LePeau, Felecia Commodore. "Observable Evidence and Partnership Possibilities for Governing Board Involvement in Diversity, Equity, and Inclusion: A Content Analysis"［J］. Research in Higher Education, 2022, 63(5).

［47］Eva Sørensen, Jacob Torfing. "Making Governance Networks Effective and Democratic Through Meta-Governance"［J］. Public

Administration，2009，87(2).

[48] R. Edward Freeman，William M. Evan. "Corporate Governance: A Stakeholder Interpretation" [J]. Journal of Behavioral Economics，1990，19(4).

[49] Giliberto Capano. "Government Continues to Do Its Job: A Comparative Study of Governance Shifts in the Higher Education Sector" [J]. Political Science and Education: Public Administration，2011，12(4).

[50] Giliberto Capano，Marino Regini. "Governance Reforms and Organizational Dilemmas in European Universities" [J]. Comparative Education Review，2014，58(2)

[51] Gabriel E. Kaplan. "Do Governance Structures Matter?" [J]. New Directions for Higher Education，2004，127.

[52] Harry de Boer，Jeroen Huisman，Claudia Meister-Scheytt. "Supervision in 'Modern' University Governance: Boards Under Scrutiny" [J]. Studies in Higher Education，2010，35(3).

[53] Haveri Arto et al. "Governing Collaboration: Practices of Meta-Governance in Finnish and Norwegian Local Governments" [J]. Local Government Studies，2009，35(6).

[54] J. P. Charkham. "Corporate Governance: Lessons from Abroad" [J]. European Business Journal，1992，4(3).

[55] Josie Kelly. "Central Regulation of English Local Authorities: An Example of Meta-Governance?" [J]. Public Administration，2006，84(4).

[56] Jonathan S. Davies. "Whatever Happened to Coercion? A Gramscian Critique of Meta-Governance Theory" [J]. Political Studies Association，2013，61(3).

[57] Jan Kooiman，Svein Jentoft. "Meta-Governance: Values，Norms and Principles，and the Making of Hard Choices" [J]. Public Administration，2009，87(4).

[58] Adrianna J. Kezar，Peter D. Eckel. "Meeting Today's Governance Challenges: A Synthesis of the Literature and Examination of a Future

Agenda for Scholarship"[J]. The Journal of Higher Education，2004，75(4).

[59] Ka-Ho Mok，Anthony Welch，Yuyang Kang. "Government Innovation Policy and Higher Education：The Case of Shenzhen，China"[J]. Journal of Higher Education Policy and Management，2020，42(2).

[60] Nicole Brown. "Partnership in Learning：How Staff-Student Collaboration Can Innovate Teaching"[J]. European Journal of Teacher Education，2019，42(5).

[61] Peter Eckel. "Thinking Differently About Academic Departments：The Academic Department as a Team"[J]. New Directions for Institutional Research，1998，100.

[62] Robert Birnbaum. "The End of Shared Governance：Looking Ahead or Looking Back"[J]. New Directions for Higher Education，2004，127.

[63] Robin Middlehurst. "Changing Internal Governance：Are Leadership Roles and Management Structures in United Kingdom Universities Fit for the Future?"[J]. Higher Education Quarterly，2013，67(3).

[64] Gerry Stoker. "Governance as Theory：Five Propositions"[J]. International Social Science Journal，1998，50(155).

[65] Susan Whealler Johnston. "Faculty Governance and Effective Academic Administrative Leadership"[J]. New Directions for Higher Education，2004，127.

[66] Chen Chen，Frank Van Clay. "Transnational Universities，Host Communities and Local Residents：Social Impacts，University Social Responsibility and Campus Sustainability"[J]. International Journal of Sustainability in Higher Education，2021，22(8).

[67] World Bank. Governance and Development[R]. Washington，D. C. ：World Bank，1992.

[68] Karl E. Weick. "Educational Organizations as Loosely Coupled Systems"[J]. Administrative Science Quarterly，1976，21(1).

后　记

　　我一直在思考一个问题,思政工作者攻读博士的意义是什么? 是提升理论水平,提高研究能力,还是锻炼发现问题、分析问题的敏锐性? 我想这些都很重要,但我更希望在这样的基础上更好地运用理论去研究解决思想政治工作中遇到的现实问题。

　　选择治理视域下高校"三全育人"研究作为我的研究方向并非偶然,而是对我二十多年高校思想政治工作经历的思考。多年一线辅导员的工作经历让我体会到育人工作仅靠学生工作队伍、思政教师队伍是不够的,学工部门的工作经历让我感受到育人工作需要建立相应的评价激励和运行机制方能引导教学、科研、学工、后勤之间同向同行,地方工作的经历让我认识到育人工作除了高校,还需要政府、社会、家庭等主体的主动作为。我的切身体会是,从思想政治教育治理角度来思考"三全育人",跳出思想政治教育看思想政治教育,跳出高校看高校,用治理的手段来推动"三全育人",建立起内外协同的运行机制和制度体系,更能有效推动"三全育人"目标的实现。

　　本书是在我的博士学位论文基础上修改完成的,我为本书的撰写付出了很多心血,但高校"三全育人"是一个重大的理论和实践问题,本书只是从治理的视角作了尝试性的探索,还存在许多不足,一些观点也只是我的一家之言,值得商榷,敬请各方专家读者批评指正。

　　在本书即将出版之际,我首先要感谢我的导师冯刚教授,能有缘结识恩师冯刚老师是我的荣幸。老师学养深厚,为人睿智沉稳、大气包容、和善可亲,不仅授我学业,更教我做人,对我的学习工作给予了全方位的指导和关心。论文的选题得到了老师的鼓励和支持,冯老师鼓励我选题具有重要的价值,时时督促提醒、循循善诱,反复商讨论文选题和思路,才让我能够摒除杂念,坚持到底。感谢冯老师在百忙之中给我作序,对本书给予了进一步的鼓励。恩师的无私指导既让我十分感激,也惶恐自己愚钝疏漏,辜负导师的期望,唯有时时牢记导师关爱,鞭策自己不得懈怠、继续努力。

　　本书写作过程中得到浙江大学马克思主义学院老师们的关心和指导,浙江出版联合集团程明达先生给予了鼎力支持,浙江大学出版社编辑们做了大量的工作,湖州师范学院的领导给予了诸多关心,在此一并表示感谢!感谢我的家人给予我鼓励和支持。本书在写作和出版过程中得到许多专家同仁的帮助,也参考引用了诸多专家学者的成果,我尽可能以脚注或参考文献的形式列出,但仍难免会有所遗漏,在此表达我由衷的谢意和歉意。

朱小芳

2025 年 3 月 31 日